国家规模与政治构建——美国宪法讨论中的政治思想

李黄骏 著

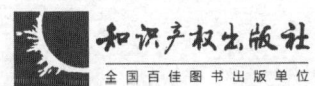
全国百佳图书出版单位

图书在版编目（CIP）数据

国家规模与政治构建：美国宪法讨论中的政治思想/李黄骏著. —北京：知识产权出版社，2015.9

ISBN 978-7-5130-3564-4

Ⅰ.①国… Ⅱ.①李… Ⅲ.①宪法—研究—美国 Ⅳ.①D971.21

中国版本图书馆 CIP 数据核字（2015）第 130614 号

内容提要

在美国 1787 年宪法之前，世界上还从来没有存在过一个大型共和国，其中既有政治哲学的原因，也有政治制度的原因：一方面，国家规模与政治哲学紧密相关。反联邦党人与联邦党人关于政治的概念、共和国的出发点，以及共和国的保障这三方面的不同思考直接决定了他们对于国家规模的理论预设。另一方面，我们也可以在美国的宪法讨论中，找到一种全新的民主政体：其内含的代议制、联邦制和三权分立等制度架构与广土众民的国家规模相得益彰，克服了以往历史中小型共和国的空间桎梏。正是从这两个方面出发，本文借助美国 1787 年的宪法讨论，梳理了政治哲学、政治制度与国家规模之间的关系，提出适合国家规模决定于合适的政治哲学和政治制度。

责任编辑：唐学贵　　　　　　**执行编辑**：于晓菲　刘晓庆

国家规模与政治构建——美国宪法讨论中的政治思想
GUOJIA GUIMO YU ZHENGZHI GOUJIAN——MEIGUO XIANFA TAOLUN ZHONG DE ZHENGZHI SIXIANG

李黄骏　著

出版发行：知识产权出版社 有限责任公司	网　　址：http://www.ipph.cn
电　　话：010-82004826	http://www.laichushu.com
社　　址：北京市海淀区马甸南村 1 号	邮　　编：100088
责编电话：010-82000860 转 8363	责编邮箱：yuxiaofei@cnipr.com
发行电话：010-82000860 转 8101/8029	发行传真：010-82000893/82003279
印　　刷：北京中献拓方科技发展有限公司	经　　销：各大网上书店、新华书店及相关专业书店
开　　本：720mm×960mm　1/16	印　　张：13.25
版　　次：2015 年 9 月第 1 版	印　　次：2015 年 9 月第 1 次印刷
字　　数：215 千字	定　　价：48.00 元

ISBN 978-7-5130-3564-4

出版权专有　侵权必究

如有印装质量问题，本社负责调换。

目　录

导　论 ·· 1
　一、研究缘起 ·· 1
　二、研究述评 ·· 7
　三、研究方法及论文结构 ·· 12

第一章　国家规模与政治哲学 ·· 16

第一节　身份政治还是利益政治——政治的范畴 ··················· 17
　一、身份政治与城邦政治的含义及其关系 ························· 17
　二、身份政治与城邦政治的危机及其反思 ························· 22
　三、利益政治与帝国的兴起 ·· 27
　四、联邦党人与反联邦党人的争论 ·································· 33

第二节　公共利益还是个体利益——共和国的出发点 ············· 35
　一、公共利益的含义 ··· 36
　二、反联邦党人：公共利益与小型国家 ···························· 39
　三、联邦党人：个体利益与大型国家 ······························· 41

第三节　公民美德还是政治制度——共和国的保障 ··············· 43
　一、公民美德与共和国 ·· 43
　二、公民美德与国家规模 ··· 45
　三、反联邦党人眼中的公民美德与国家规模 ······················ 47
　四、联邦党人眼中的公民美德与政治制度 ························· 50
　五、国家规模与共和国的保障 ······································· 53

第二章　超越传统——共和国的新意与规模难题 …… 55

第一节　理想的政体形式：民主共和国 …… 55
一、历史中的"共和政体"与"民主政体" …… 56
二、联邦党人眼中的"共和政体"与"民主政体" …… 61
三、"民主共和国"的真实含义 …… 66

第二节　民主共和国的规模限制 …… 68
一、公民人数与代议机构规模之间的矛盾 …… 69
二、社会管理的一致性与社会利益的多元化之间的矛盾 …… 76
三、政治权力的监督难题 …… 80
四、小结 …… 81

第三章　"广土众民"之共和国的制度设计 …… 83

第一节　代议制民主——超越国家规模的民主形式 …… 83
一、直接民主与代议制民主 …… 84
二、代议制的真实含义 …… 86
三、参议院的价值 …… 97
四、小结：代议制对于国家规模的意义 …… 105

第二节　联邦制——兼具大小共和国优势的政制 …… 107
一、联邦制的缘由 …… 107
二、联邦制的含义 …… 114
三、联邦制的结构 …… 124
四、小结：联邦制对于国家规模的意义 …… 131

第三节　三权分立——控制政治权力的"辅助性预防措施" …… 133
一、混合政体的含义及其价值 …… 134
二、联邦党人的方案：三权分立与大型国家 …… 138
三、反联邦党人的替代性方案：简单政府与小型国家 …… 145
四、小结：三权分立对于国家规模的意义 …… 148

尾论：一种新的共和国形态 ………………………………… 150
  一、共和国的适宜规模 ………………………………… 151
  二、多元化的社会利益与多元化的权力配置方式 ………… 154

参考文献 ……………………………………………………… 158

附　录 ………………………………………………………… 164
  《邦联条约》 …………………………………………………… 164
  The Articles of Confederation ………………………………… 168
  《美利坚合众国宪法》序言 …………………………………… 178
  THE CONSTITUTION OF THE UNITED STATES OF AMERICA ……… 186

摘　要

  在美国的1787年宪法之前，世界上还从来没有存在过任何一个大型的共和国，其中的原因自然是多方面的。即使在宪法辩论的过程中，反联邦党人对于拟议中的大型共和国也是存满了怀疑和指责的。但正是联邦党人与其对手的激烈辩论，使得我们能够清楚地认识到一个大型共和国所需的政治哲学基础、其所面临的规模难题，以及解决这些难题的必要的制度性安排。

  国家规模的问题与政治哲学紧密相关，这在美国的宪法讨论中显露无疑。总体而言，反联邦党人与联邦党人关于政治的概念、共和国的出发点与共和国的保障这三个方面的不同思考直接决定了他们对于国家规模的看法。从这层意义上讲，大型的民主共和国只能产生在一定的政治哲学的基础之上。

  在美国的宪法讨论中，找到了一种全新的政体形式，即民主共和国。这种民主共和国并不是传统意义上的共和政体，其实质是一种民主政体。而对于这样一种民主政体，扩大了的国家规模确实造成了许多的困难：公民人数与代议制机构规模之间的矛盾、行政一元化和利益多元化之间的矛盾，以及政治权力如何监督的问题。与反联邦党人坚守小型国家不同，联邦党人认为大型国家规模带给民主共和国的困难是可以通过合适的制度设计予以克服的。对于他们来说，这些制度设计主要包括代议制、联邦制和三权分立制度。

  与传统的观点不同，联邦党人不仅认识到了大型的国家规模带给民主共和国的优势，也找到了其带给民主共和国的那些困难的解决办法。总之，在联邦党人那里，巨大的国家规模与合适的政治制度相得益彰，共同构成了共和国编年史中"大国善治"的第一个典范。

  关键词：美国、国家规模、民主共和国、代议制、联邦制、三权分立

ABSTRACTS

There had never been any large republic before the 1787 America's constitution, which caused by many aspects. The large republic in discussion was under suspicion and criticism from the anti-Federalist even in the argument of constitution. But it is the vigorous argument that makes us clearly recognize the base of political philosophy needed by the large-scale republic, the scale problem faced by it and the necessary institutional arrangement that can solve the problems.

The problem of national scale is closely related to political philosophy, which was completely showed up in the discussion of constitution. Generally, the different options between anti-Federalist and Federalist in the concept of politics, the start point and support of republic determine their views on national scale. In this sense, political philosophy is the foundation of the large democratic republic.

In the discussion of America's constitution, we can find a brand new form of government—the democratic republic. The democratic republic here is not the republic in traditional sense, but is a democracy in essence. However, this kind of democracy does face many difficulties for a nation in large scale, which include the conflicts between the enrolment of citizens and the scale of representative organization, conflicts between the centralized administrative system and social multi-interests, and problems of the regulation to political rights. Opposite to anti-Federalist's insistence in small nation, Federalist thought that appropriate system design could overcome the difficulties brought by large-scale nation faced for the democratic republic. For them, These system designs include representative, federalism and separation of powers.

Contrary to traditional views, the Federalist not only recognized the benefits to democratic republic brought by large nation but found the solutions to the problems brought by it. In a word, large nation associating together with suitable political system brings out the best in each other in the Federalist's mind, which has become a model of good governance for large nation in the Republic Chronicle.

KEY WORDS: America, National Scale, the Democratic Republic, Representative, Federalism, Separation of Powers

导 论

一、研究缘起

1. 为什么选择研究美国 1787 年宪法讨论

之所以选择美国 1787 年宪法讨论作为本书的主要理论背景，最为重要的原因在于其理论对现实政治设计的真实指导意义。正如许多研究美国早期政治思想的学者所津津乐道的那样，美国的 1787 年宪法是人类社会第一次真正依靠深思熟虑和自由选择来构建政治制度，其间不仅有国父们小范围的政治辩论，更有之后历时数年的全国范围的政治大讨论。联邦党人的胜利在于其政治方案符合了当时美国人民对政治的理解，不仅如此，他们的胜利也使得一种政治理论第一次真正有了在现实中验证自己的机会。

选择美国 1787 年宪法讨论作为本书的主要理论背景的另一个重要原因就在于美国在此后建立的共和国不仅是世界上第一个大型共和国，而且这个共和国与人类历史上之前建立的所有共和国都不相同，是一种全新的共和国形态。共和国的理想在西方世界延续了几千年，但不同历史阶段的人们对于共和国的理解并不相同。在笔者看来，18 世纪末美国人理解的共和国与古代共和国以及近代城市共和国至少有两方面是不同的：首先，古代西方人所持的是一种整体主义的政治观，就如亚里士多德所言，人天生就是一种城邦动物，共和国就是人的价值所在。而到了 18 世纪的美国，自由主义和个人主义的思想已经深入人心，人的价值不再依赖于整体而实现，共和国更多地转化为工具层面的意义,当时的共和主义已经融入了个人主义和自由主义成分。❶其次,那个时期的美国人对共和国的理解包含了更多的民主成分。无论现在许多共和主义者如何阐释美国宪法中的共和主义精神,事实上,当时的共和政体更多地已经成为了一种制度设计,而不是一种价值追求。虽然在具体的制度设计上,我们还能看到以往共和主义所强调的混合政体的影子,但那时的"混合政体"仅仅是处理人民主权内部意见分歧的一种制度设计而已,它已不再是代表各自不同阶级之间的力量平衡和制约。在这个时期,人民主权的观念在美国已经十分牢固,人们很难再接受一种因为身份所带来的政治不平等。持这种观点的西方学者很多,其中最具有代表性的当属美国学者罗伯特·达尔❷。因此,美国新宪法所构建的共和国必然是一个包含了自由和民主的共和国,联邦党人以及后来的大部分学者将其称为民主共和国(Democratic Republic)。正如美国学者马丁·戴蒙德(Martin Diamond)所总结的那样,美国的民主共和国是自由的,因为它给予自由以充分的保障;美国的民主共和国也是民主的,因为社会中的大多数人依照宪法成为"社会最终的力量"。❸

2. 为什么选择国家规模作为本书的研究切入点

之所以选择从国家规模的角度去切入研究美国1787年宪法讨论中的政治思想,其原因主要有三点:

第一,在美国的宪法讨论中,国家规模❹处于极其重要的地位。在表面上

---

❶ [美]迈克尔·扎科特.自然权利与新共和主义[M].王岽兴,译.吉林:吉林出版集团有限责任公司,2008:245-247.

❷ 达尔虽然在其著作《美国宪法的民主批判》里批评了美国1787年宪法缺乏民主精神,但是其在此书附录《论"民主"与"共和"的概念》中,达尔将这种民主精神的缺乏形容为国父们对共和政体中包含的民主成分的多少的争论,但对于"共和国必须是一个代议制政府,共和政体必须是一个民主政体"的观点却是认同的一致的。特别是在其晚期作品 James Madison: Republican or Democrat?(2005)一文中,达尔为此前其眼中的贵族主义者麦迪逊平反,得出了"如果麦迪逊不是民主主义者,谁还是民主主义者"的结论。

❸ Martin Diamond. The Founding of the Democratic Republic[M]. Boston:Wadsworth,1981:65-70.

❹ 在本书中,国家规模主要包括两方面的内容,一是人口数量,二是土地面积。这种对于国家规模的界定应该是当时美国宪法辩论时期的本意。参见[美]汉密尔顿、杰伊、麦迪逊:《联邦党人文集》,程逢如、在汉、舒逊译,商务印书馆,2004年,第266页。其实这种对于国家规模的界定也是西方众多思想家的普遍定义。例如古代的亚里士多德,参见[古希腊]亚里士多德:《政治学》,吴寿彭译,商务印书馆,2008年,第120页。例如现代的美国学者戴蒙德,参见 Martin Diamond, The Founding of the Democratic Republic[M]. Boston:Wadsworth,1981:70.

看，《邦联条款》与《合众国宪法》之间的最大区别在于是否授予联邦政府以独立的地位和足够的权限，但联邦政府问题的背后却是辩论双方关于大型民主共和国是否可能的争论。

正如美国学者斯托林（Herbert J. Storing）教授总结的那样："为什么重要的政府事务应当由州一级政府单元来处理？在反联邦党人看来，它主要是一个规模问题。"反联邦党人认为，一个权力覆盖十三个州的全国性政府在本质上是不可能的，其必然的发展就是专制和暴政。其理由主要有三点：首先，国家规模的扩大必然意味着共和国内部公民之间条件、利益和习惯上的巨大差别，而在一个大型的国家中，为了实现行政的一致性，这些差别必然都会被忽视。在这样一个大型国家中，没有真正的平等，也没有真正的民主。在他们看来，全国政府意味着将粗糙的一致性规则加于多元的美国社会之上，事实上必将导致国家各个部分之间的困难和不公。其次，基于上一个理由，在广大疆域内的人民由于利益、条件和习惯上的巨大差异，他们在政治沟通以及最后取得政治意见的一致性方面存在难以克服的困难，武力和强权将成为最后取得一致必不可少的条件，事实上联邦党人在常备军问题上的强调或许正加强了他们的这种担心。最后，大型共和国缺乏维系自由政府所需的必备条件，即公民的美德。在反联邦党人看来，共和国和自由政府的维系需要公民对共同体的持续奉献，而国家规模的扩大和商业的发展则会使公民将注意力逐渐转向私人生活，从而忽视对公共生活的追求。这些正是反联邦党人在那场政治辩论中的主要主张，即大型的共和国不仅不足取，而且也不能持久。不仅如此，与孟德斯鸠类似，反联邦党人也不相信通过制度性的安排能够克服国家规模扩大所带来的这些难题。所以，对于反联邦党人来说，将绝大部分主权留在州一级的政府，以营造一个小型共和国才是最优的政治方案，这就是他们激烈反对《合众国宪法》的主要原因。

与对手不同，联邦党人认为，原来的邦联体制已经暴露出巨大的缺陷，赋予联邦政府以独立的地位和足够的权限是克服这些缺陷的必然选择。正如杰伊在《联邦党人文集》开篇所强调的那样，"眼下的联盟，不足以维系联邦；需要建立起一个宪法所推荐的那种有权有效的政府,担当维系联邦的重任"❶。与州政府所对应的小型国家相比,联邦政府所对应的正是一个大型的民主共和国。在联邦党人的眼中,巨大的国家规模带来的并不是什么难以克服的缺陷,相反,只要配套的政治制度适当,巨大的国家规模所带来的就是共和国的稳定和强大。

显然,对于发生在18世纪末的那场政治大讨论而言,共和国的规模问题成为贯穿其他所有问题的主线,联邦党人与反联邦党人关于政府性质、目标以及具体的制度安排的讨论其实是围绕此问题具体展开的。正如美国学者戴蒙德(Martin Diamond)所总结的那样,"这种广土众民的国家规模正是美国宪法设计不可缺少的基础。"❷ 可以说,国家规模问题就是当时美国宪法辩论的基础性问题,本书之所以选择国家规模的角度切入分析其中的政治思想在很大程度上正是源于这种思考。

第二,从国家规模的角度切入分析1787年宪法讨论中的政治思想,有助于我们厘清政治哲学与国家规模之间的关系。联邦党人与反联邦党人关于国家规模问题讨论的背后其实是两种不同政治哲学之间的争论❸。宪法辩论双方关于政府和国家的性质、目标以及基础的不同认识突出地体现在他们对于国家规模的不同定位,这就是本书试图从国家规模的角度切入分析美国宪法讨论中的政治思想的第二层考虑。

其实,限制共和国规模思想早已有之。从柏拉图、亚里士多德、一直到马基雅维里和孟德斯鸠,他们无不对国家规模的问题给予了足够的关注。但可惜的是,他们的思维是如此地"传统":在他们的眼中,共和国这种政体形式只能与小型国家有关,而对于大型国家而言,专制就是其必然的宿命。对于国家规模的这种固定的思维长久以来一直将共和国的实践和理论限于城市的范围,这种固定思维的危害还不仅于此。古典政治哲学对于国家规模的这种思考还使

---

❶ [美]汉密尔顿,杰伊,麦迪逊. 联邦党人文集[M]. 程逢如,在汉,舒逊,译. 北京:商务印书馆,2004:4.

❷ Martin Diamond. The Founding of the Democratic Republic[M]. Boston:Wadsworth,1981:70.

❸ 美国学者戈登·伍德将美国新宪法比喻成政治哲学的革命,它的产生意味着古典政治的终结。参见 Gordon Wood. The Creation of the American Republic 1776—1787[M]. Massachusetts:The Norton library,1972:606-615.

得共和国从此陷入了一种亡于内乱还是亡于外敌的二难选择之中。由此，我们不难发现，共和国之所以在专制君主国面前显得那么不自信，在很大程度上正是源于古典政治哲学对于国家规模的思考。当然，古典的政治哲学之所以一直将共和国限于小国寡民的境地是有其深刻的理论原因的。总体而言，古典政治哲学是一种整体主义思维的产物，其对于个体与国家之间关系的思考方式直接决定了共和国适合的规模。因此，如果我们试图将共和国的理想变为现实，就必须突破国家规模的传统思考，而如果我们试图突破国家规模的传统思考，就必须首先获得一种新的政治哲学。

幸运的是，联邦党人获得了这种新的政治哲学。如果我们回顾历史，便会发现大型共和国的理论探索与自由主义及个人主义的兴起处于同一个历史时期，如果我们再联系自由主义关于国家和政府的基本论断，我们便不难得出这样的结论：由18世纪的休谟首先开启对于大型共和国的讨论并不是历史的偶然，个人主义和自由主义的政治哲学铺垫是这种讨论的基本前提。至于18世纪末的美国，因为宗教改革和历次启蒙运动所培养出来的个人主义对整体主义的消融，以及自由主义对私人领域的强调和保护，当时的美国人对政治共同体的依赖程度已经大大降低，政治已经在很大程度上从个体幸福本身转变为实现个体幸福的工具，其重心已经从古代社会的政治权利的分配正义转移到了实现或保障个人的自由和幸福的效率。如果说反联邦党人是古典政治哲学的代言人的话，那么联邦党人就是这种新兴的个人主义和自由主义的代言人，而正是这种新的政治哲学赋予他们突破共和国规模限制的可能。

第三，从国家规模的角度切入分析1787年宪法讨论中的政治思想，有助于我们了解巨大的国家规模所带给民主共和国的困难及其解决途径。虽然反联邦党人是那场政治辩论的失败者，但其对于大型国家的怀疑和责问却也为我们留下了巨大的历史财富。正如他们所言，大型的国家规模必然意味着极其多元化的社会利益，而受制于代议制机构的规模限制，如此多元的社会利益能否在全国性政府的代议制机构中得到公平和充分的代表？其次，全国性的统一政府必然意味着统一的行政，而统一的行政又能否与多元的社会利益相协调？应该说，这两点是反联邦党人对新宪法的最大怀疑。当然，联邦党人给出的答案最终消除了当时绝大部分美国人对于大型共和国的怀疑，而且200多年的政治实践也确实证明了他们答案的有效性。那么他们的答案究竟包括了哪些主要的制度设计？这些制度设计对于解决大型国家规模所带来的弊端的价值和意义何在？作为同为大型国家的我们，又能从其中得到什么启示？这便是从国家规模角度切入分析那场政治辩论的第三层考虑。

巨大的国家规模带给共和政体的最大困难就在于其所带来的社会利益多元化，而在联邦党人看来，多元化的权力配置方式就是应对这种困难的最佳解决方案。具体而言，它主要包括以下三个方面的内容：首先，尊重个体就意味着尊重个体不同的幸福体验，这就要求在政治设计中允许不同个体多元的利益选择，这是联邦党人在进行制度设计时的出发点之一，即假定所有个体都是其自身利益的最好判断者。其次，仅仅承认个体利益的合理性并不足以保障其在现实的政治生活中得到实现。联邦党人相信，个体的利益必须与其立宪权利联系起来，手段和目的必须相称，任何目的的实现都必须具有相应的手段，不同个体或部分的利益要求必须有相应的制度安排作为其实现手段。联邦党人相信具体的制度设计，对仅仅停留纸面的空洞的法案并不感兴趣，这也可以解释他们对《权利法案》的轻视。最后，因为不同个体或部分的利益要求并无优劣之分，作为其实现手段的政治权威在国家总的权威分配中自然也无高低之别。多种政治权力机构在美国的权力配置结构中相互独立和制衡，谁也不依赖谁，谁也不能压倒谁，这就形成美国独具特色的多元化的权力配置方式。这种分立与制衡的权力配置方式是对以布丹为代表的传统的主权学说的挑战，同时200多年的政治实践也用事实说明主权并不必然是至高无上和不可分割的。具体而言，这种多元化的权力配置方式主要体现三个方面：首先，联邦政府和州政府相互独立，各自在其限定的范围内行使最高权力，这就是我们熟悉的联邦制；其次，在全国性政府（联邦政府、总体政府）中实行司法、立法和行政权力的分立与制衡，这就是美国的三权分立制度；最后，在全国性政府的立法机构中实行两院制，这既是考虑到人类自治能力规模原则的结果，也是考虑到个体、地方和国家三个层次不同利益的制度性安排。

二、研究述评

1. 以美国为主的西方学者相关研究概述

斯特劳斯学派是研究美国早期政治思想的一个重镇，马丁·戴蒙德、迈克尔·扎科特以及赫伯特·J·斯托林都是其中的杰出代表。其中马丁·戴蒙德对于人们今天重新认识美国早期政治思想的重要意义贡献最大。首先，他在很大程度上恢复了美国建国先父们尤其是詹姆斯·麦迪逊及《联邦党人文集》其他作者对于政治哲学的贡献。在其著作 The Founding of the Democratic Republic 中，他将这种民主共和国的基础政治原则概括为民主政府、多元利益的大共和国、代议制、权力分立、两院制以及弹性宪法。其次，戴蒙德强调美国宪法在联邦方面的重要性，他的绝大部分著作也都是围绕这一主题展开，这些著作主要有 The Federalist's View of Federalism（1961）、What the Framer's Meant by Federalism（1974）和 The Federalist on Federalism（1977）等。马丁·戴蒙德对"联邦"的定义源于中世纪晚期以及他自己根据《联邦党人文集》对美国宪法的阐释，在他看来，美国宪法中的联邦主义不是真正的联邦主义，而是一种宪法化的分权体制，真正的联邦主义体现在被认为是失败的美国邦联条款中。对于马丁·戴蒙德而言，修正后的联邦主义是美国民主共和制的根本因素，也是美国早期政治思想对于政治哲学的最大贡献。

斯特劳斯学派研究美国早期政治思想的另一位杰出代表是赫伯特·J·斯托林。与戴蒙德神话联邦党人不同，斯托林专注于反联邦党人政治思想的研究，编辑出版了七卷本的《反联邦党人全集》。在斯托林看来，美国 1787 年宪法与众不同之处正是在于其是慎思明辨的产物，是广泛而深刻的政治辩论的结果，就此而言，那些在建国过程中扮演宪法反对者的人们并不是毫无意义的。针对哈密尔顿嘲笑反联邦党人思想内部存在的矛盾，斯托林在《反联邦党人全集》一书中为反联邦党人进行了辩护。斯托林指出，反联邦党人观点内部存在的矛盾性体现了他们思想的丰富和多元，而这正是美国政治生活和政治体制的力量所在。斯托林进一步指出，尽管反联邦党人的思想与立场比较复杂，但就整体而言，反联邦党人都倾向于小型共和国的建国方案。在反联邦党人看来，共和国只能在小型国家中实现，而不可能在一个幅员辽阔的国家中施行。具体而言，斯托林将反联邦党人对于小共和国的偏爱和对大共和国的担心归纳为三点：首先，只有在小共和国中，人民对政府才会有一种自发的依恋和对法律的自愿服从；其次，只有在小共和国，才能确保政府真正履行对人民的责任；最后，只有小共和国才能产生维持共和政府的那种公民。在斯托林看来，这些对政府类型的思考正是反联邦党人的核心主场。❶

与戴蒙德和斯托林都不同，迈克尔·扎科特并没有将视野局限于美国早期，而是将对美国建国时期的政治思想与17和18世纪英国政治思想相联系，从思想史的脉络体系中去梳理美国早期政治思想的特征和意义。在其著作《自然权利与新共和主义》中，扎科特认为美国建国时期的思想同两种时而相互冲突、时而相互交织的论点相冲突，这就是古老的古典或公民人文主义的共和主义与自然权利和社会契约论共和主义。在他看来，捍卫英国革命的辉格党人的主要作品其实与后来美国人的洛克式《独立宣言》并无多少相似之处，他们反倒采用了格劳修斯的思想，即一种古老的古典或公民人文主义的共和主义；而洛克所创立的新的政治哲学（新共和主义）真正被采用，并发扬光大大是在之后的美国建国时期。扎科特关注于美国建国思想的现代性问题，在他看来，美国并非建立在对现代性的恐惧之上，而是建立在对现代性的包容之上。这种现代性既不是古典的，也不是基督教的，而是由洛克和加图发展起来的。由此，在美国的建国过程中出现了一种新的政治主张，它是建立在自然权利哲学基础之上的新共和主义。

在美国早期政治思想史研究中，与斯特劳斯学派不相上下的就是"共和主义综合"（Republican Synthesis）。在对美国早期政治思想的认识上，一般的观点都认为是以洛克为代表的自由主义思想主导了美国早期政治文化，卡洛琳·罗宾斯是第一个对这种传统定论提出质疑的共和主义思想家。在其代表作 The eighteenth Century Commonwealth 中，她认为是辉格党对权力和腐败的恐惧激发了美国革命，而不是基于权利的自由民主。辉格党人并不像人们想象的那样富于革命性，洛克的自由主义主张对于他们来说太过于激进。他们重新发现

---

❶ Herbert J. Storing (eds.). The Complete Anti-Federalist, Volume 1[M]. Chicago: The University of Chicago Press, 1981: 16.

美国早期政治思想中的共和主义并确立了一种新的研究理路,即"共和主义综合"的研究理路;他们反对以往将权利作为核心的自由主义研究理路,强调政治自由与共和主义。其中最为杰出的代表就是被称为"三巨头"的伯纳德·贝林、戈登·伍德和 J. G. A. 波考克。在这三人中,贝林是解释美国革命新范式的先驱;伍德使共和主义的叙事超出了革命年代,并适用于制宪时期;波考克则在另一方向上扩展了该叙事,把共和主义的根基回溯到英格兰的思想,把英格兰的思想回溯到意大利文艺复兴的人文主义和古典政治哲学。

伯纳德·贝林同时反对两种以往解释美国革命的主要范式:首先,他不同意进步主义的研究理路,后者特别关注经济利益,简单地把殖民者的理论看作是系统的宣传;其次,他也反对另一种研究理路,即认为殖民者的智识化几乎只有表面价值,并把美国革命追溯到启蒙运动的哲学家们。应该说,贝林的研究理路是对以往两种不同研究理路的一种综合,他同意智识论者认为美国革命是受理念力量的引领的观点;但也分享了进步主义对理念的怀疑态度,认为理念和启蒙运动的哲学一样空洞和脱离实际。他指出,规范的话语,即理论本身并不重要,但当它变成了意识形态,就具有了政治上的强大力量。在其著作《美国革命的思想意识渊源》中,贝林专注于美国意识形态的来源问题,在他看来,至少有五种不同的作品帮助塑造了美国精神,分别是古人的作品、启蒙运动哲学家的作品、新教徒的作品、英国普通法的作品和辉格党反对派传统中的作家的作品。其中最后一个最为重要,因为与其他几种观念不同,辉格党反对派的传统主导了殖民者各种各样的学识,并把它塑造成一个前后一贯的智识模式,而正是这种智识模式指导了美国的革命和建国。

戈登·伍德不仅向前推进了老师贝林的叙事,而且在推进的过程中对之作了许多修改。在其著作 Creation of the American Republic 中,伍德将美国政治文化之核心意识形态称为古典共和主义传统,而不是贝林所言的辉格党反对派传统。伍德所用的称号中的"古典"和"共和"部分地表明了他与老师贝林的重要不同。在贝林认为"古典"的影响不具决定性的地方却给伍德留下了更为深刻的印象。虽然贝林被称为共和主义综合的三巨头之一,但在其著作中并没有对共和主义进行过多的论述,他的作品更多的还是自由主义的思路,即关于自由和权力的辩证法。而根据伍德的说法,"古典"根据的脱颖而出缘于

"共和主义是美国人的思考的基本前提——所有其他理念背后的核心假定。"伍德强调的共和主义是一种古代的共和主义,是一种"道德维度"和"乌托邦式的深刻意义",在他看来,共和主义的实质在于为了整体更大的善而牺牲个体的利益。而在他延续贝林的叙事中,1787年的美国宪法破坏了1776年《独立宣言》中树立的古代传统,在美国人的新认识中,公共的善不可能超越不同的利益,也不可能是独立于它的组成部分的实在体。在伍德看来,对于自由的重新界定,即强调自由是个人权利之个人保障,破坏了作为较早的古典共和主义基石的社会观,而正是这种社会观在1787年使共和主义在自由主义前显得相形见绌。❶ 伍德疏远其老师的建国说的一种最为重要的测度标准是贝林否定了伍德的转变论。在贝林看来,宪法不是对1776年的否定,也不是设计保护各州受到威胁的贵族制的工具,相反,宪法是对推动了革命之原来意识形态的改进后的表达,被用来解决18世纪80年代的日常和实际问题。❷

作为"共和主义综合"三巨头中的第三位,波考克的主要著作 The Machiavellian Moment 在出版时间上晚于其他两位的作品,并借鉴了他们的作品。在波考克看来,美国建立在对现代性的恐惧之上,作为共和主义的信徒,美国的缔造者们不是向前,面向现代性,而是向后,面向古代,他们的行为是建立在对政治古老的和完全传统的理解之上的。在波考克看来,美国人的共和主义与所谓的洛克式自由主义是相对立的,是两种完全不同的模式:共和主义强调德性,自由主义强调权利,两者不能化约。

还有一些学者从不同的角度和方法对美国早期政治思想史进行了研究,其中最具代表性的要数唐纳德·卢茨,其与 Charles S. Hyneman 共同编撰了两卷本的 American Political Writing during the Founding Era 是在对美国建国时期的十万多篇政治论文进行了汇总和梳理的基础上,选择其中最具代表性的一千余篇编辑而成。在对原始文献充分掌握的前提下,唐纳德·卢茨对以贝林和伍德为代表的语境分析的方法进行了批评。在他看来,贝林和伍德在方法论上已经落

---

❶ Gordon Wood. The Creation of the American Republic 1776—1787[M]. Massachusetts:The Norton library,1972:606-615.

❷ [美]伯纳德·贝林. 美国革命的思想意识渊源[M]. 徐永前,译. 北京:中国政法大学出版社,2007.

后了，缺乏说服力。在其著作 The Relative Influence of European Writers on Late Eighteenth-Century American Political Thought 中，唐纳德·卢茨借用一种统计学的方法，通过对联邦党人和反联邦党人在政治论辩中，《圣经》、启蒙运动作品、辉格党作家的作品、普通法、古典作品等在18世纪60~90年代以及1800年以后出现的比例的高低说明两者意识形态的不同及各自变化，十分具有说服力。

除了从政治思想史的角度研究美国早期政治思想外，文森特·奥斯特罗姆从公共行政和政治经济学的角度对美国早期政治思想进行了自己的解读。在其著作《复合共和制的政治理论》中，奥斯特罗姆将联邦党人的政治思想称为复合共和制理论，在他看来，美国早期政治思想的最大贡献在于创立了一种适用于较大国家规模的政府形式。以往的单一制国家中只有单一的终极权威中心，而在复合共和制国家中，不存在任何单一垄断的公共权威，多个代表不同利益的权威的共存使得任何一个党派在全国取得支配性地位的可能性被大大地降低了。适当的政治结构使得国家能够包容更多的利益，而不必借助于高度集权的制度，这种政治结构上的创新使得大国在实现民主政治的同时不会因规模原则的制约而蜕变为专制制度。而在其另一本著作《美国联邦主义》中，奥斯特罗姆则重点解释了美国联邦主义的具体含义、理论争议及其对美国政治构建的巨大意义。

除此之外，还有一些西方学者从各自不同的角度对美国早期政治思想进行了自己的解读。比如罗伯特·达尔在其著作《美国宪法的民主批判》和《民主理论的前沿》中就从民主理论的角度重点解读了美国早期政治思想和制度中的民主含义。再如杰克逊·特纳·梅因在其著作《反联邦党人：宪法的1781—1788》中借助经济分析的方法，从社会经济的角度解释了联邦党人和反联邦党人的分界。

2. 国内学者的相关研究概述

总的来说，中国学术界对于美国早期政治思想的研究较为薄弱，主要还停留在引进国外研究成果的阶段，原创性的学术成果较少。其中最具代表性和参考意义的是北京大学历史系的李剑鸣教授，其在《"共和"与"民主"的趋同——美国革命时期对"共和政体"的重新界定》《"人民"的定义与美国早期的国家构建》《美国革命时期民主概念的演变》等文中,借助语境分析的方法对美国早期的许多关键的政治概念进行了详尽的解读,为我们重新认识美国早期政治思想打下了很好的基础。此外,旅美中国学者王希在 2006 年出版了著作《原则与妥协:美国宪法的精神与实践》,作者在此书中回顾了 200 多年来的美国宪法的实践,讨论了美国宪法的原则和精神,认为它集中反映了美国政治文明的特征。

其他比较有代表性的研究成果还有:万绍红的《美国宪法中的共和主义》、钱满素的《美国自由主义的历史变迁》、肖滨的《立宪选择中的理性解释——以〈联邦党人文集〉为例的分析》和《从联邦化的双向进路与两面运作看西方联邦制》、王天成的《论共和国》、霍伟岸的《〈联邦党人文集〉的遗产:以审议民主为中心的分析》等。

三、研究方法及论文结构

本书的研究范围主要集中在政治思想史、政治制度史领域,并辅以其他学科的优秀成果。在研究方法上,本书也将吸收以上领域的独到之处,具体而言,主要包括以下几种:

1. 观念史方法。对共和国观念的历史演变作出梳理,分析它们在不同历史阶段的不同含义及相互之间的关系。

2. 比较的方法。在相同的主题之下,探讨不同思想家的相同、相似的观点,或者相反的观点,通过这些共识和争论,进而分析其中的区别和优劣。

3. 公共行政学与政治经济学研究方法。以往对美国早期国家构建的考察主要从政治思想史的角度进行,缺乏公共行政学与政治经济学的分析。本书则试图从公共行政学与政治经济学的角度来补充对国家规模与国家建构之间关系的研究。

本文的主体部分分为三章和一个尾论:

第一章主要探究美国 1787 年宪法辩论的政治哲学基础及其与国家规模的关系。总体而言,反联邦党人与联邦党人不同的政治哲学基础直接决定了两者对于国家规模的思考。具体而言,两者的不同主要体现在以下三个方面:

1. 政治的概念，即政治究竟是为了实现公民的身份价值还是保护个人的利益。如果我们关于政治的思考仍局限于政治是为了实现人的价值的话，那么大型共和国无疑是不可取的，因为国家规模的扩大必然带来公民身份价值的稀释。但是，如果我们将政治界定为保护个人利益的话，那么大型共和国就是可取的。所以，联邦党人之所以提出大型共和国的建议，正是因为他们已经接受了从身份政治到利益政治的转变。

2. 共和国的出发点，即共和国的目标究竟是实现公共利益还是实现个人利益。在古典政治哲学中，共和国存在的价值就是为了实现公共利益。虽然联邦党人对于这一点也并不反对，但是他们眼中的公共利益已经不是古典政治哲学思维中的整体主义式的公共利益了。其中，"契约论"是一个核心的概念，说明西方政治哲学中关于公共利益的论述在美国立宪时期已经发生了巨大转变，以个人权利为原点的社会契约论已经成为公共利益新的解释。在这种解释中，个人利益取代公共利益成为政治设计的最初原点，而公共利益则成为调和个人利益的产物，它并不是政治设计的原点，而只是成为个人权利与共同体政治权力之间的逻辑中转站。正是政治哲学的这个转变使得大型国家内的多元利益存在了整合的可能与合法性。

3. 共和国的保障，即维持一个共和国究竟是靠公民美德还是制度设计。古典政治哲学中关于公民美德的论述不胜枚举，他们普遍把公民的美德作为维持共和国健康的最重要的原因，而国家规模的扩大则会使得公民逐渐丧失这种美德，这也是古典政治哲学和反联邦党人反对扩大国家规模的一个重要原因。但是这种哲学在联邦党人那里已经失去了其原有的影响力。在他们看来：首先，公民美德并不那么可靠，古代城邦共和国动荡的历史便是明证；其次，政治制度的设计足以维持共和国良好运行。

第二章主要探究美国宪法讨论中政治目标及其与国家规模的关系。其主要包括两方面的内容：

1. 界定美国政治构建的理想政体形式，即一种民主共和政体。这种民主共和国并不是传统的共和政体，其实质是一种民主政体，虽然它也吸收以往共和政体中权力制衡的思想，但此时的混合政体已经仅仅成为一种制度上的借鉴而已了。

2. 介绍国家规模的扩大给民主共和国所带来的影响。其中既有历史的经验和传统的理论，也有反联邦党人的责问。其主要内容包括以下三个方面：首先，如何解决公民人数的增加与决议机构规模限制之间的矛盾。其次，如何解决大型国家的行政一元化和利益多元之间的矛盾。最后，政治权力如何监督的问题，毕竟普通公民已经远离政治权力的运行。

第三章在逻辑上是第二章的延续。第二章提出政治构建的目标和国家规模所带来的困难，而第三章则是通过联邦党人与其对手的争论，来解释具体的制度设计如何解决国家规模扩大所带来的难题。其内容包括以下三节：

1. 代议制民主——超越国家规模的民主形式。这一节主要介绍代议制与国家规模之间的关系。联邦党人与反联邦党人都同意，一定程度上的代议制对于当时的美国而言是必要的，但是他们在代议制的具体理解上却存在差异，这些差异也直接决定了他们对于国家规模的看法。首先，反联邦党人认为代议制中代表应与其选民保持高度的相似性，这实际上就需要代表和其选民的距离足够地近，显然这是与大型国家不兼容的。而在联邦党人看来，代表的最重要的特点在于其智力和道德上的杰出，显然，在一个大型国家里，这样的杰出人才更多一点。其次，反联邦党人认为参议院的设定是削弱共和国民主性的最重要标志，因为相对于众议院而言，参议院人数更少，离人民的距离更远。而在联邦党人看来，参议院确是小州以及少数人利益的最佳保护，是多元化社会保护多元利益的必要的制度设计。总的来说，反联邦党人将代议制看成古代直接民主的放大版，而联邦党人则将代议制看成了一种与大型国家、多元社会兼容的新的民主制度。

2. 联邦制——兼具大小共和国优势的政制。对于当时美国的宪法辩论而言，其中一个重要的内容是：能否建立这样一种适当的制度，使之兼有大共和国的实力和小共和国的幸福？反联邦党人给出的答案是否定的。但是联邦党人却给出了相反的答案，在他们看来，新设计的联邦制就是这样一种兼具大小共和国优势的理想的政体形式。

3. 三权分立——控制政治权力的"辅助性预防措施"。在反联邦党人看来，国家规模的扩大必然会加大公民与政治权力之间的距离，使得政治权力的监督无论在时间还是空间上都出现了巨大的困难。在他们的眼中，责任明确的简单政府和小型国家就是个人自由的最好保障。而在联邦党人的眼中，除了人民的直接控制以外，还存在着一种控制政治权力的辅助性措施，那就是权力的分立与制衡原则。而且，这种辅助性措施的效力来源于各种权力自身的扩张性，所以它的效力并不会因为人民与权力之间距离的拉大而有所减弱。在这里，联邦党人为因国家规模扩大而带来的权力监督难题找到了新的答案。

本书的最后一个部分是尾论，它是本书的总结。与传统的观点不同，联邦党人不仅认识到了大型的国家规模带给民主共和国的优势，即通过包容更加多元的社会利益减少多数暴政的可能；也找到了解决其带给民主共和国缺陷的解决办法，即通过多元化的权力配置方式调和多元化的利益需求。总之，在联邦党人那里，巨大的国家规模与合适的政治制度相得益彰，相辅相成，共同构成了共和国编年史中的一种新的共和国形态。

第一章　国家规模与政治哲学

——价值认识的分属

任何一种具体的政治设计都是建立在特定的意识形态基础之上的，这一点对于联邦党人及其对手也不例外。反联邦党人之所以如此坚持将大部分的主权留在州一级的政府，就是因为他们始终相信巨大的国家规模对于共和国来说是灾难。显然，他们的观点并不陌生，我们可以在许多以往的思想家那里找到类似的答案。从这层意义上来说，正是他们对于共和国的认识决定了他们对于国家规模的认识。但是，这些类似的观点对于联邦党人来说似乎并不适用。正如英国学者戴维·赫德（David Held）所归纳的那样："在围绕美国宪法展开的讨论中，一些美国的'开国之父'拒绝古代的和文艺复兴时期的共和主义，力图在一个拥有众多人口、广袤疆域和复杂商业网络的国家重新设计一种新的共和秩序。"不仅如此，他还列举了新旧共和主义之间的三个主要差别：首先，"积极公民的理想的含义"发生了变化；其次，"反对把依赖具有美德的公民和公民克制作为政治共同体的基础"；最后，"越来越多地唤起了一种个人的或私人自由的感觉，即'保护，尤其通过立法机构保护个人权利不受政府的任何侵犯'"❶。显然，赫德教授认为，联邦党人关于大型国家及其政治制度的论述是建立在其对公民身份、公民美德以及个人权利的不同理解之上的。笔者十分赞同这种观点，而此章的论述也正是沿着这三个方面逐次展开的。

---

❶ [英]戴维·赫尔德.民主的模式[M].燕继荣等,译.北京:中央编译出版社,2008:66-67.

第一章　国家规模与政治哲学

第一节　身份政治还是利益政治——政治的范畴

"人是天生的政治动物",这是亚里士多德的一句名言。它非常精确地描绘出古希腊人与他所过的政治生活有着多么密切的关系。在这种政治思维中,一个人的价值的实现关键取决于他在国家的政治生活中所发挥的作用,而这种作用的大小又和他的政治身份紧密地联系在一起。为了体现身份在政治思维和政治实践中的重要性,人们将这种政治形态称为身份政治。但是这种对于政治范畴的独特理解在国家规模逐渐扩大时遇到了极大的挑战,并在美国制宪过程中受到了致命一击。

一、身份政治与城邦政治的含义及其关系

西方古典政治思想中关于理想政体的论述从来未能超越城市国家的界限,这种思维起始于古希腊,"柏拉图和亚里士多德的理念是如此紧系这种极小的政治实体,以至当城邦让位于更大的马其顿和罗马帝国时,他们的理念中设想的目光狭隘便暴露出来,包括有关人口种族的同质性、政治共同体的最佳规模,以及一种能让小部分人口有足够的闲暇从事政治事务的社会结构的设想。"美国学者谢尔顿·S·沃林(Sheldon S. Wolin)指出,柏拉图和亚里士多德们将目光局限在城市国家的范围之内,是因为其对政治性的强烈关注。"他们心中的联合体之所以是'政治性的',有几个原因。它可满足其他联合体所不能满足的需要;它反映个人生活的一部分,即他同其他人一样的生活;它是由其他成员们所做的可计量的贡献共同形成的一个整体,因此其品质既不比其公民好也不比其公民差。简言之,此联合体之所以是政治的,就因为它处理大家共同关心的问题,就因为其所有成员都被卷入了一种共同的生活之中。"❶ 正如亚里士多德描述的那样,希腊政治是很难超越城邦的限制的,即使有可能用那么一道长墙把整个伯罗奔尼撒半岛围起来,也无法形成一个大的

---

❶ [美]谢尔顿·S·沃林.政治与构想——西方政治思想的延续和创新[M].辛亨复,译.上海:上海人民出版社,2009:72-73.

共同体，因为其中并没有一个共同的生活，政治的含义在其中无从实现。

可见，在古希腊城邦时期，政治的基本含义就是参与共同体的政治生活，为共同体做均等的贡献。但是这种公共生活的参与并不是没有条件的，城邦中的大部分人是没有资格参与到这种政治生活中去的。享有这种资格的人被称为公民，他们因为其特殊的政治身份实现了生活的完整性，而城邦也因为有了公民而具有了政治性，成为了一个政治共同体。简而言之，政治的含义与公民的政治身份紧密相关，没有了这种政治身份，也就没有了城邦这个政治共同体，这就是身份政治的基本含义。

古希腊政治的另一个范畴就是城邦，与身份政治不同，城邦是利用国家规模来解释政治的维度。在希腊人的思维中，政治不仅等同于公民，也等同于城邦这个狭小的国家规模。"在希腊人的思想里，政治范畴的概念已被等同于城邦确定的空间维度。柏拉图和亚里士多德对他们理想城邦的规模和人口所作的严格限制，以及他们对节育、财富和商业、殖民地与军事扩张所给予的详尽关注，是他们如下信念的一部分，亦即他们认为与其政治特性同义的城邦生活，只能在小型城市国家的狭窄范围内得到系统的安排。"❶

在古希腊的政治思维中，身份与城邦是政治范畴的两个维度，而且是两个密不可分的维度。如果没有城邦的规模限制，公民身份就会失去它所承载的价值；而如果没有公民身份对政治含义的限制，城邦的规模限制也会失去它的意义。除了先哲们抽象的思辨，古希腊的历史也为这两个政治的范畴做了最好的注脚。

首先，在古希腊，公民身份意味着政治认同，意味着你与其他人分享同一个政治空间，融入一个共同的生活，分享着同样的利益。就如马肯齐评价的那样，"分享同一的利益就是分享同一的身份，……分享同一政治空间的人也分享同一的身份。给人的第一印象即这是一个恰当的表述，不管'空间'是被看作'宇宙飞船'，或者是祖国，或者是凄惨的贫民窟或者是公共住房计划兴

---

❶ [美]谢尔顿·S·沃林. 政治与构想——西方政治思想的延续和创新[M]. 辛亨复,译. 上海:上海人民出版社,2009:75.

建的住房。"❶ 而疆域狭小、人口有限、与外界隔绝的城邦自然成了公民们分享同一身份的最好空间。而且根据19世纪法律史专家梅因的说法，城邦的公共生活是法律史上"最早、最广泛的法律拟制"，即在法律上假定这些人都是来自同一个祖先。❷ 这也很好地解释了古希腊城邦为什么带有那么强烈的封闭性和排外性，将公民群体局限在一个同宗同源的小型群体中无疑也是会极大地加强这种政治认同。

政治认同除了来源于对同一空间和同一利益的分享之外，更来自将自己与其他类型的集体的成员相区分。"将某人和其他相似的类型的人结合起来，并相应地与其他类型集体的成员区分开来，这是社会认同所要求的相辅相成的过程。"❸ 在古希腊，公民的政治身份只是少数人的特权，这些公民们垄断了城邦的共同生活。与城邦中的奴隶相比，他们是自由的，他们没有主人，或许他们也同奴隶一样受雇于人，但是他们的身份却是自由的公民；与野蛮人相比，他们是文明人，因为他们依靠自己的意志统治自己的城邦，他所服从的只是自己的理性，而不是君主的奴役；与外邦人相比，他们是城邦共同生活的参与者，他们的生活与城邦紧密地联系在一起，他们是城邦的主人而不是客人。

公民就是通过将自己与奴隶、野蛮人以及外邦人的区分来完成自己的政治认同的。所以在亚里士多德看来，公民身份的特殊性需要一个小型的熟人社会，因为"一个城邦的公民，为了要解决权利的纠纷并按照各人的功能分配行政职司，就必须互相熟悉个人的品性"。而如果国家规模过大、人口过多的话，人与人之间就无法互相了解，那么在分配职司的时候就会出现纰漏和不公，而且，"在人口过多的城邦中，外侨或客民如果混杂在群众之间，便不易查明，这样，他们就不难冒用公民而混用政治权利。"❹ 这也就解释了亚里士多德固执地将公民限制在一个非常拥挤的城邦之中的原因。

其次，公民身份意味着相同的政治品质，意味着相同的政治生活，而这一

---

❶ [英]德里克·希特. 公民身份——世界史、政治学与教育学中的公民理想[M]. 郭台辉,余慧元,译. 吉林:吉林出版集团有限公司,2010:257.
❷ 丛日云. 西方政治文化传统[M]. 黑龙江:黑龙江人民出版社,2002:176.
❸ [英]德里克·希特. 公民身份——世界史、政治学与教育学中的公民理想[M]. 郭台辉,余慧元,译. 吉林:吉林出版集团有限公司,2010:258.
❹ [古希腊]亚里士多德. 政治学[M]. 吴寿彭,译. 北京:商务印书馆,2008:361.

切也与城邦的狭小规模有着密切的关系。古希腊人认为参与政治生活的能力是一种人人相同的天赋，而且这种天赋不会因为后天的学习和经验而有所改变。"有关人人都可以积极参与共同生活的这一理想，实是以这样一种乐观的估计为前提的，即一般人都具有天赋的政治才能。从否定的角度看，它并不认为唯有经过严格训练和拥有强化的专门知识才能对政治和社会问题做出智慧的判断。"❶ 在那篇著名的"阵亡将士国葬典礼上的演说词"中，伯里克利对这种天赋的才能充满了自豪："我们所依靠的并不是阴谋诡计，而是我们自己的满腔热情。在教育问题上，他们（斯巴达人）从孩提时代就一直在接受刻苦的训练，使之变得勇敢，而我们过着舒适的生活，却同样愿意去直面他们所面临的那些危险。"❷ 这段话表面上是在讽刺斯巴达后天的军事训练，实际上却是在表扬雅典人的天赋，在他看来，这种天赋不仅可以取代后天的军事训练，也可以取代后天的政治训练和学习。

公民相同的政治才能要求他们在政治实践中也要有相同的参与机会。与现代政治形态不同，古希腊的公民是可以直接参与统治的，统治者与被统治者是不分的。举雅典为例，伯里克利改革以后，城邦的政治权力转移到了公民大会和陪审法庭那里。前者由全体公民组成，它有权讨论、制定和修改法律，订立条约，决定和战。它不仅制定一般性政策，还经常就政府工作的具体细节做出决定。它选举将军等部分公职人员，监督、罢免和制裁各种公职人员。至于后者，其地位与公民大会相当，被认为是雅典民主制度的"拱顶石"。陪审员每年选举产生，年满30岁以上，不曾欠国库的债和不曾失去公民权的人，都可通过抽签选举进入陪审法庭。❸ 据亚里士多德的《雅典政体》估计，每年在六个公民中就有一人可能要担任某种公职，而如果他不担任公职的话，那么他仍然要出席每年定期举行的十次公民大会，参与政治问题的讨论。可以看出，这是一种绝对的政治平等，是一种政治上的平均主义和"大锅饭"。

为了赋予更多的公民以参与政治的机会，雅典采用了轮流担任公职、用抽签的方法决定任职人选以及把一些统治机构扩大到甚至难以运转的程度等做

---

❶ [美]乔治·萨拜因. 政治学说史[M]. 邓正来，译. 上海：世纪出版集团，2008：42.
❷ [美]乔治·萨拜因. 政治学说史[M]. 邓正来，译. 上海：世纪出版集团，2008：43.
❸ 丛日云. 西方政治文化传统[M]. 黑龙江：黑龙江人民出版社，2002：75-76.

法，这样的做法对于雅典政治的危害是巨大的，即使雅典公民愿意承受这种危害，但是这种做法的效果也是有极限的。❶如果我们把每个公民的参与政治生活的机会用分数来表示的话，公民总数就是分母，参与政治生活的机会就是分子，那么要想使这个分数尽可能大的话，除了增加分子以外，还必须限制分母，即限制公民的总数。无怪乎区区两万公民的雅典已经被当时的人们认为是过于庞大了。❷

最后，公民身份意味着个人对公共政治生活的影响，这是公民实现自身价值的途径，这也与狭小的城邦规模有着密切的联系。拥有公民身份、参与公共政治生活都是古希腊人的光荣和梦想，但是如果将我们送回那个遥远的时代，就会发现这种公民的身份并不像一种权利而更像是一种义务。"真正的自治，正如古希腊人实践过的那样，要求公民完全致力于公务。自我统治意味着用毕生的时间去统治。"❸库朗热在其《古代城邦》一书中也有类似的评价："由此可见，在民主国家中，公民身上的担子极重，他的大部分时间都用在城邦事务上，留给个人事务或私人的生活时间很少。……这是民主政治的要求。……战时准备牺牲生命，平时又要准备牺牲时间。他们不能置公事于不顾，去理自己的私务。正确的做法应是，牺牲私利以便致力于城邦公益。"❹既然作为公民的代价这么巨大，那么为什么古希腊人还对这种身份和活动这么热衷呢？除了古希腊城邦时代整体主义的思维方式以外，公民们在实际的政治生活中也获得巨大的快乐，实现了自己的价值。就像贡斯当指出的那样，"在古代，每个人分享国家主权绝不仅仅像我们今天这样是一个抽象的假定。每一个人的意志都有真正的影响：行使这种意志是一种真实的、不断重复的乐趣。唯其如此，古代人随时都会准备作出许多牺牲，以维护他们的政治权利以及分享管理国家的权力。"❺

---

❶ [英]戴维·赫尔德.民主的模式[M].燕继荣等,译.北京:中央编译出版社,2008:21-22.
❷ [英]德里克·希特.公民身份——世界史、政治学与教育学中的公民理想[M].郭台辉,余慧元,译.吉林:吉林出版集团有限公司,2010:5.
❸ [英]乔·萨托利.民主新论[M].冯克利,阎克文,译.北京:东方出版社,1993:285.
❹ [法]库朗热.古代城邦[M].谭立铸等,译.上海:华东师范大学出版社,2006:312.
❺ [法]邦雅曼·贡斯当.古代人的自由与现代人的自由[M].阎克文等,译.上海:上海人民出版社,2005:39.

对于古希腊公民来说，他们生活的乐趣以及人生的价值就在于不停地、重复地对城邦的政治生活施加影响，而这种影响的大小却与城邦的规模有着紧密的关系。就如丛日云教授评价的那样："由于公民集团的人数有限，个人与城邦的利害关系是直接可见、距离非常近的。如果把个人与城邦的关系用分数来表示，公民总数是分母，每个公民是分子，那么，分数越大，个人与城邦的距离越近，个人与城邦一体化的感觉就越强。"❶ 由此我们可以这么认为：公民数量与公民个人在城邦事务中发挥的作用和影响是成反比的，公民数量越多，公民个人发挥的作用和影响就越少，那么为了扩大每个公民的影响，就必须首先限制公民的数量，控制城邦的规模。除此之外，限制国家的规模，塑造一个同质化社会也十分重要。人们的意见往往会因为种族、风俗、财富等因素产生分歧，如果一个个体的意见在城邦政治生活中屡屡没有被采纳，那么他参与政治生活的意义是什么？他的政治认同感以及参与政治生活的乐趣从何而来？他的人生价值又将寄于何处？

二、身份政治与城邦政治的危机及其反思

古希腊的政治理论将身份政治和城邦政治紧密地结合在一起，而古希腊的政治生活也确实是在实践着这样紧密的结合，但是历史中的城邦政治生活却远没有"伯里克利"们歌颂的那么美好，正如美国学者谢尔顿·S·沃林（Sheldon S. Wolin）评价的那样："在希腊哲学中高度发达的政治空间意识，是一个实际政治世界的直接反映，在这个世界里，众多小型的独立城邦，为野心的原动力、阶级斗争、人口压力和经济不平衡所驱使，不断互相撞击并发现已很难无碰撞地行动。"❷ 城邦狭小的国家规模虽然使得身份政治在古希腊的政治生活中成为了现实，但同时也放大了身份政治的弊端，甚至使得这种弊端超过了这种政治形态本身可以承受的极限，并最终使得城邦政治和身份政治一起走向了死亡。

首先，狭小的国家规模加剧了古希腊政治生活的动荡，并使其成为城邦最

---

❶ 丛日云. 西方政治文化传统[M]. 黑龙江：黑龙江人民出版社，2002：175.
❷ [美]谢尔顿·S·沃林. 政治与构想——西方政治思想的延续和创新[M]. 辛亨复，译. 上海：上海人民出版社，2009：75.

大的"疾病"。古希腊人将人生的意义和生活的乐趣都寄于城邦的政治生活必然会导致过度的政治动员和社会过分的政治化，使得社会缺乏回旋政治冲突的余地。"过度的政治动员带来当代政治学家所说的'参与内爆'，社会过分的政治化使城邦没有独立和半独立的领域，这样，一旦政治体系出现危机，社会便没有缓冲和回旋的余地，容易失衡或瘫痪。"❶ 而城邦狭小的国家规模更是加剧了这种冲突，正如丛日云教授评价的那样："由于公民集团人数少，其内部的分化显得很刺目，任何利益与权力的冲突都会造成较大的社会动荡。公民内部的对立往往没有缓冲余地，内部的党争动辄采取极端的形式。"❷

其次，过度的政治参与导致了古希腊社会政治和经济的失衡，而狭小的国家规模则放大了这种失衡带给城邦的危机。充分的政治生活需要全体公民全身心的投入，对于一个古希腊人来说，最为重要的事务就是他的政治生活，至于生活中的其他事务都首先应该服从于它，其中还包括经济事务。正如萨托利所评价的那样："这套公式所要求的卷入政治的程度如此之深，它造成了社会生活各种功能之间的深度失衡。"萨托利把这种政治活动的过分膨胀称为"政治肥大"。政治的过分膨胀压缩了城邦其他事务的空间，经济也不例外。"政治的肥大造成经济的萎缩：民主愈完美，公民愈贫穷。"城邦政治制度的这种功能性失衡导致希腊社会长期维持着较低的经济发展水平，而且这种"政治肥大"对社会的影响还远远不限于此，公民广泛的政治参与需要大量的财富，但萎缩的经济此时却无能为力。"因此导致了用政治手段解决经济问题的恶性循环：为了弥补财富生产之不足，就不得不去没收财富。"❸ 萨托利认为，正是由于古希腊社会的功能性失衡，富人和穷人之间激烈的政治斗争是不可避免的。

作为古代经济生产最为重要的组成部分的商业和手工业一直受到古希腊大部分思想家的鄙视和排斥。以亚里士多德为例，他就认为农业人口和畜牧业人口的情操最为高尚、体格最为健壮，而"其他品种的平民政体作为基础的它类人民，几乎没有例外地都比农牧更为卑下。工匠、商贩和佣工这些群众，各

---

❶ 丛日云.西方政治文化传统[M].黑龙江：黑龙江人民出版社,2002:79.
❷ 丛日云.西方政治文化传统[M].黑龙江：黑龙江人民出版社,2002:217.
❸ [美]乔·萨托利.民主新论[M].冯克利,阎克文,译.北京：东方出版社,1993:285.

操贱业以糊口,他们的种种劳作都无可称尚"。在亚里士多德看来,商业和手工业既不足取,也不足道,她认为,一个城邦的经济水平直接决定于它的人口的数量和土地的面积。亚里士多德指出:"倘若组成一个城邦的分子太少,这在生活上就无法自给自足。一个城邦,如果像一个民族国家那样,人口太多了,虽然在物质需要方面的确可以充分自给,但它既难以构成一个真正的立宪政体,也终于不能成为一个真正的城邦。"而且,"就国境的大小或土地的面积说,应当足使它的居民能够过上闲暇的生活为度,使一切供应虽然富裕但仍需节制。"❶ 可见,在亚里士多德看来,城邦的财富是与人口的数量和土地的面积直接挂钩的,人口的数量和土地的面积直接决定着城邦的经济水平。而限制国家规模的基本外延就是土地和人口,所以限制城邦的规模实际上就是限制城邦的经济水平,也就扩大了城邦由于政治和经济失衡所导致的危机。

最后,将政治思维局限于狭小城邦的做法限制了古希腊结成一个大型共同体的可能,使得古希腊城邦面临着巨大的外部压力。首先,在古希腊世界以内,由于无法实现统一,各城邦之间发生了无休止的纠纷和战争,并最终导致了波及整个古希腊世界的伯罗奔尼撒战争。对于古希腊城邦来说,这无疑是一场巨大的内耗,在这场战争之后,古希腊城邦便纷纷走向了衰落。其次,由于狭小城邦难以结成一个整体,这就分散了整个古希腊世界的实力,在面对强敌时显得力不从心,这也是古希腊城邦最后被马其顿帝国征服的重要原因。

与后来出现的斯多葛主义相比,古希腊的政治思想显得紧张和强烈,这与古希腊政治思想将思考的范围限制在城邦这一狭小空间之内有着密切的联系。美国学者谢尔顿·S·沃林(Sheldon S. Wolin)指出:"这种对于小型并且高度紧凑的政治共同体的全面关注,赋予希腊政治思想一种极度紧张的情绪,从而同后来的斯多葛主义的精神状态形成鲜明的对比,后者则从容不迫地、毫无强制性紧迫感地将政治生活视若在一个和宇宙本身一样宽广的环境中得到体现的东西。"在他看来,古希腊政治思想的力量或许正是来源于狭小政治空间与充分政治参与之间存在的紧张,"古希腊政治思想之所以强烈,是由于它接受

---

❶ [古希腊]亚里士多德. 政治学[M]. 吴寿彭,译. 北京:商务印书馆,2008:325-362.

了针对曾一度拥挤不堪而又极不稳定的政治环境所规定的挑战"❶。在这样的分析中，城邦狭小的政治空间与充分的政治参与在希腊实际的政治生活中是存在强烈的紧张的。既然两者存在的紧张造成了希腊政治实践和思想的困难，那么解决的方法也很明显，要么继续拥挤，要么继续参与，两者只能取其一，而古希腊的政治思想家们也确实是那么设想的，并因此形成了两种完全不同的尝试。

柏拉图拒绝重新界定政治共同体的适当规模，在他的世界里，国家的规模还是城邦式的，甚至更小。❷ 这种对于扩张国家规模的恐惧也体现在他很少谈论外交政策和国际关系的问题，并对战争和扩张所带来的后果持一种警告的态度。不仅如此，他还认为，古希腊城邦政治所表现出来的无序性的原因在于民主政治带来的社会流动性和不稳定性。正如沃林指出的那样，从柏拉图对民主政体的批判性分析中可以感觉到"尽管有幽默的风格为他的描述润色，但他显然深深地被民主政体极端的社会流动性、破坏性的精力在其觉醒后的释放，以及似乎有意要使不稳定性成为政治生活的永久性特征的抽签和选举制度所困扰。"❸ 在沃林看来，柏拉图试图通过严格区分和限定社会阶级，控制社会流动的方法避免城邦由于狭小规模所带来的政治不稳定，"柏拉图解决问题的办法，在某种程度上，是计划克服在拥挤的政治环境中不可容忍的摩肩接踵的无政府状态。依靠明确规定每个阶级应履行的职能，依靠阻拦从一个阶级到另一个阶级的流动，新的政治空间的结构将得到保护，不会再有随机的流动出现。"❹可见，柏拉图由于拒绝重新界定政治所适用的国家规模，使得他只能通过限制政治生活生命力的方式来谋取城邦政治失序的出路，而这又与古希腊政治所带有的身份特征是严重冲突的，所以柏拉图的思想从一开始便注定是紧张

---

❶ [美]谢尔顿·S·沃林. 政治与构想——西方政治思想的延续和创新[M]. 上海:辛亨复,译. 上海:上海人民出版社,2009:75.

❷ 与古希腊经典的城邦(比如雅典、斯巴达)相比，柏拉图的心中的理想城邦的规模还要更小点。他认为5000人的城邦规模是最合适的，这个关于城邦规模的限定被他的学生亚里士多德继承。参见柏拉图《法律篇》、亚里士多德《政治学》。

❸ [美]谢尔顿·S·沃林. 政治与构想——西方政治思想的延续和创新[M]. 辛亨复,译. 上海:上海人民出版社,2009:75.

❹ [美]谢尔顿·S·沃林. 政治与构想——西方政治思想的延续和创新[M]. 辛亨复,译. 上海:上海人民出版社,2009:75.

的。正如沃林所评价的那样:"对于'外界'的恐惧和疑虑,是从心理上伴随着无力按照比城邦更广的范围思考政治而来。由于拒绝通过重新界定政治空间谋求解决办法,希腊人只得回过头来在令人窒息的范围内抑制政治生活的生命力。其结果便是一种充满紧张关系的理论,这些紧张关系来自经济冲突,来自对扩展政治权利日益增长的需求,以及来自城邦外部的边界的一系列敌对城邦"。❶

而另一种更为有意义的尝试便是突破古希腊政治的规模限制,通过重新定义政治共同体规模的方法来寻求古希腊政治的出路,这突出地体现在通过组织和其他为协调若干结盟城邦的军事与外交努力而建立制度的实验中。❷ 在所谓"市民平等权"的约定下,一个城邦的公民在所有特别约定的城邦中都拥有公民身份;而在另一种联盟形式"联邦制的国家"中,个别城邦的公民则同时拥有整个联邦的公民身份。从这两种突破政治共同体规模束缚的尝试中,我们不难发现其中的一个关键因素在于破除公民身份与城邦的紧密关系。在一些不那么著名的古希腊政治思想家的著作中,我们都能找到这些尝试的印记❸❹,但是就如他们与柏拉图、亚里士多德相比一样,他们的这些尝试也没有在历史中留下太多的影响。如同我们上文所分析的那样,在古希腊的政治生活中,公民身份是与城邦这一拥挤的政治空间紧密相连的,只要政治的范畴仍然等同于公民身份,等同于广泛的政治参与,那么希腊人对政治的理解就很难超出城邦的这一狭窄的范围。正如沃林指出的那样:"只要政治的范畴在人们的心目中仍然等同于深入细致地参与有关共同事务的生活,那么对于人的政治忠诚而言,伊索克拉底和狄摩西尼关于在希腊城邦间建立统一战线的理论建议以及对于联邦制国家的实验就不能臻于完美。"❺

---

❶ [美]谢尔顿·S·沃林. 政治与构想——西方政治思想的延续和创新[M]. 辛亨复,译. 上海:上海人民出版社,2009:75-76.

❷ J. A. O. Larsen. Representative Government in Greek and Roman History[M]. California:university of California Press,1955.

❸ [美]乔治·萨拜因. 政治学说史[M]. 邓正来,译. 上海:世纪出版集团,2008:166-168.

❹ [美]谢尔顿·S·沃林. 政治与构想——西方政治思想的延续和创新[M]. 辛亨复,译. 上海:上海人民出版社,2009:76-77.

❺ [美]谢尔顿·S·沃林. 政治与构想——西方政治思想的延续和创新[M]. 辛亨复,译. 上海:上海人民出版社,2009:78.

可见，古希腊的政治思想家们对于他们的城邦并不是没有反思，但是由于他们对政治范畴的理解限制了他们的反思，使得这种对于古希腊政治实践的反思一直就没有挣脱城邦那个狭小空间的束缚，这也从反面证明了身份政治与城邦政治的互为依存的关系。无论是柏拉图、亚里士多德，还是高尔吉亚（Gorgias）、伊索克拉底（Isocrates）和狄摩西尼（Demosthenes），他们的政治思想都停留在理想的层面上，从来没有对古希腊的政治实践产生实质性的影响。希腊人对于政治范畴的理解一直没有跳出身份和城邦的限制，这种情况一直持续到公元前4世纪马其顿帝国的征服之前。随着古希腊各个分散的联邦被马其顿的强权所征服，古希腊世界开始了由城邦向帝国时代的转变。虽然希腊城邦的政治生活仍然保持很长一段时间，但是存在的现实已是如此❶，维系身份政治的那个拥挤的城邦已不复存在，希腊人不得不开始对他们原有的身份政治进行全面的反思。

三、利益政治与帝国的兴起

城邦政治的另一个典型是罗马城邦，虽然也与古希腊诸多城邦一样面临着许多来自内部和外部的冲突和压力，但是它并没有像古希腊城邦那样选择自我封闭，而是通过系统的内部转型，由封闭的系统向开放的系统转变，从外部获取新的生机。这种对外开放的过程其实也是一条对外扩张的过程，建国初期的罗马只不过是台伯河畔的一个小城邦，但是通过连年的征战，至公元前1世纪末，罗马的版图已囊括了从北非到莱茵河、多瑙河流域，从大西洋到两河流域的广大地区。随着罗马自身的极度膨胀，庞大的帝国取代了狭小的城邦，在这种新的国家规模的基础上，利益政治开始取代身份政治成为主要的政治范畴。❷

疆域的扩大、人口的增多带给古代西方政治生活和政治结构的影响是全面和深远的。随着国家规模的扩大，旧有的建立在公民身份基础上的政治认同、

---

❶ 虽然马其顿帝国随着亚历山大的早逝很快走向分裂，但是小型城邦林立的局面却再也没有恢复，马其顿帝国分裂后形成的马其顿王国、塞琉古王国和托勒密的埃及王国等几个希腊化国家都是幅员辽阔、人口众多的大国。

❷ 丛日云.西方政治文化传统[M].黑龙江:黑龙江人民出版社,2002:217-224.

政治参与以及人生价值都逐渐失去它原有的效力和意义，新型的政治共同体迫切需要一种新的政治结构和统治方法。正如沃林教授指出的那样："在大型实体内，诸如亚历山大帝国、塞琉古、托勒密与安提柯的各君主政体，以及罗马帝国，产生忠诚的方法及个人身份意识和在那些与希腊公民理念有着密切联系的实体内必然不同。"❶ 在他看来，由于国家规模的扩大，像古希腊城邦式的政治参与已无可能，权力和决策正在日益远离大多数人的生活，政治决定的广大环境与个人经验的狭小范围之间很少再有联系，日常的政治行为正在以一个普通人的思想和经验所无法理解的方式得到实施。"早期阶段的'视觉的政治'，当时人们可以看见和感觉到政治活动的形式并将其与他们自己的经验进行有意义的比较，正在让位给'抽象的政治'，亦即来自远方的政治，在那里人们被告知关于同家庭经济或市场事务很少关联或毫不相干的公众活动。"❷ 为了克服由于国家规模扩大带来的距离感，拉近当权者和臣民的距离，就必须将原有的政治参与的忠诚感集中到对人格化权力的忠诚感之上，使君主政体成为一种个人崇拜，并为其精心设计一个符号、象征性标志和礼拜的系统。可见，沃林教授认为，在新的大型政治共同体中，象征性标志是维护政治权威必不可少的手段。与此不同，国内学者丛日云教授认为，依靠当时的交通工具和信息传播手段无法将帝国结成一个紧密联系的整体，那些大帝国并不是内部经济文化发展的需要和自然产物，而是人为的强力的产物。"维系它的主要手段是政治与军事上的强权，所以，很自然地，帝国的政治制度便是以官僚和军队为支柱的专制独裁。"❸ 无论是象征性的标志还是政治和军事上的强权维护了那些大帝国的政治权威，有一点是肯定的，那就是原有维系城邦政治权威的政治参与在新的大型帝国里已经不再发挥作用了，从这层意义上而言，身份政治已失去了它原有的含义和对政治的解释力。

在原有的城邦中，在公民身份的原始含义中，除了广泛的政治参与，还包含一种认同感和自豪感，意味着其与野蛮人、奴隶以及其他没有公民身份者的

---

❶ [美]谢尔顿·S·沃林. 政治与构想——西方政治思想的延续和创新[M]. 辛亨复,译. 上海:上海人民出版社,2009:78.

❷ [美]谢尔顿·S·沃林. 政治与构想——西方政治思想的延续和创新[M]. 辛亨复,译. 上海:上海人民出版社,2009:79.

❸ 丛日云. 西方政治文化传统[M]. 黑龙江:黑龙江人民出版社,2002:219.

区别，但是由于帝国扩大的现实统治需要，从公元前1世纪开始，公民身份已经逐渐赐予了整个帝国的臣民，尤其是帝国正在扩张的西部几个行省。皇帝克劳迪乌斯（Claudius，公元41—45年）甚至首次构想了一个最慷慨的蓝图，把罗马公民的身份广泛地授予帝国臣民。对此，塞涅卡曾描绘了一个充满想象力的临终一幕，即命运女神（Fate Clotho）等着切断克劳迪乌斯的生命之线，来讽刺罗马帝国皇帝的这份蓝图："我曾想，她说再给他几分钟时间，让他能够把公民身份赐予给一些还没有完全获得公民身份的人（因为他已经下决心看到所有的希腊人、高卢人、西班牙人和英格兰人穿上洁白的官服）。"❶ 但是，实际上离塞涅卡讽刺这份蓝图之后不到一个半世纪就实施了这样一种大规模的公民身份的扩展——安托尼亚那敕令（Constitutio Antoniniana），这道敕令把公民身份的地位从意大利人和各省的精英扩展到帝国政府征服下的所有子民（奴隶除外）。公元212年，罗马帝国卡拉卡拉皇帝（Karacalla）最终把公民身份贬低为实际上没有任何价值的东西。随着公民身份的象征性含义的消除，寄托于公民身上的这种荣誉感也逐渐衰退。身份在政治生活中的决定性作用的减退，使得其他一些因素开始变得更有意义，比如财富和职业。财主和军人就往往比贫穷的公民得到更多的尊重。

至此，公民身份不再意味着参与公共政治生活的特权，不再意味着建立在共同生活基础上的政治认同，身份政治的实质含义和象征含义都在帝国的广大的疆域和众多的人口面前失去了政治的意义和解释力。正如沃林教授评价的那样，"如果政治活动已不再是除极少数例外人类经验的重要模式，那么成员身份的意义何在，而政治性的成分又寓于何处？……那就是成员身份的性质已变成一个更迫在眉睫的问题，因为人们现在被要求并被迫进行合作、作出牺牲，以联合体的名义履行职责，他们作为联合体的组成部分仅仅具有形式意义，有时，一如罗马将公民身份授予遥远的人民那样，仅仅具有虚构意义。"❷ 那么我们政治生活的意义在何处？我们贡献忠诚的意义又在何处？或者就是为了证

---

❶ ［英］德里克·希特. 公民身份——世界史、政治学与教育学中的公民理想［M］. 郭台辉，余慧元，译. 吉林：吉林出版集团有限公司，2010：30.

❷ ［美］谢尔顿，S·沃林. 政治与构想——西方政治思想的延续和创新［M］. 辛亨复，译. 上海：上海人民出版社，2009：79 80.

明国家象征符号和武力的有效性？这一系列由政治身份失效所引起的难题一直困扰着希腊化时期的思想家们。从犬儒学派、伊壁鸠鲁学派，一直到后来的斯多葛学派，他们都在思考政治身份失效后的政治与个人的关系。

总的来说，犬儒学派和伊壁鸠鲁学派的政治思想反映了个体在远离城邦政治生活以后的一种绝望和退缩。一方面，由于身份政治的失效，旧的联系个体和政治共同体的纽带被打破，个人不得不在自身寻找自足和价值。犬儒学派认为，智者应该是完全自给自足的，唯有一个人的能力、思想和品质范围内的东西才是一种善的生活所必须的东西，而其他的都是一些与个人自给自足没有关系的东西，这其中就包括公民身份。伊壁鸠鲁学派认为，善就是享乐，幸福就是避免一切痛苦，"人必须对孤独有心理准备——他必须能够自我满足，能够独自沉思。"❶ 另一方面，由于政治失去了它原有的含义和意义，人们不再把它作为必然的善而加以尊重。犬儒学派认为政治是个人达到德行的实际障碍而应该摒弃。而伊壁鸠鲁学派则认为，政治的价值就在于避免伤害，"根本没有绝对的正义，只有为了防止施加伤害或蒙遭伤害而在不同的地区、不同的时间、在人们的交往关系中形成的一种约定。"❷ 明智的人是不会和政治打交道的，除非是情不得以。所以，从这两方面来看，犬儒学派和伊壁鸠鲁学派都把政治生活与个人的价值相分离，他们之间的差别仅仅是对待政治的态度，是大的"不"和小的"是"之间的差别。对于他们来说，政治不再是善的场所，也不再是个人价值的归宿。正如沃林教授指出的那样，"伊壁鸠鲁学说的信奉者和犬儒学派的信徒，同样都对政治联合体的德行和个人的德行之间，以及公社秩序的条件和自我发现之间据说有的紧密关系表示疑问。……如果人们无法相信诸神的神授之力，如果人类的尽善尽美在城邦内已不再可能实现，那么唯一的结论看来只能是人的命运是单独的个人事务。"❸ 正如沃林教授所言，通过对公民的政治活动与个人价值之间关系的怀疑和否定，犬儒学派和伊壁鸠鲁学派找到了一条建立在自身利益基础上的并旨在实现个人价值自给自足的彻底

---

❶ [美]谢尔顿·S·沃林.政治与构想——西方政治思想的延续和创新[M].辛亨复,译.上海：上海人民出版社,2009：80.

❷ [美]乔治·萨拜因.政治学说史[M].邓正来,译.上海：上海人民出版社,2008：42.

❸ [美]谢尔顿·S·沃林.政治与构想——西方政治思想的延续和创新[M].辛亨复,译.上海：上海人民出版社,2009：80-81.

的个人主义道路。这是西方政治思想史的一个重要转向，从此，个人开始背对国家，转身向内，去寻找自身的价值。

在身份政治失去对共同体和人生的解释力后，虽然犬儒学派和伊壁鸠鲁学派的信徒们为自己找到了价值的寄存地，但是旧的思维，即人应当将其忠诚给予支持他存在的关系的秩序，实在太根深蒂固，人们还是希望有一种身份将自己和所生存的社会关系联系起来，这种为个人创造一个身份的尝试首先是由斯多葛学派开始的。斯多葛学派对共同体的解释是旧有的身份政治思维的延续，即为个人再制作一个身份，然后通过这个身份解释个人贡献忠诚的那个共同体（或社会关系），只是这个身份的含义不再是积极的政治参与，这个共同体也不再是城邦。斯多葛学派为新的身份找到的含义是理性，而新的共同体则是宇宙，人们通过遵循理性，成为了一个宇宙的成员。就如沃林教授评价的那样，斯多葛学派试图通过呼唤人们回到成员身份去缓解人们由于失去城邦和公民身份而带来的恐惧，而这种新构建的身份意味着"一个人的社会地位中的固有的义务———一种'我的岗位及其责任'的哲学"。从而产生的那种普遍的"同感"就是维系个人和他所生活的那个共同体的新的纽带，将一切都结合得如同理想城邦那么紧密。于是，原来的那个建立在身份政治基础上的城邦政治中的可靠关系，以一个更大规模的秩序化的形式得到再现。

虽然斯多葛学派用了"宇宙公民"来联系个人与他所生活的共同体（或社会关系），但这毕竟不是真正的政治关系，而是一个置身于政治社会以外的一个更大的社会；虽然使用了政治的概念和逻辑，但它只是一种哲学式的构想，对现实的政治实践是没有任何解释力的。正如吉尔松教授评价的那样，认同宇宙和理性"可以作为一种智慧的行动，但不能作为一种公民身份的行动来执行"❶。也正如沃林教授指出的那样，"宇宙社会不是也不可能是一个真正政治性的社会，其原因正好似由于它没有任何可使'公民身份'成为一个有意义范畴的政治性关系的外观。"❷ 虽然斯多葛学派构建的宇宙和"宇宙"公

---

❶ ［美］谢尔顿·S·沃林. 政治与构想———西方政治思想的延续和创新［M］. 辛亨复,译. 上海：上海人民出版社,2009：83.

❷ ［美］谢尔顿·S·沃林. 政治与构想———西方政治思想的延续和创新［M］. 辛亨复,译. 上海：上海人民出版社,2009：83.

民与城邦时代的城邦和城邦公民在表面上存在着许多共同之处，但它实际上只是城邦和公民失效之后的一种哲学的构想而已，它并不是对现实政治生活的描述和反应。所以，对于斯多葛学派，我们与其说是政治的哲学式描述，不如说是哲学的政治性解释。

尽管斯多葛学派试图以思辨的方式重述公民身份在政治中的意义和解释力，但是从罗马共和国的晚期开始，利益已经逐渐承担了原来由身份承担的重任，政治的基础已经向利益方向转移，但是如何理解这种利益政治与身份政治的区别呢？总的来说，这涉及对政治本质含义的理解，在身份政治的思维里，政治就意味着公民依据他们的身份参与政治活动，行使政治权力，分享对于公共生活施加影响所带来的快乐。而利益政治则不是，它意味着政治的含义就是通过参与政治活动来保障利益。这两者的区别：从政治的属性来理解，身份政治里政治活动的价值在于其自身，它就意味着价值；而在利益政治里，政治活动的价值并不在其本身，政治只是意味着工具。而如果将这种对于政治属性的理解放到具体的政治实践中，我们可以发现两者的具体区别：首先，对于国家来说，衡量一个善治的国家的标准究竟是保证公民身份的真实含义，即广泛的政治参与，还是有效的统治，即保护个人的利益。显然，在身份政治的范畴中，政治就意味着是参与公共生活，一个国家的好坏就决定于他们的公民能否充分和确实地参与到政治生活中来。而在利益政治的范畴中，政治的含义转换到如何保障人们个人的价值实现。一个政府的好坏不再决定于政治参与的程度，而在于政府是否能够最大化地实现公民的个体利益。其次，对于一个个体来说，去参加政治活动的意义又是什么？在身份政治范畴中，参加政治活动的本身就是实现个人价值。而在利益政治的范畴中，参加公共活动只是为了更好地保护个人利益的实现。或许正像伊壁鸠鲁学派说的那样，我们参与政治活动的意义正是在于保护我们自己内心的满足。显然，这是一种对于政治工具性的思考。

对于身份政治和城邦政治给古希腊政治实践所带来的难题和挑战，古希腊的政治思想家们的反思并没为我们呈现一套能够付诸实践的解决方案。这或者是因为这两者本身就是同一个躯体里生长出来的连体婴儿，离开了任何一者，另一个便也无法生存。最后，身份政治和城邦政治却是以他们所没有想到的方式完成了转变。伴随着大型国家的兴起，身份政治连同城邦政治都走向了灭亡，在其废墟上构建的罗马帝国，以及之后的诸多专制国家都是古希腊人无法想象的大型国家，与这些大型国家形态相适应，古希腊人基于身份的政治思考也被另一种基于利益的思考方式所取代。如果说与身份政治相适应的是小国寡民的城邦政治，那么与利益政治相适应的就是广土众民的大型国家。

四、联邦党人与反联邦党人的争论

历史中的政治理论和政治实践都证明了身份政治与大型国家是不兼容的，如果你要坚持身份政治，那么你就必须同时坚持小型国家，而反联邦党人的观点再一次佐证了这个逻辑。在反联邦党人的眼中，一个善治的政府是与其公民的身份紧密相连的。具体而言就是，一个好的政府必然是保证公民身份含义充分实现的政府，而其具体的表现就是公民直接和平等的政治参与。

首先，反联邦党人认为，政治认同和政治忠诚的前提是他们的政治身份，即他们是这个国家的公民，这就意味广泛的政治参与和实际的政治影响力。而在一些反联邦党人看来，直接民主正是实现这种广泛的政治参与的最好方式。正如反联邦党人布鲁图斯（Brutus）所言："在每个政府中，最高统治者的意志便是法律。在专制政府中，最高权威握于一人手中，他的意志便是法律，能够像一个效果一样容易地传到广大的地域。在纯粹民主政体中，人民便是最高统治者，他们的意志由自己宣布；为此他们必须聚集在一起审慎地考虑并作出决定。这种政体因此无法在任何大范围的国家实施；它必须限于一座城市，或至少在人民可以方便地集会、能够进行辩论、理解提交给他们的题目并宣布他们关于它的意见的界限以内。"[1] 显然，这种人人亲身参与的直接民主只有在极小规模的国家内才有可能实现。

其次，反联邦党人认为，公民的身份是平等的，那么他们对政治生活的影响也应该是平等的。虽然他们也不得不接受一定限度的代议制，但是他们仍然坚持在可能的情况下应该赋予公民平等的政治参与的权利。这种观点突出地体

---

[1] Essays of Brutus 2. 9. 13, In Herbert J. Storing (eds.), *The Complete Anti-Federalist*, Volume 2[M]. Chicago: The University of Chicago Press, 1981: 369.

现在他们对于陪审团制度的看法上。正如反联邦党人联邦自耕农（Federal Farmer）所言，"除了少数法官和律师以外，他们（普通群众）决定事实的权利并没有被抛弃，他们（普通群众）决定判决的权力也从来没有被抛弃过。……这是事实，一个乡村的自由人并不总是接受过法律的专业训练，但是他们纯洁的人性中拥有的常识使得他们在涉及人民环境的情况下永远不会引用错误的法律，以及做出错误的判决。"❶ 由此，我们不难发现反联邦党人眼中平等地政治参与是多么的重要。正如美国学者斯托林所总结的那样，"反联邦党人的强烈反对是因为陪审团判决的政治重要性。……根本问题不是说缺少有关陪审团审判的充分规定是否会削弱个人权利的传统堡垒（尽管的确也涉及了这个问题），而是说，它是否会致命地打击人民在政府运作中扮演的角色。"❷

应该说，反联邦党人之所以如此坚持将绝大部分的主权留在州一级的政府，之所以如此坚持小型共和国，正是因为小型共和国所创造的政治条件符合了他们对于政治的理解。但是反联邦党人的这种坚持在他们的对手看来则是完全不切合实际的。首先，在当时的美国，即使是最小的州也要比以往的城市共和国大得多，即使以当时的州为单位建立共和国，对于身份政治来说也是太大了。其次，古代城邦的历史也没有我们想象的那么好，小型国家里由于身份政治所带来的过分的政治参与使得那些国家充满了动荡，而这些动荡显然不是一个善治国家的标志。最后，公民身份的限制使得古希腊的共和国一直没有突破城邦的界限，诸多希腊小城邦之间无休止的内乱一直是那个时代的另一个标志。联想当时美国各州之间的冲突，我们便不难理解联邦党人对于解决此问题的急切心理。

所以，对于联邦党人来说，身份政治既不可取，也不可欲。一个大型国家对于当时的美国来说是必要的，他们要做的只是为新的大型政治共同体寻找一个合理性的解释。如果政府的存在不是为了保护公民的广泛和平等的政治参

---

❶ The Federal Farmer,2.8.190,In Herbert J. Storing（eds.）. The Complete Anti-Federalist, Volume 2 [M]. Chicago:The University of Chicago Press,1981:320.

❷ ［美］赫伯特·J.斯托林. 反联邦党人赞成什么——宪法反对者的政治思想［M］. 汪庆华,译. 北京:北京大学出版社,2006:33.

与，那么政府存在的意义是什么呢？显然，联邦党人给出了他们自己的答案，那就是利益。在他们的眼中，政府的合法性正是来自于其实现人民利益的高效性。当然此时的利益应作一种宽泛的理解，在这里我们无须一一列举，其实《联邦党人文集》的作者都在论述新的联邦政府能带给美国人民的利益。正如联邦党人约翰·斯迈利所说："先生，公民对政府和法律的依赖是建立在他们从政府所获利益之基础上的，其持久性不会超过权力所能赋予那些利益的持久性。因此，当各州的人民发现他们的政府正变得麻木不仁，而且政府已经没有了提升人民福利和利益的手段的时候，先生们，人民才不会枉然地把影子当偶像，也不会在没有任何补偿可能的情况下散发其艰苦挣得的财富。就给人民带来利益来说，各州的宪法既脆弱，又无用，而且还将会萎缩和腐烂。如果各州不会因为州长对抗联盟之无与伦比的绝对统治之成就没有耐心而灭亡，那么，他们就会由于其自身的无足轻重而灭亡。"❶

正像约翰·斯迈利所说的那样，权力的持久性并不会超过其所带来的利益的持久性，政府的合法性基础就在于其所能带来的利益。对于这些联邦党人而言，政府存在的价值不再是平等地分配政治权力，而在于其对人民福利和利益的提升效用。显然，对于他们来说，将绝大部分主权留在州一级政府之所以不可取的原因正在于此，拟议中的大型国家的最大优势也正在于此。

第二节 公共利益还是个体利益——共和国的出发点

在关于共和国的理论中，公共利益一直是其中最为关键的因素，它是共和政体区别其他政体最显著的特征。而对于公共利益的不同理解实际上也影响了我们对于共和国规模的思考，以往共和政体的理论之所以没有突破小国寡民的限制，在很大程度上就是受制于传统理论对公共利益的思考。但是在美国制宪时期，关于公共利益的思考出现了一次历史性"革命"，从此扭转了传统理论对公共利益的思考，在此基础上，关于共和国规模的设想也第一次突破了小国

---

❶ ［美］赫伯特·J. 斯托林. 反联邦党人赞成什么——宪法反对者的政治思想［M］. 汪庆华，译. 北京:北京大学出版社,2006:76.

寡民的限制。

在《美利坚共和国的诞生》一书中，戈登·伍德教授（Gordon Wood）认为，美利坚共和国的诞生意味着"古典政治思想"（Classical Politics）的终结，"美国人以一种革命的方式扭转了政治的传统概念：政府的稳固不再像许多个世纪以来那样，依赖于其融合了国家基本的社会力量。实际上，它现在反而依赖于防止政府过于稳固地融合不同的社会利益。关于公共机构或政府的政治思想以一种奇怪的方式从政府和社会的先前的约定中获得。"❶ 当人们被设想成由一群相互冲突的不同利益所组成的时候，原有的社会纽带就会被社会契约的想象所取代，"人民不再有秩序和有机地被他们统一的利益（unity of interest）联系在一起，相反，人民是由怀有敌意的个体组织而成，他们为了共同的好处组成了一个社会。"❷ 在戈登·伍德教授看来，政治观念的"革命"使得人们不再相信社会是由一群相同利益的人所组成，公共利益不再是一种关于社会统一利益的理论，相反，它只是社会不同的利益群体为了他们各自的目的而制定的协议。当然，这种对于公共利益的理解并不是自古有之，它只是近代自由主义和个人主义产生之后的产物，而正是这样的理解使得公共国在大型疆域内存在成为了可能。

一、公共利益的含义

关于如何界定公共利益一直是一个理论上的难题❸，其中有三条研究方法颇有影响。第一条是优势法，即边沁式的"最大多数人的最大利益"，通过对人数简单的加法运算，将多数原则引入公共利益的衡量。可以增进多数人或优势利益的便属于公共利益的内容。第二条方法是区别法，即将公共利益与私人利益相对。这是一种集体层面和分配层面的解释：从集体的层面上解释，公共利益是一个群体社会中每一个成员所享有的利益；从分配层面上解释，公共利

---

❶ Gordon Wood. The Creation of the American Republic, 1776—1787[M]. Massachusetts: The Norton library, 1972: 606.

❷ Gordon Wood. The Creation of the American Republic, 1776—1787[M]. Massachusetts: The Norton library, 1972: 607.

❸ 这体现在了关于这一概念的许多不同的表述上，比如英语的：the common good、the common weal、the common interest、the public interest、the public good 等；又比如中文的：共同利益、公共利益、公共的善等。

益是一种被一个人消费后仍然可以被其他人消费的利益。第三条方法是"一元的"。它诉诸"真实"或"客观"利益的事实或可能性，比如柏拉图"理想国"中的"正义"，又或者"君权神授"思想中的"神权"。❶赫尔德教授对于公共利益的叙述是很有价值的，但是这些分类仅仅局限于公共利益这个概念本身，是一种通过将公共利益"具体化"的方式描述公共利益。这种研究方法的一个重大的缺陷就是疏忽了公共利益的含义在不同的语境中是不尽相同的，当然这里所谓的语境更多的其实就是不同的意识形态。

如果将公共利益这个概念放到不同的意识形态的语境下，我们会发现两种完全不同的解读。一种是整体主义式的解读。这种解读的具体形式很多，差异性很大，在此可以借用戈登·伍德教授对古典政治思想的解读来诠释这种政治主义语境下的公共利益。在戈登·伍德教授看来，"共和主义的精髓就是将个体利益（interest）牺牲给更为伟大的整体的善（good）"❷，"这种公共利益（common interest）不像现在人所理解的那样，是组成共同体的特殊利益的简单的总和或共识。"在戈登·伍德教授的理解中，共同体就是一个有机体，在这个有机体中，公共利益"本身就是一个独立存在体，并且优于或不同于各种个体或群体的私人利益"。而"个人是这个整体的有机组成部分"，"对整体社会有益的自然也就有益于所有的部分"❸。所以个体利益或部分利益在整体利益面前是没有地位的。正如扎科特教授（Michael P. Zukert）评价的那样："伍德把这种共和主义称为古典的依据是它从根本上依赖有机的或自然的政治体等古典概念。在这类有机社会中，整体的善不仅高于，而且在一些程度上独立于和分离于各部分的利益。"❹公共利益的这种整体主义解读一直是西方政治思想史的主流，雅典的城邦、柏拉图的"理想国"、奥古斯丁的"上帝之城"等无不是这种解读的体现。

---

❶ [英]杰弗里·托马斯. 政治哲学导论[M]. 顾肃,刘雪梅,译. 北京:中国人民大学出版社,2006:272.

❷ Gordon Wood. The Creation of the American Republic 1776—1787[M]. Massachusetts:The Norton library,1972:53.

❸ Gordon Wood. The Creation of the American Republic 1776—1787[M]. Massachusetts:The Norton library,1972:58.

❹ [美]迈克尔·扎科特. 自然权利与新共和主义[M]. 王崟兴,译. 吉林:吉林出版集团有限责任公司,2008:210.

而另一种对于公共利益的解读则是个人主义式的，这其中的代表主要是霍布斯、洛克等自由主义者。在这种解读中，个人利益成为公共利益的原点，而公共利益是组成共同体的特殊利益的总和或共识。公共利益本身并不具备独立的价值，它的存在只是为了保护和发展个体利益而已。这种个人主义的解读起始于霍布斯。在他看来，个人是政治逻辑的起点，国家只是为了防止人与人的冲突而"相互订立信约、每个人都对它的行为授权，以便使它能按其认为有利于大家的和平与共同防卫的方式运用全体的力量和手段的一个人格"❶。可见，在霍布斯那里，共同体的公共利益只是和平和公共防卫，它存在的基础则是人们订立的契约。对于公共利益做个人主义解读最为经典的是霍布斯之后的洛克，在他看来，人们是为了避免自然状态所带来的缺陷而愿意放弃一部分的自由，"因而他并非毫无理由地设法和甘愿同已经或有意联合起来的其他人们一起加入社会，以互相保护他们的生命、自由（liberties）和地产（estates），即我根据一般的名称称之为财产的东西。""因此，人们联合成为国家（commonwealth）和置身于政府之下的重大和主要的目的，是保护他们的财产。"❷ 在此，如果我们给洛克的公共利益做一个界定的话，那就是保护个人财产、生命和权利。在洛克那里，虽然公共利益的范围做了一定的放大，但它仍然只是个人利益的附属物，并不具备独立的价值。

这两种对于公共利益的不同解读体现了两种不同的政治思维，或者按伍德教授的话说是体现了两种不同的政治形态，即"古典政治"与"现代政治"。如果我们将两者做一个对比，其中的差别就更加明显，公共利益在不同政治思维中的地位和作用也会更加清晰。首先，这种差别体现在公共利益与个体利益的关系上。在整体主义式的解读中，公共利益是作为一个有机整体存在的，而个人或部分利益只是这种有机整体的组成部分，它们被统一在公共利益的有机整体之中。按照有机体的一般理论，整体大于局部，局部的意义来自于整体，所以公共利益大于个体或局部利益，个体或局部利益依赖于整体利益而实现，自然也服从这种公共利益。而在个人主义式的解读中，公共利益不再是一个独

---

❶ [英]霍布斯.利维坦[M].黎思复,黎廷弼,译.北京:商务印书馆,1985:132.
❷ [英]洛克.政府论两篇(剑桥政治思想史原著系列影印本)[M].北京:中国政法大学出版社,2003:350.

立存在的有机体，而只是个体利益或部分利益的总和或共识。相反，个人利益才是具备自足意义的存在，整体利益的存在依赖于个体利益或局部利益的实现。在这种个人主义式的解读中，整体利益和个体利益之间不再是一种简单的谁高谁低的关系。按照契约理论的一般理论，对于个人为了获得公共利益所让渡了的那部分利益，公共利益大于个人利益或部分利益；而对于个人仍然保留在手中的，作为公共利益出发点的那部分利益，则是个人利益或局部利益大于公共利益。其次，这种差别体现在公共利益在整个政治结构中的地位和作用不同。在整体主义式的解读中，政治共同体的存在就是为了实现这种公共利益，如果失去了作为基础的公共利益，政治共同体也就失去了它存在的意义。而在个人主义式的解读中，政治共同体的存在虽然也是为了实现公共利益，但是这种公共利益只是个人利益的总和或共识，在这层意义上来讲，个人利益才是政治公共体存在的根本原因，或者说是逻辑起点，而公共利益只是个人利益与政治共同体之间的一个"逻辑中转站"。最后，这种差别体现在对待社会利益冲突的不同态度上。在整体主义式的解读中，虽然他们也承认社会充满了经常相互冲突的不同利益，但是却从来没有对这种利益冲突认真思考过。因为在整体主义的思维中，个人利益应该是与整体利益相一致的，人们产生不同的私人利益的原因只是由于他们失去理性控制后所产生的错误的野心、贪婪或报复。而在个人主义式的解读中，霍布斯和洛克们不仅承认了社会是由不同利益组成的现实，而且将共同体和公共利益建立在了这种利益冲突之上，给予了这种冲突以合法性。事实上，在霍布斯和洛克的社会契约论中，国家和政府的产生就是为了解决这种社会利益冲突所带来的危害。

二、反联邦党人：公共利益与小型国家

应该说，思想家们对于公共利益的不同理解直接决定了他们对于国家规模的不同看法。总体而言，凡是对公共利益持整体主义式解读的思想家往往也是主张小型国家的。这样的例子在西方政治思想史中比比皆是，例如柏拉图、亚里士多德、孟德斯鸠等。至于其中的原因，我们或许可以从古代希腊的历史中找到一些端倪。在古代希腊，国家（即城邦）所追求的目标就是整体的至善，这就是那个时代公共利益的准确解释。正如亚里士多德所言，"一个城邦存在

的目的是在促进善德","城邦不仅为生活而存在,实在应该为优良的生活而存在"。在他看来"优良生活"就是实现公共的善,而其他的私人生活正是实现这种公共的善的一种手段。"至于一个城邦的作用及其终极目的却是'优良生活',而社会生活中的这些活动只是达到这种目的的一些手段而已。"❶ 显然,城邦的善是一种整体主义式的公共利益,它是至高和自足的,而个体利益或局部利益则来源于公共利益,依赖于公共利益,从属于公共利益。

但是这种政体主义式的公共利益观在现实的政治生活中却面临着严重的挑战。这种挑战来自于其薄弱的逻辑基础。在它的逻辑假设中,个人"优良的生活"就是过城邦的政治生活,它的优良性来自个人对于公共的善的服从和牺牲,在于个体对整体的顶礼膜拜。但是,个人私域和个体利益却总是现实存在的,一旦个体失去对于整体奉献的"美德",又或者一部分个体对整体不再认同,那么这种整体主义式的公共利益观就会面临严峻的挑战。所以,这种公共利益观的基础是薄弱的,它建立的基础就是一个同质的小型社会。在这个社会里,个人之间维持着一种贫穷的平等,人和人之间信仰、习惯等十分地接近,简而言之,就是一个同质化的小型社会。正如孟德斯鸠总结的那样,"在一个大的共和国里,公共的福利就成了千万种考虑的牺牲品;公共福利要服从许多的例外;要取决于偶然的因素。在一个小的共和国里,公共的福利较为明显,较为人们所了解,和每一个公民的关系都比较密切;弊端较少,因此也较少受到庇护。"❷ 领土的扩张意味着社会的多元化,意味着同质社会的破灭,而这些都是对整体主义公共利益观的致命威胁。从这种公共利益观出发,大型国家显然是不足取的。

与孟德斯鸠的观点类似,反联邦党人也认为在一个大型国家里,由于利益的多元化使得关于公共利益的一致意见难以取得,而且在一个大型国家里,人们也往往会更加关注个人利益而忽略了公共利益。正如反联邦党人布鲁图斯(Brutus)所论述的那样:"如果我们考虑到那些最为伟大和明智的人关于政府的论述,我们就可以得出结论,一个自由的共和国是没有办法在这样一个领土如此广阔、人口如此众多的国家里取得成功的。而对于这一问题的阐述,我们

---

❶ [古希腊]亚里士多德. 政治学[M]. 吴授彭,译. 北京:商务印书馆,2008:142-144.
❷ [法]孟德斯鸠. 论法的精神(上册)[M]. 张雁深,译. 北京:商务印书馆,2005:147-148.

仅仅举两个例子就可以说明这个问题，其中的一个就是孟德斯鸠。"❶ 紧接着，布鲁图斯大段地引用了上文孟德斯鸠的经典论述说明公共利益在一个大型共和国中的困难。显然，孟德斯鸠关于国家规模与公共利益的论述已经成为了反联邦党人反对宪法的理论依据。而反联邦党人"公正的审查者"（the impartial examiner）关于此问题的论述则更为具体："而在提出的宪法草案中，一个由十三个不同的州组成的一般化联合社会显然无法确保这个或那个规则得到遵守。因为尽管一个不同的社会可以融合在一个法律之中，但是它依然存在不同的利益；没有一个统一的规则对于整个社会是可行的。因此，值得担心的是公共利益会丢失在个人观点的共同关心之中，出于同样的原因，我们可能要悲伤第二条规则的益处丢失的可能性；因为我们能够预测到不同立法者都会分别致力于本州的利益而丢失了政体共同的利益。"❷ 由此，我们可以发现反联邦党人反对大型国家的一个重要理由，那就是一致的公共利益在一个多元化的大型国家里是难以取得的。

三、联邦党人：个体利益与大型国家

从上文的论述中，我们不难得出这样的结论：大型国家与整体主义式的公共利益是难以兼容的。正如伍德教授所指出的那样："如果政治不是被设想为协调社会的不同利益，而是被设想为超出社会的不同利益去追求单一的公共利益的话，那么，共和国就必须是疆域狭小和利益同质化的。"❸ 显然，伍德教授道破了整体主义式的公共利益与小型共和国的密切关系。不仅如此，在他的论述中我们还找到了与大型共和国兼容的公共利益观，即个人主义式的公共利益观。在这种利益观中，个人利益取代公共利益成为逻辑和价值的出发点，公共利益来源于个人利益，依赖于个人利益，从属于个人利益。正如上文所论述的那样，在这种个人主义的政治逻辑中，公共利益只是一个从个人利益到政治

---

❶ Essay of Brutus 2. 9. 11, In Herbert J. Storing (eds.). *The Complete Anti-Federalist*, Volume 2[M]. Chicago: The University of Chicago Press, 1981: 386.

❷ Impartial Examiner 5. 14. 6, In Herbert J. Storing (eds.). *The Complete Anti-Federalist*, Volume 5[M]. Chicago: The University of Chicago Press, 1981: 180.

❸ Gordon Wood. The Creation of the American Republic 1776—1787[M]. Massachusetts: The Norton library, 1972: 58.

权威的"逻辑中转站",从这层含义出发,此时的政治权威的出发点已不再是公共利益,而是个人利益。而联邦党人正是从此出发去论证大型共和国的合法性。

在《联邦党人文集》中,直接论述政治权威出发点的语句并不多,但是在一些只言片语中,我们依然可以看到他们与反联邦党人的不同。例如第二十篇中的关于立法目的的论述:"在目前情况下,它明确指出的重要真理是:一种统治者的统治权,一种统辖政府的政府,一项为团体而不是为个人的立法,因为在理论上是一个谬误"。❶ 又如第五十四篇中关于政府出发点的论述:"组织政府是为保护人,或者个人。"❷ 显然,个人利益才是政府价值的原点和终点。对于他们来说,政府存在的意义并不在于去追求一种超越个人利益的独立的公共利益,相反,政府存在的意义就在于协调这些不同的个人利益,或者说这正是共和国最大的公共利益。他们的这种观点集中体现在其对于多数暴政问题的论述中。在联邦党人看来,"在不同阶级的公民中必然存在着不同的利益。如果多数人由一种共同利益联合起来,少数人的权利就没有保障。"而对于政府来说,其存在的最大价值就是保护和协调这些不同的利益。其方法有二:其一,保持"政府某些部门的稳定和独立";其二,增加"国家的幅员和所包括的人数。"❸ 在这里,我们不仅找到了他们心目中共和国的出发点,即个人利益,也找到了其与大型国家的密切关系。

对于联邦党人来说,大型国家有助于个人利益的保护,这只是他们主张大型国家的直接原因。在将联邦党人与其对手的比较中,我们不难发现,如果我们将整体主义式的公共利益作为共和国的出发点,那么为了维护这种公共利益,社会或国家只能被局限在一个同质化程度很高的小型社会中。而对于联邦党人而言,如果将个人利益作为共和国的出发点,而将公共利益理解为个人利益的协调,那么他们的公共利益的兼容性显然要比反联邦党人的大很多。而

---

❶ [美]汉密尔顿,杰伊,麦迪逊. 联邦党人文集[M]. 程逢如,在汉,舒逊,译. 北京:商务印书馆,2004:101.

❷ [美]汉密尔顿,杰伊,麦迪逊. 联邦党人文集[M]. 程逢如,在汉,舒逊,译. 北京:商务印书馆,2004:280.

❸ [美]汉密尔顿,杰伊,麦迪逊. 联邦党人文集[M]. 程逢如,在汉,舒逊,译. 北京:商务印书馆,2004:266-267.

且，对于现实的制度设计而言，如果承认了公共利益是建立在个人利益基础之上的话，那么，实际上我们也就为共同体中存在的不同的利益留下了协商和制衡的正当性。显然，这些都为之后多元制衡的政治系统的构建创造了基础。

第三节　公民美德还是政治制度——共和国的保障

公民美德对于共和国的重要性在于它给共和国提供了存在的保障。对于联邦党人之前的所有思想家而言，离开了公民美德的共和国是难以想象的，而这种对于公民美德的执着在很大程度上也限制了他们对于国家规模的思考。从这层含义上说，联邦党人如果试图突破共和国规模的限制，那么他们首先就必须重新解释公民美德及其对于共和国的意义。

一、公民美德与共和国

公民美德对于共和国的重要性毋庸置疑，在几乎所有论述共和国的叙述中，我们都能找到公民美德的位置。那么公民美德究竟意味着什么呢？应该说，这个概念的内涵对于不同的思想家来说是不尽相同的，荣誉、勤劳、勇敢、节制、简朴、宽容这些应该都属于它的范畴，试图给公民美德的内容下一个准确的定义确实存在一定的难度。但是如果我们根据公民美德的特性给它下一个比较性的定义应该还是比较清楚的。公民美德是相对于个人美德而言的，在西方政治思想史中，是亚里士多德第一次明确地区分二者的区别。在他看来，公民美德并不同于个人美德，它主要关乎的是公民的城邦政治生活，简单来说，它指的就是公民服从于城邦的共同需要的品质。在具体说明公民美德的时候，他打了一个比喻，在这个比喻中，公民成为了水手，而城邦就成为了水手们共同生活的船舶。"作为一个团体的一员，公民（之于城邦）恰恰好像水手（之于船舶）。……每一个水手应有的品德就应当符合他所司的职能而各不相同。但除了最精确地符合于那些专职品德的个别定义外，显然，还须有适合全船水手共同品德的普遍定义：各司其事的全船水手实际上齐心合力于一个共同目的，即航行的安全。与此相似，公民们的职司固然各有分别，而保证社会全体的安全恰好是大家一致的目的。现在这个社会已经组成这个政治体系，那么，公民既然为他所属政治体系中的一员，他的品德就应该符合这个政治体系。"❶ 显然，在亚里士多德的眼中，个人美德是一个关于个人自身的概念，与此相对应，公民美德就是一种关于集体的概念。

在亚里士多德之后，古希腊城邦逐渐衰亡，人们开始从城邦政治生活中退出。随着伊壁鸠鲁学派和犬儒学派的产生与发展，人们开始逐渐从私人生活中去寻找自身的高尚之处。这种与公共生活脱离的倾向使得个人美德与公民美德的区分更加地清晰。正是在此基础之上，西塞罗给出了关于公民美德更加明确的定义："（品德）就如同一种技艺一样，除非你运用它，否则不足以拥有它。……品德的存在完全取决于对它的使用；而对它最高贵的使用便是治理国家，……既然我们感觉到有一种巨大的冲动促使我们去增加人类资源，既然我们通过我们的思考和努力使人类的生活更加安全与富足，并且为大自然所驱使去实现这种愿望，那么，让我们坚持这一曾为所有杰出人物走过的进程。"❷ 在西塞罗看来，公民的美德在于政治的实践，在于公民为政治共同体的安全和富足的奉献。不仅如此，他还为公民美德和个人美德排了序，显然，公民美德更加高贵。

虽然对于公民美德的强调可以广泛地见诸古希腊和古罗马共和国时期的著作中，但是一些后人的总结似乎更加全面和系统。马基雅维里在其著作《论李维》中，将古罗马共和国衰亡的主要原因归于公民美德的沦丧："罗马人在恢复自由时并未腐败，所以他们能够用我在别处说过的一切方法和制度来维护它。但是，假如人民已经腐败，那么无论在罗马还是别的地方，都无法找到维持它的方法。"❸ 而在哈灵顿看来，公民美德就是全人类的理性❹，它意味着个人对整体利益的奉献和追求。在他看来，只有将这种美德（理性）上升为法律，共和国才能长久存在："政府正是一个国家或城邦的灵魂。因此，在共和国事务的辩论中，由决议体现的理性必然是美德。如果一个国家或城邦的灵魂是主权，那么国家或城邦的美德就必然是法律。……如果一个人的自由存在

---

❶ [古希腊]亚里士多德. 政治学[M]. 吴授彭，译. 北京：商务印书馆,2008：123-124.
❷ [古罗马]西塞罗. 国家篇 法律篇[M]. 沈叔平，苏力，译. 北京：商务印书馆,2005：12-13.
❸ [意]尼科洛·马基雅维里. 论李维[M]. 冯克利，译. 上海：上海人民出版社,2005：93.
❹ [英]詹姆斯·哈灵顿. 大洋国[M]. 何新，译. 北京：商务印书馆,1996：22.

于他的理智的王国中,那么缺乏理智便会使他成为情欲的奴隶。由此可见,一个共和国的自由存在于法律的王国之中,缺乏法律便会使它遭受暴君的恶政。"❶ 对于孟德斯鸠来说,公民美德就是"爱共和国"。在他看来,君主政体的服从可以通过强迫和权威,而共和政体与君主政体不同,它却只能通过人民的自愿。因此,相对于君主政体,在共和政体中,公民的美德就显得尤为重要了:"维持或支撑君主政体或是专制政体并不需要很多的道义。前者有法律的力量,后者有经常举着的君主的手臂,可以去管理或支持一切。但是在一个平民政治的国家,便需要另一种动力,那就是品德。"正因为如此,如果一个共和国的公民失去这种品德,那么这个共和国也就注定灭亡了。"如果法律被停止执行,这只能是由于共和国的腐化而产生的,所以国家就已经完蛋了。"对于孟德斯鸠来说,公民美德既是古代共和国存在的唯一动力,也是共和国能享受自由的唯一保障,古希腊如此,迦太基如此,古罗马也如此。正如他所哀叹的那样:"它(古罗马)只残留了微小的品格。"所以,"当苏拉愿意把自由还给罗马的时候,罗马就不能再接受自由了。"❷

二、公民美德与国家规模

既然公民美德对于共和国如此重要,那么如何保持公民对于国家事务的奉献自然也是那些思想家难以回避的问题。对于大部分推崇共和国的思想家而言,公民美德的维持在很大程度上依赖于教育,不管它是世俗的,还是马基雅维里所说的宗教式的。除此之外,几乎所有思想家都将公民美德与社会基础联系起来。在他们看来,"全社会共同的穷"显然是维持和发扬公民美德最好的场所。对于一些思想家来说,"全社会共同的穷"的社会基础显然是和国家规模有关的,其中的代表人物就有马基雅维利和孟德斯鸠。

在《论李维》第十九章"进行扩张的共和国若是治理不善,不按罗马人的德行行事,只会走向覆灭,不会带来昌盛"中,马基雅维里第一次将国家规模、美德以及共和国的命运紧密地联系在了一起。在他看来,共和国的扩张

---

❶ [英]詹姆斯·哈灵顿.大洋国[M].何新,译.北京:商务印书馆,1996:20.
❷ [法]孟德斯鸠.论法的精神(上册)[M].张雁深,译.北京:商务印书馆,2005:23-25.

必须谨慎，必须善加处理，"增加城市的居民数量，广交盟友而不是让人称臣，向被占领的乡村派出殖民者，用战利品兴建城市，以劫掠和战斗而不是围困去征服敌人，维持公产的丰盈和人民的贫困，用极其严格的手段训练军队，才是使共和国强大和建立帝国的不二法门。"❶ 显然，在他的眼中，国家扩张所带来的利益应该留给国家而不是个人，人民的贫穷就是公民美德的最好保障。紧接着，他从历史中找到了例子去说明国家扩张所带来的富足是如何摧毁公民美德的："如果制度健全的共和国占领了一个奢靡的城市或地区，这种获取往往给它带来不小的伤害，它在同后者的交往中，会染上他们的恶习，先是罗马人、后来是汉尼拔占领卡普阿时，就发生过这种事情。"❷ 马基雅维里从共和国的历史中找到了国家规模与美德以及共和国命运的关系。但这种认识总的来说还是笼统的，他只是看到了国家扩张所带来的财富并不一定是共和国之福，而对于国家规模与公民美德的集中论述还属之后的孟德斯鸠。

与马基雅维里一样，孟德斯鸠认为，公民美德来自于节俭和贫穷，过多的财富对共和国来说未必就是好事，而这些都与国家规模有关。正如他叙述的那样："在一个大的共和国里，因为有庞大的财富，所以就缺少节制的精神。"不仅如此，过多的财富拉大了公民与共和国的距离，个人开始关注于私人领域的幸福，公共的幸福反而被放到了一边。"许多过分巨大的宝库都交由单独的个人去经营；利益私有化了；一个人开始觉得没有祖国也能够幸福、伟大和显赫；不久他又觉得他可以把祖国变成废墟以获致一己的显赫。"❸ 对于孟德斯鸠来说，公民美德就是爱共和国，就是节制自己，奉献共同体。显然，巨大规模所带来的财富是有害于这种公民美德的。

更为重要的是，孟德斯鸠不仅认为公民的美德来自节俭的民风，而且也来自公民之间的平等化。正如他自己所言："在这里（共和国），每一个个人既然应该有同样的幸福和同样的利益，那么也就应该享受同样的快乐，抱有同样的希望。这种情况，如果没有普遍性的俭朴，是不可能达到的。"在孟德斯鸠看来，平等和俭朴使得公民能够节制个人的野心，而将"野心"放在对于国

---

❶ [意]尼科洛·马基雅维里. 论李维[M]. 冯克利,译. 上海:上海人民出版社,2005:263.
❷ [意]尼科洛·马基雅维里. 论李维[M]. 冯克利,译. 上海:上海人民出版社,2005:264.
❸ [法]孟德斯鸠. 论法的精神(上册)[M]. 张雁深,译. 北京:商务印书馆,2005:147.

家公共利益的奉献上，"在民主政治下，爱平等把人们的野心局限于一种愿望和一种快乐上。这种愿望和快乐就是使自己对国家的服务超过其他公民。"❶显然，这种同样的幸福和希望就是孟德斯鸠眼中的公民美德。在他看来，古代所有共和国都是依靠美德支撑的，而这种美德正是靠节俭和平等维持的。古罗马如此，古雅典也是如此。不仅如此，孟德斯鸠甚至还像哈灵顿一样，推崇土地的平分和剩余的归公。可见，孟德斯鸠眼中公民美德需要全社会共同的贫穷。

从马基雅维里与孟德斯鸠的观点中，我们可以看到国家规模与公民美德的密切关系。公民美德需要的是公民生活的节俭，是公民之间的平等化、同质化。而巨大的国家规模带来的则是巨额的财富，这些财富带来的是公民生活的奢靡，是公民之间的差别化。显然，巨大的国家规模是不适合公民美德的培养和维持的。

三、反联邦党人眼中的公民美德与国家规模

联邦党人继承了以往对于公民美德的强调。在他们看来，共和国的良好运行依赖于公民的美德，离开了公民美德，共和国将是难以持久的。但拟议中的宪法似乎忽略了这个原则。正如反联邦党人斯密斯（Melancton Smith）所言："这个政府（共和国）的运行依赖于人民的精神，他们将守护着他们的自由，使他们免遭侵害，而这个政府却不是这么做的。……我相信正是我们创造了一个暴君，他并不会马上施行暴政，但是不久以后，他就会摧毁人民的自由，……政府的运作依赖于人民的精神，正如人民的精神有赖于政府运作，他们如果不能互相协作，那么一方必然压倒另一方。"❷ 反联邦党人亨利（Patrick Henry）还引用了瑞士共和国的例子说明公民美德对于共和国的重要性。"瑞士精神让它们（其加盟共和国）维持在一起：他们碰到了巨大的困难，但是通过他们的耐心和毅力克服了这些困难。在周围都是强大和有野性的

---

❶ [法]孟德斯鸠. 论法的精神(上册)[M]. 张雁深，译. 北京:商务印书馆,2005:50.

❷ Melancton Smith 6. 12. 20, In Herbert J. Storing (eds.), *The Complete Anti-Federalist*, Volume 6, The University of Chicago Press, 1981:160.

专制政府的情况下，它们还保持了独立、简单共和国和勇气。"❶ 显然，对于反联邦党人来说，公民美德不仅是共和国良好运行的基础，也是共和国强大和独立的保障。正如美国学者斯托林所言："（在反联邦党人看来），共和政府依赖公民美德，依赖于对公民同胞和祖国的关心，其自发性和力度犹如自己利益的自然关心一样。"❷

反联邦党人坚信共和国的良好运行需要公民美德的保障。而且，在他们看来，共和国需要的那种公民美德只有在小型国家里才能培养和维持。这也是反联邦党人为什么反对大型国家，主张将绝大部分主权留在州一级政府的主要原因。具体而言，他们的主要观点可以归纳为以下三个方面：

首先，公民美德需要公民过一种节俭的生活，而国家规模的扩大则会破坏这种节俭的生活。联邦党人反复强调，联邦政府存在的一大好处就是促进商业的发展。而这在反联邦党人看来则会威胁公民的朴素和美德。正如反联邦党人Charles Turner 所说，商业的发展"已经导致道德的逐步腐朽——它引进了骄傲、野心、嫉妒、对权力的渴望，造成爱国主义和正义感的衰落。……这些都说明了（朴素生活）对于一个充满活力的政府的重要性：当公民变得更加奢侈时，他们将变得更加难以统治自己"❸。反联邦党人Charles Turner 看到的是商业对朴素生活的破坏，而反联邦党人加图（Cato）看到的则是商业对平等和同质生活的破坏，显然，这对于公民美德的伤害要致命得多。正如他所言："商业社会的发展将会导致奢侈、不平等的出现，对于美德仇视，对于节制的敌视；野心和享乐将得到鼓励，这将教会地方的管理者们从人民中分离出来，去获得不同的利益。"❹

其次，公民美德的维持需要一个同质化的社会，而国家规模的扩大则会破坏这种同质化。其中，反联邦党人Agrippa 的论述最为具体和典型。在他看来，

---

❶ Patrick Henry 5. 16. 8, In Herbert J. Storing (eds.), *The Complete Anti-Federalist*, Volume 5, The University of Chicago Press, 1981:227.

❷ [美]赫伯特·J. 斯托林. 反联邦党人赞成什么——宪法反对者的政治思想[M]. 汪庆华,译. 北京：北京大学出版社,2006:35.

❸ Charles Turner 4. 18. 1, In Herbert J. Storing (eds.), *The Complete Anti-Federalist*, Volume 4, The University of Chicago Press, 1981:218-219.

❹ Letters of Cato 2. 6. 34, In Herbert J. Storing (eds.), *The Complete Anti-Federalist*, Volume 2, The University of Chicago Press, 1981:137.

要维持公民美德就需要保持公民团体的纯洁性，"我们现在回到第二条和最后一条反对现行邦联制的条款中，他们在这些条款中指责现在的国会没有唯一的权力去管理我们和外国人的内部事务。……这最后一条永远不能赋予他们；因为，尽管大部分的州可能愿意为了特定的理由去接受外国人作为自己的公民，但是，也有同样的理由允许其他的州在不同的环境下去保持血统的纯洁性。"紧接着，反联邦党人Agrippa将宾夕法尼亚和一些东部的州进行对比，以说明国家规模的扩大对于公民集体纯洁性和公民美德的不利影响："宾夕法尼亚选择接受所有愿意去那的人。……宾夕法尼亚在一个世纪的时间里获得现在的领土和人口，但那是以牺牲信仰和好的道德为代价的。而东部的一些州通过防止与外国人的混杂，在一个半的世纪里取得了他们现在的伟大，保持了他们的信仰和道德。"❶

最后，公民的美德需要持续和有效的教育，而小共和国就是进行这种公民教育的最好场所。在反联邦党人看来，培养和维持公民的美德不仅需要俭朴的生活和同质化的社会环境，还需要对公民进行持续和有效的教育。正如反联邦党人沃伦（Mercy Warren）所言："实际上，美国的领土对于防止外国的腐蚀，对于防止欧洲国家的侵略来说都过于庞大了。但是，如果对青年人公共教育和私人教育都能集中力量于保持人民的勤劳、节俭的习惯，集中力量于保持人民的道德特点和许多美德，那么就不会存在以下的危险，即人民长此以往将被外国的武力所征服，或是共和政体被国内敌人所颠覆。"❷ 而对于进行公民教育的有效途径，在反联邦党人看来，就是积极的政治生活："在每一个城镇都建立讲授政治经济学和国内经济的讲授现实有用的技艺，抛弃那些关于月亮和太空的哲学，我们要教会每一个市民这个世界上有用的东西——人类历史所揭示出来的自由政府的原则……如果我们持续进行这些事情一段时间，那么人民在保卫国家时，就会不惜流血牺牲。"❸ 显然，对于联邦党人来说，未来理想的

---

❶ Letters of Agrippa 4.6.34, In Herbert J. Storing (eds.), *The Complete Anti-Federalist*, Volume 4, The University of Chicago Press, 1981:86.

❷ Mercy Warren 6.14.157, In Herbert J. Storing (eds.), *The Complete Anti-Federalist*, Volume 6, The University of Chicago Press, 1981:240.

❸ Essays by a Farmer 5.1.82, In Herbert J. Storing (eds.), *The Complete Anti-Federalist*, Volume 4, The University of Chicago Press, 1981:50.

政治体制必须能够提供公民学习和实践这些政治技艺的空间,而这显然是与大型国家所带来的政治距离是不符的。从这层意义上出发,反联邦党人对于小型国家的眷恋和对大型国家的反对就不难理解了。正如美国学者斯托林所归纳的那样,"反联邦党人通常认为作为整体的政制就具有教育功能。小共和国既是政制,也是公民学校。"❶

四、联邦党人眼中的公民美德与政治制度

与对手不同,联邦党人对公民美德从一开始就抱有深刻怀疑。正如他们在党争问题上的阐述一样,自私植根于人性之中,牺牲自我完成大我的美德如果说不是完全没有可能的话,至少也是很不牢靠的。

"党争的潜在原因,就这样深植于人性之中;我们看到这些原因到处根据人类社会的不同情况造成不同程度的行动。热心于有关宗教和政体的不同意见,以及其他许多理论和实践上的见解,依附于各种野心勃勃、争权夺利的领袖或依附于其财产使人们感觉兴趣的人,相继把人们分为各种党派,煽动他们彼此仇恨,使他们更有意于抵触和压迫对方,而无意为公益而合作。人类互相仇恨的倾向是如此强烈,以致在没有充分机会表现出来时,最琐碎、最怪诞的差别就足以激起他们不友善的情感和最强烈的冲突。但是造成党争的最普遍而持久的原因,是财产分配的不同和不平等。有产者和无产者在社会上总会形成不同的利益集团。债权人和债务人也有同样的区别。土地占有者集团、制造业集团、商人集团、金融业集团和许多较小的集团,在文明国家里必然会形成,从而使他们划分为不同的阶级,受到不同情感和见解的支配。"❷

显然,联邦党人认为,财产、宗教、政见等任何人和人之间细小的差别都会成为人与人之间争斗的理由。他们专注于私利的争斗,忽略了公益的价值。正如同马基雅维里、孟德斯鸠以及反联邦党人所论述的那样,公民美德的维持需要极为严格的社会条件,不能太富、绝对的平等,传统和信仰的类似都是其

---

❶ [美]赫伯特·J. 斯托林. 反联邦党人赞成什么——宪法反对者的政治思想[M]. 汪庆华,译. 北京:北京大学出版社,2006:37.

❷ [美]汉密尔顿,杰伊,麦迪逊. 联邦党人文集[M]. 程逢如,在汉,舒逊,译. 北京:商务印书馆,2004:46-47.

中必备的条件。但是，这么严格的社会基础对于当时的美国而言是否可能呢？对于联邦党人来说，显然，答案是否定的。首先，"人的才能是多种多样的，因而就有财产权的产生，这种多样性对于达到利益一致来说，不亚于一种无法排除的障碍。"而且，由于"保护这些才能，是政府的首要目的"，❶ 所以，与哈灵顿、孟德斯鸠以及反联邦党人不同，联邦党人并不认同通过平分财产的方法来实现社会的绝对平等。其次，与反联邦党人对于商业的反感态度不同，联邦党人已经认识到商业的发展对于美国，特别是美国人民的意义。正像他们所说的那样，"所有的开明政治家都看出并承认，商业的繁荣是国家财富的最有效和最丰富的来源，因而成为他们政治上关注的主要对象。"在他们看来，商业的发展及其所带来的效益是当时的美国人民所难以舍弃的，"商业繁荣有助于活跃和刺激工业系统，使之更加活跃和兴旺地运行。"商人、农民、技工以及工厂主等"各阶层的人都日益高兴地热切期待着对他们辛苦工作的这种令人愉快的酬报"。❷ 如果商业的发展对于美国人民是那么的重要，那么任何试图劝导美国人民回到朴素生活的努力似乎也是没有太大意义的了。正是建立在这种基本认识之上，联邦党人将公民美德的重要性大大降低了，在他们设想的方案中，公民美德已经不再是共和国具有决定意义的保障了。

既然在现实中人不是天使，那么我们就不能把共和国存在的希望建筑于如此之高的人性基础之上。正如美国学者文森特·奥斯特罗姆所归纳的那样，既然人性都有自私的一面，那么以下几个定理应该是必要的：首先，"没有一个人被准许审理他自己的案件，因为他的利益肯定会使他的判断发生偏差，而且也可能败坏他的正直为人。由于同样的理由，不，由于更充分的理由，人的团体不宜于同时既做法官又做当事人。"（公理二和公理三）其次，"野心必须用野心来对抗。"（公理四）再其次，"那里一成不变的目的是按这样的方式来划分和安排某些公职的，以便彼此有所牵制——使各人的私人利益可以成为公众权利的保护者。"（公理八）最后，"立法、行政和司法权置于同一人手中，不

---

❶ [美]汉密尔顿,杰伊,麦迪逊. 联邦党人文集[M]. 程逢如,在汉,舒逊,译. 北京:商务印书馆,2004:46.

❷ [美]汉密尔顿,杰伊,麦迪逊. 联邦党人文集[M]. 程逢如,在汉,舒逊,译. 北京:商务印书馆,2004:58.

论是一个人、少数人或许多人，不论是世袭的、自己任命的或选举的，均可公正地断定是虐政。"（公理九）根据奥森特鲁姆的归纳，联邦党人对于共和国的保障的关注已不再是什么人适合统治，他们的关注点已经转移到什么制度适合这些人统治。显然，这些公理都是关于权力制衡的原则，按照这些原则组织起来的政府必定是一个道德基础很低的政府。或者换句话说，联邦党人用权力制衡的制度取代了公民美德成为共和国的决定性的保障。正如他们自己所言，既然人们不能用公民美德克服自己和他人之间的利益差别，那么"管理这各种各样又互不相容的利益集团，是现代立法的主要任务，并且把党派精神和党争带入政府的必要的和日常的活动中去"❶。

当然，联邦党人并不是完全否定公民美德的必要性，只是在他们看来，公民美德并不像反联邦党人说的那么可靠。除此之外，联邦党人认识中的公民美德也并不是那么的崇高，它或许只是良好政府的一个"逼迫"的产物而已。在关于共和政体的论述中，大多数思想家都把公民美德建立在人性善的基础之上，在他们看来，人类的善良天性只要善加教导就会产生关于集体政治生活的崇高美德。但是这种传统在马基雅维里那里被打断了。与以往思想家不同，马基雅维里虽然也强调公民美德对于共和国的重要作用，但他认为，人的本性是自私的，富有猜忌和野心，公民美德并不是普通公民自然具有的品质，对于大多数公民来说，"不出于万不得已，人无行善之理"❷，但是，对于马基雅维里来说，公民美德又是那么的重要，那么似乎给公民的自私本性强加一种"万不得已"也是必要的。其实他在其著作《论李维》的卷首，就提出了解决这个问题的思路，"凡是读过罗马城的起源、立法者的作为和它如何得到治理者，皆不会感到诧异，该城为何数百年维持如此强盛刚健的品格于不坠，以及后来共和国为何能够建立一个大帝国。"❸ 显然，在马基雅维里的眼中，法治是塑造公民美德的一个有效途径。正如他自己所言："人因饥馑困顿而勤劳，因有法纪而良善。"❹ 在他那里，我们看到了另一种道德假设，以及建筑于此

---

❶ [美]汉密尔顿,杰伊,麦迪逊. 联邦党人文集[M]. 程逢如,在汉,舒逊,译. 北京:商务印书馆,2004:4.

❷ [意]尼科洛·马基雅维里. 论李维[M]. 冯克利,译. 上海:上海人民出版社,2005:54.

❸ [意]尼科洛·马基雅维里. 论李维[M]. 冯克利,译. 上海:上海人民出版社,2005:45.

❹ [意]尼科洛·马基雅维里. 论李维[M]. 冯克利,译. 上海:上海人民出版社,2005:54.

基础之上的制度设计："探究文明生活之道的人皆已证实，史书亦充满这类事例，即驾驭共和国并为其制定法律者，把人人设想为恶棍，他们会不失时机地利用自己灵魂中的邪念。当邪念隐而不彰时，此一假设是从隐蔽的原因得出，因为人们既看不到相反的经验，又难以识别这种原因。但是被他们称为真理导师的时间，迟早会让真相大白于天下。"❶

与马基雅维里相似，联邦党人也认为公民美德的形成并不是自发的，它的生成和维持有赖于适当的制度。正如约翰·亚当斯所言："人类一直……受这种暗示所害，它认为某种高于人类的神圣道德对保持自由是必不可少的。……最好的共和国将是道德的且历来如此，但我们可以冒险推测，道德一直是秩序良好的政体的结果而不是其原因。让一个无赖监视另一个，在拦路抢劫者中也不会存在共和国，要证明这点也许是不可能的；而通过这种斗争，骗子本身最终也可以成为诚实的人。"❷ 在此，我们看到了联邦党人关于制度和美德关系的理解。

五、国家规模与共和国的保障

根据美国学者戈登·伍德的总结，"在十八世纪人们的思维里，一个民主政府是离不开公民美德的支撑的。只有拥有公共精神（public-spirited）和自我牺牲精神（self-sacrificing）的公民才会遵从民主选举出来的管理者的权威。"虽然在革命时期，美国人民之中已经暴露出众多腐败和奢侈的迹象，但对于其领导者而言，公民美德总的来说还是可以依靠和信任的。但是战后形势的发展打破了他们这种乐观的情绪。在那个时代的现实社会中到处充斥着党政、倦怠和奢侈，而这种痛苦体验使得一部分政治精英们的思想开始了转变，这也是《联邦宪法》产生的一个重要缘由。公民的美德原被认为是一切共和国之基，但现在，人民已经表现出了缺乏这种公民美德的迹象。正如伍德教授所言："美国的困境在于，即使没有政治道德（political virtue），也能确保建立好政府的新政治安排并证明其合理性，……他们的任务是艰巨和原创性的：要建立一

---

❶ [意]尼科洛·马基雅维里. 论李维[M]. 冯克利, 译. 上海：上海人民出版社, 2005：54.
❷ [美]载特伦斯·鲍尔, 约翰·波考克. 概念变迁与美国宪法[M]. 谈丽, 译. 上海：华东师范大学出版社, 2010：170.

个共和政府,即便是当时最好的社会科学宣布人民无法维持这种政体。无论如何,就像麦迪逊说的,美国人民必须找到'一种治疗共和政府最常见疾病的共和疗法(republican remedy)。'"❶

对于当时的一部分政治精英而言,公民美德正在失去他们的信任,他们转而求助于一种制度性的安排来保障共和国的存在。显然这种制度性的安排正是我们上文所说的分权和制衡的权力设置。在联邦党人的眼中,政治权力划分越是细致,政府结构越是复杂,那么"以野心对抗野心"的效果也就越好。在新的联邦宪法中,我们不仅看到了中央和地方的分权与制衡,也看到了中央权力内部立法权、司法权和行政权的分权和制衡,甚至在中央立法权内部我们还看到了众议院和参议院之间的分权和制衡。

以适当的制度取代公民美德成为共和国最重要的保障的意义还不仅于此。在以往许多的思想家以及反联邦党人的眼中,公民的美德是与国家的规模直接相关的。小型的国家规模是公民美德最好的规模保障,这也是他们一直坚持小型国家的主要原因。但是,这种逻辑对于联邦党人是不适用的。他们一方面认为适当的制度才是共和国的最好保障,这就使得他们突破了公民美德和国家规模的桎梏;而另一方面,他们还将共和国的保障求助于大型国家内部多元利益之间形成的制衡。在他们看来,共和国的保障就在于大型的国家规模以及建立在此基础之上的适当的政治制度。

---

❶ Gordon Wood. The Creation of the American Republic 1776—1787[M]. Massachusetts:The Norton library,1972:68,93,429.

第二章 超越传统——共和国的新意与规模难题

第一节 理想的政体形式：民主共和国

在美国的制宪过程中，对于政府形式的讨论是其核心问题。麦迪逊认为，讨论"政府计划"（the plan of government）的第一个问题便是："政府的一般政体和形式是否是严格意义上的共和政体。"❶ 在他看来，对于未来美国的政体形式并没有太多的争议，"显然再没有其他政体符合美国人民的天性，符合革命的基本原则或者符合鼓励每个爱好自由之士把我们的一切政治实验寄托于人类自治能力的基础上的光荣决定了。因此，如果发现制宪会议计划不符合共和政体的性质，其拥护者必然会因为其不再能为之辩护而予以放弃。"❷ 但是，关于美国政体的讨论并没有随之结束，无论是当时联邦党人与反联邦党人，还是之后的众多学者，对于美国"共和政体"的真实含义都有着许多争论，这种争论不仅使得美国1787年宪法中的政体形式更加清晰，并且实际上也修改了长久以来我们对于共和政体与民主政体的理解和界定。

---

❶ ［美］汉密尔顿,杰伊,麦迪逊. 联邦党人文集［M］. 程逢如,在汉,舒逊,译. 北京:商务印书馆, 2004:192. 此处翻译略作改动,strictly Republican 原文翻译为"一定是共和政体",笔者认为不太合适,应该翻译为"严格意义上的共和政体"更为贴切。

❷ ［美］汉密尔顿,杰伊,麦迪逊. 联邦党人文集［M］. 程逢如,在汉,舒逊,译. 北京:商务印书馆, 2004:192.

一、历史中的"共和政体"与"民主政体"

我们今天对于美国所构建的政体形式往往用民主共和国（democratic republic）来描述，但是在漫长的西方历史中，民主和共和并不必然是兼容的，在大部分时间里这两个概念甚至是互相冲突的。英语中的"共和"（republic）一词，源自拉丁文"res publica"，意为"公共事务""公共事业"或"公共利益"。共和政体的含义也正是源于这种对于"共和"概念的理解。按照西塞罗的经典界定，"一个共和国（public or commonwealth）是人民的财富（wealth）或共同利益（common wealth），但并不是所有人们的集合体都能成为人民（people），只有那些依据一项关于正义的协议和一个为了共同利益结成的伙伴关系的集合体才能被称为'人民'。"❶❷ 而"民主"（Democracy）一词则是由古希腊语 demokratia 演变而来，而 demokratia 则是 demos（人民）与 kratos（统治）两词的组合。因此从简单的字面意义上来说，民主就意味这"人民的统治"。引用伯里克利的经典表述就是："我们的制度之所以被称为民主制度，是因为权力不是掌握在少数人的手中，而是掌握在全体人民的手中。"由此可见，共和政体强调政体的宗旨或目标，而民主政体强调参与政治统治的人数，两者之间由于各自关注的内容的不同并不必然存在概念上的交集，共和政体和民主政体仅仅从字面上理解并不一定构成一组相互对立的概念。

如果回顾整个西方政治思想史，我们其实可以梳理出两种关于共和政体与民主政体关系的不同论述。其中一种是将民主政体作为与共和政体并列存在的政体形式，并且两者相互对立，互不归属。这种观点的主要代表就是亚里士多德。在其著作《政治学》中，亚里士多德依据是否照顾城邦的公共利益将政体分为正宗政体和变态政体。"这一人或少数人或多数人的统治要是旨在照顾全邦共同的利益，则由他或他们所执掌的共同团体就是正宗政体。反之，如果他或他们执掌的公共团体只照顾自己一人或少数人或平民群众的私利，那就必然是变态政体。"❸ 在此基础上，亚里士多德根据统治者人数的多少又把政体

---

❶ [古罗马]西塞罗. 论共和国 论法律[M]. 王焕生, 译. 北京：中国政法大学出版社, 1997：39.
❷ [古罗马]西塞罗. 国家篇 法律篇[M]. 沈叔本, 苏力, 译. 北京：商务印书馆, 2005：35.
❸ [古希腊]亚里士多德. 政治学[M]. 吴寿彭, 译. 北京：商务印书馆, 2008：136.

分为了六种，正宗政体和变态政体各三种。三种正宗政体："政体（政府）的以一人为统治者，凡能照顾全邦人民利益的，通常就称为'王制（君主政体）'。凡政体的以少数人，虽不止一人而又不是多数人，为统治者，则称为'贵族（贤能）政体'……以群众为统治者而能照顾全邦人民公益的，人们称它为'共和政体'"❶。三种变态政体："相对应上述各类型的变态政体，僭主政体为王制的变态；寡头政体为贵族政体的变态；平民政体为共和政体的变态。僭主政体以一人为治，凡所设施也以他个人的利益为依据；寡头（少数）政体以富户利益为依归；平民政体则以穷人的利益为依归。三者都不能照顾城邦全体公民的利益。"❷

虽然亚里士多德在区分政体类型时一并参考了统治者的人数和政体的目标双重标准，但是很显然，这两种标准的地位和作用是截然不同的。在亚里士多德看来，统治者的人数与政体的好坏并无直接的联系，一人政体、少数人政体以及多数人政体都有为善和为恶的可能，关键是这些政体是否以公共利益作为目标。显然，在亚里士多德的眼中，统治者的目标远比统治者的人数重要，政体的宗旨远比政体的结构重要。虽然共和政体同时包含了多数人的统治和照顾公共利益这两个标准，但是共和政体的可欲性并不在于多数人的统治，而在于其对公共利益的照顾。以此出发，亚里士多德认为，虽然民主政体与共和政体一样，都是多数人执掌政权，但是由于其并没有照顾到国家的公共利益而被归于变态的政体。

而西方传统政治思想中还有一种对于民主政体和共和政体关系的不同解读，在这种解读中，民主政体和共和政体是一种种属的概念，民主政体是作为共和政体的一种特殊的形式而存在的，持这种观点的代表人物主要有西塞罗、马基雅维里和孟德斯鸠。虽然西塞罗延续了亚里士多德对于政体形式的双重标准，即统治者的人数和统治的宗旨，但是对于这种双重标准的应用方式或逻辑顺序却是完全不同的。如果说亚里士多德对于两种标准的应用在逻辑上并列的话，那么西塞罗在逻辑上则是分先后的。西塞罗首先根据公共利益的标准确定了共和政体的概念，紧接着又依据统治者人数的多寡将共和政体分为君主制、

---

❶ [古希腊]亚里士多德. 政治学[M]. 吴寿彭，译. 北京：商务印书馆，2008：136.
❷ [古希腊]亚里士多德. 政治学[M]. 吴寿彭，译. 北京：商务印书馆，2008：137.

贵族制和民主制:"当最高权力掌握在一人手中时,我们称此人为君主,而这种国家形式就是一个君主国。当最高权力由被挑选的公民执掌时,我们说该国是由贵族统治的。不过,当最高权力完全掌握在人民手中时,就出现了一个民众政府。"❶ 这种逻辑思考顺序的不同使得相同的标准却产生了截然不同的政体概念,在亚里士多德那里,共和政体意味着多数人执政与照顾公共利益;而在西塞罗那里,共和政体则仅仅意味着照顾公共利益,作为之后的逻辑延续,民主政体因为兼具照顾公共利益和多数人执政实际上已经与亚里士多德的共和政体相等同。在西塞罗那里,共和政体的实现形式是多样的,它可以是君主制的、贵族制的,也可以是民主制的,民主政体只是共和政体的一种具体形式而已。在此,西塞罗与亚里士多德的的共和政体的概念实际上已经发生了错位。

对于共和政体与民主政体关系的这种思考从西塞罗开始,之后一直延续到了马基雅维里那里。在《论李维》的第二章中,马基雅维里直截了当地将国家的政体形式分为了共和国和君主国两种,这完全是一种"天下为公"和"天下为私"的区分,而选择什么样的统治方式,即统治者人数的多寡,只是共和国的统治者根据自身国家的特点选择不同的具体统治形式而已。❷ 在孟德斯鸠的《论法的精神》中,这种将民主政体作为共和政体的一种具体类型的表述就更加直接和明确了:"共和政体的性质是:人民全体或某些家族,在那里握有最高的权力;君主政体的性质是:君主在那里握有最高的权力,但是他依据既成的法律行使这一权力;专制政体的性质是:一个单独的个人依据他的意志和反复无常的爱好在那里治国。"❸ 在孟德斯鸠那里,共和政体是与君主政体和专制政体相区别的政体形式,而民主政体则是共和政体的一种具体形式,它是共和政体中由人民全体掌握政治权力的一种具体形式,其对立物不是君主政体或专制政体,而只是共和政体中由某些家族握有政治权力的贵族政体。虽然西塞罗、马基雅维里和孟德斯鸠在对政体形式的具体区分上有着许多不同,但是在对共和政体与民主政体的关系的界定上却是一致的,那就是将民主政体作为共和政体的一种具体类型,共和政体与民主政体在他们那里并不是一组并

---

❶ [古罗马]西塞罗. 国家篇 法律篇[M]. 沈叔本,苏力,译. 北京:商务印书馆,2005:36.
❷ [意大利]尼科洛·马基雅维里. 论李维[M]. 冯克利,译. 上海:上海世纪出版集团,2005:49-50.
❸ [法]孟德斯鸠. 论法的精神(上册)[M]. 张雁深,译. 北京:商务印书馆,1959:22-23.

第二章 超越传统——共和国的新意与规模难题

列和矛盾的概念。

如果我们仅仅从内涵上去界定民主和共和是难以理解美国制宪时期关于这两种政体的激烈争论的。一个关于政体宗旨的概念与一个关于政体组织形式的概念为什么会错位成为一个相对立的概念？显然，这两种政体的概念所包含的意义并不像它们的字面意义那么简单，那么让我们继续回到西方悠久的政治思想和政治实践中去寻找这个问题的答案。

首先，共和政体和民主政体关注的价值追求虽然不同或者说不在同一个层面上——共和政体关注公共利益的顾全，民主政体则关注公民政治参与的实现，但是在西方历史中，雅典民主制度的政治实践并没有留给人们多少美好的印象。西西里远征的失利、苏格拉底的死刑都给那个时期的思想家们留下了民主的恶名，以至于同时期的柏拉图和亚里士多德都将民主制度作为一个阶级实现私利的工具。而在其后的一些思想家那里，虽然不再对于民主政体持一种绝对的反对态度，而将民主政体作为共和政体的一种具体的实现方式，但是这种共和政体的实现方式却是最差的，无论是西塞罗眼中的"一种最不值得赞扬类型"❶，还是马基雅维里的容易变得"肆无忌惮"的民主制❷，民主政体都是最不适合照顾公共利益的。在这些思想家的眼中，民主政治是最不适合照顾公共利益的一种政体形式，这种对于政治实践的反思使得公共利益这个标准无形中成为了民主政体的另一个特征，使得原本按照统治者人数界定的概念有了公共利益的含义，在这层意义上，民主政体和共和政体终于成为了一对相互对立的概念，民主政体也背上最不善治的恶名，共和政体的美名在很大程度上是建立在对于民主政体的责难的基础之上的。

其次，民主政体关注政治权力的配置方式，在一种古典的或纯粹的民主理论中，民主制度就是保证人民成为政治权力最终来源的工具。严格意义上的民主制度必然要求高度集中的权力配置方式，这在古代雅典的政治实践中可以得到证明，一切权力由民主的方式产生，甚至用民主的方式执行，统治者与被统治者身份的重合是这种民主理论的必然产物。这种民主理论的现代版本的代表就是卢梭，在他那里，人民是"公共意志"的道德化身，握有不可限制和不

---

❶ [古罗马]西塞罗. 国家篇 法律篇[M]. 沈叔平,苏力,译. 北京:商务印书馆,2005:36.

❷ [意]尼科洛·马基雅维里. 论李维[M]. 冯克利,译. 上海:上海世纪出版集团,2005:50.

可分割的绝对权力。❶ 共和政体则强调照顾公共利益，而政治权力如何组织则是次一层次的问题。也就是说，在共和政体那里，政治权力组织方式的合理性和可欲性在于其照顾公共利益的程度和效果。而正是在这里，共和政体与民主政体又产生了概念上的错位，并出现了矛盾。在西方政治思想史中，大多数坚持共和政体的思想家往往都对单一的政体形式抱一种怀疑的态度，认为任何单一的政治权力组织形式都会以特定的方式蜕化变质，因为每种这样的政体只能体现单一的或简单的统治原则，而这个原则就其本性来说存在蜕变为自己的对立物的可能性。为了克服这一弊端，必须将各种统治形式相结合，使各种政治原则之间形成互相的制约和平衡，这就是混合政体（mixed government）的基本之意。❷ 显然，在这种混合政体中，民主作为其中一种权力组织形式或政治原则是受到其他诸如君主政体、贵族政体等的限制和平衡的，这也是共和政体为什么成为民主政体对立面的另一个重要原因。

最后，民主政体不仅坚持人民统治的绝对性，也坚持人民统治的平等性，即在统治过程中发挥相同或类似的作用。而许多主张共和政体的思想家却往往偏爱贵族政治或精英政治，主张不同的阶级根据不同的能力、知识、德行在政治统治中发挥不同的作用。在他们看来，"善治"的政体需要超凡的智慧和卓越的才能，而那些民主政体中的统治者，即平民，往往因为其平庸的品德和狭隘的知识并不适合作为统治者，至少不能作为主要的统治者。即使在包含各种政治原则的混合政体中，民主也因为其所代表的阶级和政治原则在价值上处于较低的位置。因此，共和政体对贵族政治或精英政治偏爱的结果必然是政治价值和结构上的不平等。一方是政治的绝对平等，而另一方是政治的不平等，在这层意义上，民主与共和也成为了一组并列而且对立的概念。

可见，民主政体与共和政体的对立并不是概念上或价值上的，公共利益与

---

❶ 这里所说的民主主要是一种古典的或纯粹的民主理论，它强调的是一种具体和实践意味的政治合法性基础，而在现代民主理论更多的是强调一种抽象意味的政治合法性，它表明的是政府并不是自足的权力主体，而是一个受委托的权力代理者。对于这种民主的现代含义可参见萨托利的解释："只有真正自下而上授予的权力，只有表达人民意志的权力，只有以某种得以表达的基本共识为基础的权力，才是正当的权力。"萨托利. 民主新论[M]. 冯克利，阎克文，译. 北京：东方出版社，1993：38.

❷ 西方政治思想中的许多思想家都十分偏爱这种包含多种政治原则的混合政体形式，其中比较经典的有柏拉图、亚里士多德、西塞罗、马基雅维里、孟德斯鸠和布莱克斯通等。

人民统治之间并没有必然的矛盾，这种对立更多地发生在如何实现各自宗旨的过程中。如果民主政体能够很好地实现和保护公共利益，如果民主政体能够很好地处理单一政治原则容易腐化变质的问题，如果民主政体能够很好地兼顾政治平等与政治效率之间的关系，那么民主政体是完全可以承载共和政体所包含的价值和追求的，这也是现代政治语境中民主为什么能逐渐压倒共和成为关于政体的主流概念的重要原因。

二、联邦党人眼中的"共和政体"与"民主政体"

在美国的制宪时期，没有一个概念比"共和政体"经历过更激烈的争论，这并不是没有原因的。正如特伦斯·鲍尔评价的那样："人们对于'专制''自由''道德'或'腐败'的理解完全取决于他如何理解'共和政体'"❶，联邦党人与反联邦党人关于"共和政体"的争论并不是简单的言词上的争论，这个关键概念的背后包含着对诸如政府、公民、自由、美德等关键词汇的不同理解，双方解释"共和政体"的过程实际上就是介绍各自政治方案，争取美国公众政治忠诚的过程。所以，我们对于美国制宪时期的共和政体的理解不能只停留在传统的概念上，而应该在当时具体的政治辩论中去寻找其真实的含义。

联邦党人对于共和政体的界定是从对民主政体的批评开始的。在麦迪逊看来，"不安定，不公正和带进国民会议里的混乱状态，事实上是使平民政府（popular government）处处腐败的不治之症"❷；而当时的美国政府正是这样一种民主政体，其间充满了"我们最关心而善良的公民以及拥护公众信用和私人信用、公众自由和个人自由的人们"的抱怨，"我们的政府太不稳定，在敌对党派的冲突中不顾公益，决定措施过于频繁，不是根据公正的准则和小党派的权利，而是根据有利害关系的占压倒多数的超级势力。"❸ 从这些论述中我

---

❶ [美]载特伦斯·鲍尔，约翰·波考克. 概念变迁与美国宪法[M]. 谈丽，译. 上海：华东师范大学出版社，2010：114.

❷ [美]汉密尔顿，杰伊，麦迪逊. 联邦党人文集[M]. 程逢如，在汉，舒逊，译. 北京：商务印书馆，2004：45.

❸ [美]汉密尔顿，杰伊，麦迪逊. 联邦党人文集[M]. 程逢如，在汉，舒逊，译. 北京：商务印书馆，2004：45.

们不难找到长久以来人们对于民主政体的一些批评,诸如政治的动荡、派系斗争、私利压倒公益等等。而且麦迪逊还接着指出,现存的美国宪法对与"古今民主典型"的改进的效果并不明显,无法消除民主政体固有的那些弊端,所以用共和政体取代民主政体或许是个好的选择。

对于如何界定共和政体,麦迪逊深知其中的困难,正如他自己所言,"如果寻求这个问题的回答时,不求助原则,而是求助政治作家们在各国宪法中关于这个名词的应用,是绝不会得到满意的答复的。"❶ 紧接着,麦迪逊否定了当时世界上几乎所有的共和政体:"在荷兰,没有一点最高权力是来自人民的,却几乎一致公认共和国。威尼斯也得到同样的称号,该国对大多数人民的绝对权力是由一小部分世袭贵族以专制的方式行使的。波兰是贵族政治和君主政体用最坏的方式结合的混合体,然而也被授予同样的尊称。英国政府是世袭贵族政治和君主政体的结合体,只有一个共和政体的枝叶同样不适合当地时常被列入共和国之林。这些例子彼此之间的不同,几乎跟它们与真正共和国的不同一样,这就表明这个术语在政治论文中应用得极不确切。"❷ 在麦迪逊看来,当时的这些共和政体都不符合共和政体的标准,都只是借用共和政体的称号而已。而且麦迪逊还为他的共和政体制定了自己的标准:"如果我们以各种政体赖以建立的不同原则为标准,我们就可以给共和国下个定义,或者至少可以把这个名称给予这样的政府:它从大部分人民那里直接、间接地得到一切权力,并由某些自愿任职的人在一定时期内或者在其忠实履行职责期间进行管理。对于这样一个政府来说,必要条件是:它是来自社会上的大多数人,而不是一小部分人,或者社会上某个幸运阶级;否则少数暴虐的贵族通过他们所代表的权力进行压迫,有可能钻入共和者的行列,并且为他们的政府要求共和国的光荣称号。这样一个政府是有资格的:它的管理人员,是直接、间接地由人民任命,他们根据刚才详细说明的条件保持自己的官职;否则合众国的每个政府以及已经组织完好或者能够组织完好或者很好履行其职责的任何民主政府,都会

---

❶ [美]汉密尔顿,杰伊,麦迪逊. 联邦党人文集[M]. 程逢如,在汉,舒逊,译. 北京:商务印书馆,2004:192-193.

❷ [美]汉密尔顿,杰伊,麦迪逊. 联邦党人文集[M]. 程逢如,在汉,舒逊,译. 北京:商务印书馆,2004:193.

减低共和政体的性质。"❶

正如麦迪逊自己所言，对于共和政体的理解不求助原则，而只是求助名词的应用是很难真正得到满意回答案的。但是我们从麦迪逊的原则中找到的却似乎并不是通常所理解的共和政体，在他看来，共和国或者共和政府的必要条件或首要原则就是它的权力直接或间接地来自于人民。而荷兰、威尼斯、波兰和英国这些当时人们所认同的共和国统统被他排除在共和国之林以外，其原因就在于这些政体形式的权力并不是来自于人民，或者是不完全来自于人民。如果回到前文所讨论的共和政体与民主政体的区别的讨论中，我们就会发现麦迪逊似乎错用了共和政体与民主政体的概念和原则，共和政体的概念来自于其"天下为公"的宗旨，来自于它对公共利益的顾全，而民主政体的首要原则是人民的统治，麦迪逊所推崇的政体形式似乎更应该冠以民主的名称，而不是共和。

但是麦迪逊似乎也并不存在混淆了共和政体和民主政体的可能。在他看来，共和政体和纯粹的民主政体（pure democracy）之间的区别在于：前者是一种代议制政体（representation），"政府委托给由其余公民选举出来的少数公民"；而后者则是"由少数公民亲自组织和管理政府的社会"❷。显然，麦迪逊是将公民控制和组织政府的不同方式作为了共和政体和民主政体的区别，这就造成了我们今天理解那个时期共和政体与民主政体两个概念的困难，因为在今天的政治学言语体系中，这两种人民控制政府的不同形式已经有了另外两个名词——代议制民主（间接民主）和城邦民主（直接民主）。引用萨托利的经典论述："如果说古代民主是城邦的对应物，那就是说它是'直接民主'，……我们今天的所有民主都是间接民主，即代议制民主，我们受代表统治，而不是自己统治自己。"而如果我们"把它们放在一起看，直接民主就是人民不间断地直接参与行使权力，而间接民主在很大程度上则是一种对权力的限制和监督体系。在当代民主制度下，有人进行统治，有人被统治；一方是国家，另一方

---

❶ [美]汉密尔顿,杰伊,麦迪逊. 联邦党人文集[M]. 程逢如,在汉,舒逊,译. 北京:商务印书馆,2004:193.

❷ [美]汉密尔顿,杰伊,麦迪逊. 联邦党人文集[M]. 程逢如,在汉,舒逊,译. 北京:商务印书馆,2004:48-49.

是公民；有些人专事政治，有些人除了为数甚少的插曲以外忘掉了政治。而在古代民主制度下，这种区别意义不大"❶。如果将直接民主和间接民主的定义和区别与麦迪逊关于纯粹民主政体与共和政体的定义做一对比，我们就不难发现麦迪逊眼中的纯粹民主政体实际就是直接民主，而共和政体实际上则是间接民主。

对于麦迪逊的这种共和政体的真实含义，许多学者都有着类似的论证。在马丁·戴蒙德看来，"帕不利乌斯的共和政体就是代议制民主的完美同义词。代议制民主的原则将一种不纯粹（impurity）民主从纯粹民主的观念中带入到了共和政体之中。但是这并不意味着共和政体是民主政体的对立物；而且共和政体实际上就是一种不纯粹的民主（impure democracy）。"❷"《联邦党人文集》第十篇试图区别共和政体与民主政体，但具有讽刺意味的是，它却比以往任何时期更加缩小了两个概念的区别，使得两者紧密地结合了起来。它使得共和政体仅仅成为了民主政治的一种特殊的形式。"❸ 而在罗伯特·达尔看来，虽然在麦迪逊的时代为民主下一个定义是必要的，但当时的"'民主'一词比今天更不具备共同的含义。……许多作者把民主规定为我们今天所谓的'直接'（direct）民主，即非代议制民主。'共和'（republic）这个词，在当时经常被用来指我们今天更倾向于称作'代议制'（representative）民主"❹。因此，麦迪逊借用共和来指称他的民主也并不是什么错误。而且在达尔看来，麦迪逊关于共和政体的解释和界定实际上创造了一种新的民主理论——"麦迪逊式"（Madisonian）民主理论。❺

当然，共和政体和民主政体的概念混乱是有其历史原因的，在美国1787

---

❶ [美]乔万尼·萨托利.民主新论[M].冯克利,阎克文,译.上海:上海人民出版社,2009:307.

❷ Martin Diamond, Democracy and the Federalist, In Gordon S. Wood (eds.), *The Confederation And The Constitution—The Critical Issues*, Little Brown and Company, 1973:144.

❸ Martin Diamond. The Founding of the Democratic Republic[M]. Boston: Wadsworth, 1981:69.

❹ [美]罗伯特·达尔.民主理论的前言[M].顾昕,朱丹,译.北京:生活·读书·新知三联书店,1999:10-11.

❺ 罗伯特·达尔认为，民主依赖于妥协，而麦迪逊的民主理论体现的正是这种妥协的巨大努力。"我们称之为'麦迪逊式'的民主理论是这样一种努力，它旨在成功地在多数人的权力和少数人的权力之间，以及所有成年公民的政治平等和限制其主权的需要之间，达成某种妥协。"罗伯特·达尔.民主理论的前言[M].顾昕,朱丹,译.北京:生活·读书·新知三联书店,1999:1.

第二章 超越传统——共和国的新意与规模难题

年宪法之前,民主这个概念的含义还相对传统,主要指的就是古代希腊特别是雅典存在过的那种直接民主。间接地通过代表行使对国家的控制并不是民主的本意,其实直到代议制民主❶的概念被人们逐渐接受之后,仍有不少思想家对这种政体的民主含义提出质疑和批评,其中的典型就是法国思想家卢梭。在卢梭看来,如同主权不可转让和不能分割一样,"主权也是不能代表的;主权在本质上是由公意所构成的,而意志又是绝不可以代表的;它只能是同一意志,或者是另一个意志,而绝不能有什么中间的东西。"因为意志是不能被代表的,所以代表的存在要么是罪恶的,"代表的观念是近代的产物;它起源于封建政府,起源于那种使人类屈辱并使'人'这个名称丧失尊严的、既罪恶而又荒谬的政府制度";要么就是虚假的,"人民的议员就不是、也不可能是人民的代表,他们只不过是人民的办事员罢了;他们并不能做出任何肯定的决定。"而且,卢梭正是从否定代表或议员出发,否定了代议制承载民主这个概念的可能,"凡是不曾为人民所亲自批准的法律,都是无效的;那根本就不是法律。英国人民自以为是自由的;他们是大错特错的。他们只有在选举国会议员期间,才是自由的;议员一旦选出之后,他们就是奴隶,他们就等于零。"❷这种对于代议制的批评既不是至卢梭终,更不是自卢梭起,对于这种代议制民主的批评从这个概念产生,即美国制宪时期就开始了。在一些反联邦党人看来,人民选举代表并不足以保证政体的民主性,在实行代议制的国家中,人民对"立法机关没有任何信任,认为立法机关野心勃勃,对它通过的任何措施都抱有怀疑,而不会支持立法机关通过的法律"❸。在这些人的眼中,美国宪法草案中的政府缺少真正的民主性,他们提出了更激进的要求,呼吁用纯粹民

---

❶ 代议制民主的概念起始于美国制宪时期,其中最早也是最完整表述代议制民主的当属汉密尔顿。在他于1777年5月19日致古诺维尔·莫里斯的信中,首次就代议制民主做出明确的界定:"在一种代议制民主中,选举的权利得到很好的保障和调控,立法、行政和司法权威的运用,被授予选举出来的人,他们真正是、而非名义上是由人民选举出来的,在我看来,这种民主最有可能是幸福、正规和持久的。"(Hamilton,To Gouverneur Morris,May 19th 1777,in Syrett(eds.),The Paper of Alexander Hamilton,vol. I:255.)关于代议制民主概念的形成,以及其与共和政体的区别,具体可见李剑鸣. "共和"与"民主"的趋同——美国革命时期对"共和政体"的重新界定[J]. 史学集刊,2009:5;李剑鸣. 美国革命时期民主概念的演变[J]. 历史研究,2007:1.

❷ [法]卢梭. 社会契约论[M]. 何兆武,译. 北京:商务印书馆,2003:120-121.

❸ Essays of Brutus 2. 9. 18,In Herbert J. Storing(eds.),*The Complete Anti-Federalist*,Volume 2,The University of Chicago Press,1981:371.

主的原则代替代议制，以建成真正的、完全的民主政体。

除了上述原因之外，联邦党人和反联邦党人在辩论策略上也不太愿意使用民主来表述他们心目中的理想政体。历史中的民主政体留下了太多的恶名，为了争取当时美国人民的支持和忠诚，他们也必须将他们的政治方案与那种在历史上留下恶名的民主政体相区别。虽然在当时的美国，民主政体所体现的人民统治已经成为了共同的首要政治原则，但因为政治概念的限制以及辩论的需要，联邦党人和反联邦党人都不得不使用共和政体来形容他们心中的理想政体——代议制民主。

三、"民主共和国"的真实含义

正如前文所论述的那样，共和与民主之间并不存在本质的对立，两者存在嫁接的可能性，而这种结合的最早尝试正是美国1787年宪法，其结果就是被我们所熟知的民主共和国。应该说，将民主与共和结合，并将之付诸政治实践的尝试始于美国，这也是美国1787年宪法对于现代政治思想和政治制度的一大贡献。

当然，关于将民主政体与共和政体所体现的政治原则进行结合的思想尝试并不是从美国制宪时期开始的。如果抛开概念的限制，我们不难发现亚里士多德强调的共和政体其实就是一种兼顾了公共利益与人民统治的民主共和国，而且将这两种不同政治原则进行结合的明确表述在此后的思想家那里层出不穷。西塞罗就将共和国定义为"公共利益"，而将民主定义为"国家最高权力"掌握在人民手中的政府形式❶，在他那里，民主政府就是共和国三种具体政府形式之一。马基雅维里的表述更加明确一点，民主制只是"共和国的统治者在城邦推行的三种制度中的一种"❷。而对民主共和制做了最为完整和精确表述的当属孟德斯鸠："政体有三种：共和政体、君主政体、专制政体。……共和政体是全体人民或仅仅一部分人民握有最高权力的政体"；而"共和国的全体人民握有最高权力时，就是民主政治。共和国的一部分人民握有最高权力时，

---

❶ [古罗马]西塞罗. 国家篇 法律篇[M]. 沈叔平，苏力，译. 北京：商务印书馆，2005：35-36.
❷ [意]尼科洛·马基雅维里. 论李维[M]. 冯克利，译. 上海：上海世纪出版集团，2005：50.

就是贵族政治。"❶ 在孟德斯鸠的言语体系中，民主政治就是照顾了公共利益的人民统治，显然，这种"民主政治"兼具了公共利益和人民统治这两个以往分属于共和政体和民主政体的政治原则，如果我们可以借用现在的政治概念来形容这种政体形式的话，无疑就是民主共和制，而与之相对应的则是少数人统治的贵族政治，即贵族共和制。

虽然将共和政体的公共利益原则与民主政体的人民统治原则进行结合的尝试自古有之，但是在美国 1787 年宪法中形成的民主共和国却是一种全新的政体形式。总体而言，它其实就是一种民主政体：首先，此时的民主共和国更多的，或者说是首要的政治原则已经不再是公共利益的顾全，而转为人民统治，一个政权的首要合法性来自人民的统治，君主制与贵族制即便能够照顾国家的公共利益，也很难再被当时的人们所接受，这也是麦迪逊之所以否定波兰、英国、威尼斯等共和国的重要原因。其次，虽然在新的政体形式中依然强调公共利益的顾全，但是此时的人们对于公共利益的理解已经不是原来那种自足和整体式的了，它更多地被理解为不同个体的利益总和，共和政体原有的对公共利益的顾全在新的政体形式中转变为如何在民主政体中使得更多的不同利益得到代表和保护，因此以往共和政体对于公共利益的顾全已经完全能够被代议民主制所承载。以上两个原因使得共和政体在当时更多地成为一种价值的追求，一种对于政体宗旨的理解。而在具体的政治实践层面，共和政体以往所推崇的不同政治原则和不同阶级之间的平衡已经失去了它原有的意义。在新的民主政体中，一切权力来自人民实际上已经成为首要的政治原则，以往民主政治的缺陷只能在人民统治的内部加以解决，这也是在现代政治学语境中"民主"日益成为表述这种政体形式的主要概念的重要原因。

除了上述原因以外，美国 1787 年宪法中的民主共和国之所以成为一种全新的政体形式还因为其承载了一个历史重任，那就是如何使共和国摆脱"小国寡民"的限制，使其在一个大型民族国家的规模内生存下来。在一个巨型和多元化的社会中，代议制如何限定，如何组织，才能真正体现民主的含义，真正代表人民的意志？在追求行政一致的政治过程中，政治权威如何配置才能

---

❶ [法]孟德斯鸠. 论法的精神(上册)[M]. 张雁深，译. 北京:商务印书馆,1959:9.

国家规模与政治构建——美国宪法讨论中的政治思想

保护多元化的利益要求？大型的国家必然加大"统治者"与"被统治者"的分离，那么我们又如何监督和限制这些"统治者"？这些都是反联邦党人对1787年宪法草案的主要质问，也是他们主张小型国家的主要理由。联邦党人如果想争取美国人民对于大型国家的支持和忠诚，那么他们的政治方案就必须包含以上这些难题的答案。所以，联邦党人眼中的理想政体远远超越以往思想家对于"共和"与"民主"的理解，代议制、联邦制、三权分立、法治（宪政）这些丰富的内容使得美利坚民主共和国适应了大型民族国家的挑战，并使其成为了"大国善治"的典型。

第二节　民主共和国的规模限制

在美国的制宪过程中，联邦党人与反联邦党人关于理想政体的设想是类似的，那就是人民统治的民主政府，政治方案的差异更多的是源于他们对国家规模与民主政体关系的不同理解。在孟德斯鸠看来，"如果从自然的特质来说，小国宜于共和政体，中等国家宜于由君主治理，大帝国宜于由专制君主治理的话，那么，要维持原有政体的原则，就应该维持原有的疆域，疆域的缩小或扩张都会更改国家的精神。"❶ 这种对于国家规模与民主政体之间关系的理解在很大程度上影响了反联邦党人。在他们看来，理想的民主政体只有在"小国寡民"的情况下才是真实的和可行的，这也是他们坚持将绝大部分主权留在州一级政府的主要原因。

对于古代希腊所存在过的纯粹民主制而言，共同体规模的限制无须再过多地论述，这种民主形式又被称为"城邦民主"正是因为其实行的范围必须严格地限制于城邦。虽然在反联邦党人之中主张纯粹民主（直接民主制）的只占少数，而主张代议制民主的则占了其中的大多数，但是这丝毫不会影响他们作为一个整体来反对大型国家，这主要是因为在他们的眼中无论是直接民主还是代议制民主都受制于国家规模。反联邦党人布鲁图斯（Brutus）就曾求助于历史来对未来美国宪法中的大型国家提出警告，"历史并没有提供有合众国这

---

❶ [法]孟德斯鸠. 论法的精神（上册）[M]. 张雁深, 译. 北京：商务印书馆, 1959：150.

样地域范围内的自由共和国的例证。希腊共和国是小范围的，罗马共和国也是如此。"而当它们"将征服扩张到范围广大的国土时"，就不再是共和国了，"他们的政府从自由的政府变成了有史以来最暴虐的政府。"❶ 在布鲁图斯看来，国家规模与政体的选择有着直接的关系："在每个政府中，最高统治者的意志便是法律。在专制政府中，最高权威握于一人手中，他的意志便是法律，能够像一个小国一样容易传到广大的地域。在纯粹民主政体中，人民便是最高统治者，他们的意志由自己宣布；为此他们必须聚集在一起审慎地考虑并做出决定。这种政体因此无法在任何大范围的国家实施；它必须限于一座城市，或至少在人民可以方便地集会、能够进行辩论、理解提交给他们的题目并宣布他们关于它的意见的范围之内。"他接着指出，"自由共和政体"不同于纯粹民主制，它通过自己的代表进行统治，因此没有必要将其规模限于城市的范围之内，但大型国家规模带给"自由共和政体"的威胁是相同的，这也是他试图提醒美国人民的地方。"我试图表明，这个广阔的大陆既出于对内、又出于对外目的统一在一个政府之下，……若不牺牲你们的自由，是不可能成功的。"总之，在反联邦党人看来，与专制政体相适应的才是大型国家，而与民主政体相适应的只能是小型国家，哪怕是代议制民主也不例外。而对于熟读历史和经典的联邦党人而言，民主政体的规模限制自然属于他们熟知的范围，如何使未来的美利坚合众国既享受大国带来的益处，又避免大国带给民主政体的限制和威胁正是他们制定 1787 年宪法的价值和意义所在。

一、公民人数与代议机构规模之间的矛盾

民主政体的规模限制首先来自于人类决策机关的规模限制，这也是奥斯特罗姆教授所言的"人类自治能力的根本局限"。在他看来，人类的"集团决策"存在一种规模原则，《联邦党人文集》中多次探讨的"人类自治能力的根本局限"就是这种规模原则的结果。虽然对于这种规模原则的讨论在《联邦

---

❶ Essay of Brutus 2. 9. 12, In Herbert J. Storing (eds.), *The Complete Anti-Federalist*, Volume 2, The University of Chicago Press, 1981: 368.

党人文集》中主要集中在有关众议院的讨论中，但是这一观点是可以普遍运用于任何决策集团的。❶

虽然"众议院最适当的众议员人数问题"是最不容易得到明确解决的"政治问题"，但是联邦党人还是首先否定了依照众议员和其选民的比例得到众议院的合适规模的设想。当时的美国各州的众议院不仅人数不尽相同，而且众议员与其选民的比例也相距悬殊。比如当时人数最少的特拉华州众议院只包括二十一名众议员，而马萨诸塞州的众议员人数则达到三四百人；比如当时的宾夕法尼亚的众议员和其选民的比例是一比四千或五千，而佐治亚的众议员和其选民的比例却是一比十。❷ 其中的主要原因是当时美国各州的人口相差甚远。联邦党人接着论述道，"如果弗吉尼亚的众议院用罗得岛的标准来规定，他们目前就会达到四五百之多，二三十年后，将达到一千。另一方面，宾夕法尼亚的比例如果应用到特拉华州，会把后者的众议院人数减到七人至八人。"❸ 显然"众议院的和人口的比例，在人口稠密的地方不应该和人口稀少的地方相同。"如果依照众议员和其选民的比例是不会得到众议院的合适规模的。

对于联邦党人而言，众议院的合适规模不应该建立在众议员和其选民的合适比例之上，相反，决定众议院合适规模的原则在于众议院自身，在于人类集团决策的原则之中。在他们看来，政治决策的质量与参与决策的人数的多少有着直接联系，但这种决策的质量并不必然和参与决策的人数形成一种正比例的关系，"再没有把我们的政治估计建立在算术原则上这样更不合理的事了。把一定的权力委托给六七十人，可能比委托给六七人更为适当。但不能因此就说，六七百人就相应地成为更好的委托。如果我们继续假定六七千人，整个理论就应该颠倒过来。事实上，在一切情况下，为了保障自由协商和讨论的益

---

❶ [美]文森特·奥斯特罗姆. 复合共和制的政治理论[M]. 毛寿龙, 译. 上海：上海三联书店, 1999：88.

❷ [美]汉密尔顿, 杰伊, 麦迪逊. 联邦党人文集[M]. 程逢如, 在汉, 舒逊, 译. 北京：商务印书馆, 2004：282.

❸ [美]汉密尔顿, 杰伊, 麦迪逊. 联邦党人文集[M]. 程逢如, 在汉, 舒逊, 译. 北京：商务印书馆, 2004：282-283.

第二章 超越传统——共和国的新意与规模难题

处,以及防止人们为不适当的目的而轻易联合起来,看来至少需要一定的数目;另一方面,为了避免人数众多造成的混乱和过激,人数也应该有个最大的限度。在所有人数众多的议会里,不管是由什么人组成,感情必定会夺取理智的至高权威。如果每个雅典公民都是苏格拉底,每次雅典议会都是乌合之众。"❶在这里,联邦党人推翻了一个关于人类集团决策的传统认识,在一个人类的自治团体中,决策的质量并不必然随着参与决策的人数的增加而一直得到提升。事实上,集团决策机构的规模似乎存在一个边际,在这个边际范围内,决策的质量会随着参与决策者的增加而得到提升,但是一旦超出这个边际,人数的增加反而会降低决策的质量。而且,联邦党人对于人类政治思想的贡献还远远不止于此,在以往的传统思维中,人类决策的质量事实上是与决策者的智识和道德水平有着直接的联系,但是联邦党人却将这种联系的地位大大降低了。在他们看来,人类决策的质量与决策机构的规模有着直接联系。正如他们所言,纵然参加雅典议会的都是苏格拉底,那么整个雅典的议会也是一群乌合之众。

为了简单明了地表述出决策者的数量与决策质量的关系,笔者制作了一个二维坐标图:横轴 A 表示参与集团决策的人数,纵轴 B 表示集团决策的质量,纵轴 C 表示决策机构所覆盖的人口;直线 D 表示联邦党人眼中"错误地"运用"算术原理"决定决策集团规模的思维,曲线 E 表示联邦党人思考决策机构规模的思维,直线 F 表示决策机构的民主程度;坐标点 G 代表决策机关最佳规模。❷

---

❶ [美]汉密尔顿,杰伊,麦迪逊. 联邦党人文集[M]. 程逢如,在汉,舒逊,译. 北京:商务印书馆,2004:283.
❷ 文森特·奥斯特罗姆曾制作了两张坐标图以对比关于决策集团规模的两种思路,本图正是在此基础之上制作而成。对于这两个坐标图以及奥斯特卢姆教授关于人类自治能力局限的全部论述可见[美]文森特·奥斯特罗姆. 复合共和制的政治理论[M]. 毛寿龙,译. 上海:上海三联书店,1999:88-92.

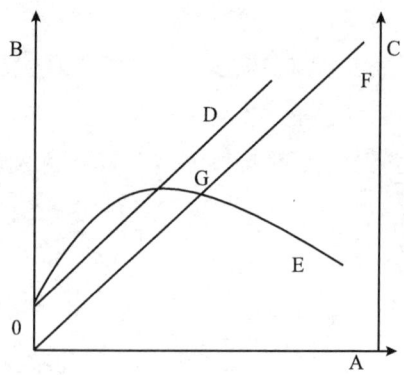

A. 参与集团决策的人数

B. 集团决策的质量

C. 决策机构所覆盖的人口

D. "错误地"运用"算术原理"决定决策机构规模

E. 联邦党人的概算

F. 决策机构的民主程度

G. 决策机构的最佳规模

图中上行直线 D 代表了这样一种观点：随着参与决策的人数的增多，集团决策的质量也会直线提高，即决策机构规模越大，决策的质量越高。显然，这正是联邦党人反对的观点。而图中曲线 E 则代表了联邦党人的观点：决策机构的规模的增大并不必然意味着决策质量的单调提升。当参与决策的人数少于曲线 F 的峰值时，决策机构规模的扩大有助于决策质量的提高，并且其提高的幅度要大于平均水平。然而当决策者人数增加到曲线 F 的峰值时，每增加一个决策者，非但不会增加决策的质量，相反会减低决策的质量。显然，在联邦党人的眼中，决策机关的规模是存在边际的，这也与联邦党人对于人类理性的限度的认识相契合。❶

当然，联邦党人并没有告诉我们图中 G 点的准确位置，以及人类决策质量和决策机构规模精确的对应关系，从这个方面而言，联邦党人的论述有一些

---

❶ [美]文森特·奥斯特罗姆. 复合共和制的政治理论[M]. 毛寿龙,译. 上海：上海三联书店,1999：41-44.

第二章　超越传统——共和国的新意与规模难题

独断的性质。但是联邦党人的努力是在试图告诉我们存在这样一个边际，只要决策机构的规模超过了这个边际，决策者数量的增加必然会导致决策质量的下降，决策机构有着自己固有的规模原则和限度。❶

并且，制约决策机构规模的还不只是决策质量。联邦党人认为，"所有立法会议，组成的人数越多，实际指导会议进行的人就会越少。"❷ 随着规模的扩大，决策机构在表面上显得越来越民主，但实际上却越来越陷于"演说家"和"政治家"的寡头统治之中。在奥斯特罗姆教授看来，联邦党人的这种认识来源于人类对话和协商的基本特点，"在任何协商集团（deliberative group）中都存在着基本的限制条件，它起源于这一事实，一次只能有一位演说者能够被倾听并得以理解。两个或多个人给同一个听众同时演讲，只会制造噪音，并引起混乱。有序的深思熟虑，要求演讲和沟通都遵守一次一个的规则。"❸ 这种以一次一个规则为基础的人类集团决策使得每个成员表达自己思想的机会与决策机构的规模形成一种反比关系，随着参与决策者人数的增多，每个成员表达自己思想的机会就会越少。而且，参与决策的人数越多，"情感就越是战胜理智"，"知识肤浅、能力薄弱的成员所占的比例就会越大"。"这时，少数人的雄辩和演说正好对这类人起到众所周知的有力作用。在古代共和国里，全体人民亲自集会，那里通常可看到一个演说家或一个手腕高明的政治家左右一切，好像独掌大权一样。根据同一原理，代表性的议会人数越多，它就越是具有人民集体集会中特有的那种优柔寡断。无知将成为诡诈的弄愚者，情感也将

---

❶ 对于这种决策机构的规模限制，我们从历史中似乎可以隐约找到答案：在古代雅典，虽然代表城邦最高权力的是公民大会，但由于其规模过于庞大而难以有效运行，城邦的实际权力是由500人评议会掌握；在古代罗马，集团决策的机构有两个，其一是元老院，由300个元老组成，其二是人民大会，由所有公民组成，由于人数众多，实际权力大多被元老院和高级官吏侵占；在中世纪的那些共和国里，诸如佛罗伦萨、米兰、锡耶纳等，拥有最高权力的是大管理理事会，其成员最多不能超过600人；在哈灵顿构想的大洋国里，执掌最高立法权的是参议会（Senate），由300人组成；在休谟的理想共和国中，执掌共和国全部权力的是参议院，由100个参议员组成。从这些现实的政治实践和理想的政治构思中，我们不难发现如果试图使一个决策机构有效地运行下去，其规模上限应是600人。

❷ [美]汉密尔顿,杰伊,麦迪逊. 联邦党人文集[M]. 程逢如,在汉,舒逊,译. 北京：商务印书馆,2004：298.

❸ [美]文森特·奥斯特罗姆. 复合共和制的政治理论[M]. 毛寿龙,译. 上海：上海三联书店,1999：88-90.

成为诡辩和雄辩的奴隶。"❶

显然,在联邦党人看来,无论是古代的直接民主还是现在的代议制民主,随着决策机构规模的扩大,领袖人物的主导性会逐渐增加,而参与决策的成员的实际作用反而会逐渐减少。联邦党人努力地提醒着美国人民防止这样一种错误的假定:"通过把自己的议员增加到超出一定限度,来加强对少数人统治的防备。"因为历史经验表明,"为了安全,当地情况和对整个社会的普遍同情等目的而达到足够人数以后,每增加他们的议员就会阻碍他们自己的目的。政府的外貌可能变得更加民主,但是使它得以活动的精神将是更多的寡头政治。机器会扩大,但是指导其运转的原动力却将更少,而且往往更加奥妙。"❷ 决策机构的规模越大,控制会议进程的特权就越发重要;决策机构的规模越大,少数人的雄辩和高明的政治手腕发挥的作用就越大;所以随着规模的扩大,决策机构也会逐渐失去其本来的民主含义。❸

虽然联邦党人一直声称立法机构的规模不应该建立在议员和其选民的比例原则之上,但是过少的议员所带来的弊端却也是他们无法回避的难题。"如果把选民的数目增加太多,会使代表很不熟悉他们当地的一切情况和次要利益"❹;而对于过少议员所带来的弊端持最激烈批评的当属反联邦党人。总的来说,反联邦党人对于代议制民主的支持是一种无奈的选择,如果共同体中的人民已经不能亲自参加集会来解决他们的共同事务,那么代议制就是公民亲自集会的一个必要的替代品。既然是替代品,那么它就应该尽可能维持原有物的性质和特征。在古代雅典的直接民主制中,人民与他们的政府之间没有任何差别,"统治者"和"被统治者"的同一性保障了政府对人民的严格负责。如果代议制难以避免,那么"问题在于,就'负责'一词的狭义而言,那就是如何向他们的选民负责,并体现出代表依赖于选民"。斯托林教授论述道,在反

---

❶ [美]汉密尔顿,杰伊,麦迪逊. 联邦党人文集[M]. 程逢如,在汉,舒逊,译. 北京:商务印书馆,2004:298-299.

❷ [美]汉密尔顿,杰伊,麦迪逊. 联邦党人文集[M]. 程逢如,在汉,舒逊,译. 北京:商务印书馆,2004:299.

❸ 其实对于决策机构规模的这种认识也很好地帮助了我们理解为什么在古代雅典的政治实践中如此强调"轮流统治"和排斥社会精英。

❹ [美]汉密尔顿,杰伊,麦迪逊. 联邦党人文集[M]. 程逢如,在汉,舒逊,译. 北京:商务印书馆,2004:50.

第二章 超越传统——共和国的新意与规模难题

联邦党人看来,"有效而彻底的责任必须建立在代表机构和大部分公民之间的相似性的基础上。"❶ 对于代议制和代表,反联邦党人梅兰克顿·史密斯(Melancton Smith)说道:"全面而平等的代议制应当具有人民自身集会时会具有的利益、情感、观点和看法",而代表们就是"一副真正的人民的画像;了解人民的情况和愿望;对人民的不幸深具同情,而且追求人民的利益"。❷ 所以,如果想保证代表们对人民的负责就必须保证他们了解人民的幸福和疾苦,就必须保证代表和人民的紧密联系,也就是反联邦党人眼中代表与人民的同质性,这就需要缩小代表和其选民的比例。正如斯托林教授所言:"联邦立法机关不可能实现其代议制的功能,除非急剧增加代表的数量。"❸

在这里我们不难发现在大型国家中带给民主政体的第一个难题:如果一个代议制机构的代表太多,那么就无法保证这个机构的决策质量;反之,如果一个代议制机构的代表太少,那么就无法保证代表真正了解人民的需要和利益。而考虑到美国当时的人口数量,显然,要想在联邦立法机构中实现代表和选民的同质性,那么这个由众多代表组成的联邦议会不要说决策的质量值得怀疑,甚至连能不能顺利召开都是个问题。❹

如何既保障代议制机构的决策质量,又保证代表与其选民的紧密联系是美国 1787 年宪法必须解决的难题。对于这个难题,联邦党人与其反对者都有着自己不同的答案。对于反联邦党人而言,最佳的方案就是将更多的权力留在州一级的政府单元,这个方案的实质其实就是建立多个小型的共同体,通过缩小

---

❶ [美]赫伯特·J. 斯托林. 反联邦党人赞成什么——宪法反对者的政治思想[M]. 汪庆华,译. 北京:北京大学出版社,2006:29-30.

❷ Melancton Smith 6. 12. 15,In Herbert J. Storing(eds.),*The Complete Anti-Federalist*,Volume 6,The University of Chicago Press,1981:157.

❸ [美]赫伯特·J. 斯托林. 反联邦党人赞成什么——宪法反对者的政治思想[M]. 汪庆华,译. 北京:北京大学出版社,2006:30.

❹ 对于众议院的议员具体数量,在美国独立战争时期,据汉密尔顿的估计,十三个州加起来大约有两千人。而美国在 1790 年至 1792 年间总人口为 362 万人,如果按照当时罗得岛的众议院议员与其选民一比一千的比例计算的话,那么美国联邦众议院的议员总数应为 3620 人。如果考虑美国独立战争后的人口增长,我们不难发现,罗得岛 1:1000 的比例应该比较接近独立战争时期美国各邦众议院议员和其选民的比例的平均值。数据来源:《美国历史统计》(英文版第二卷)1084 页,表 215-219,"1790—1970 年联邦众议院席位在各邦之间的分配。"具体参见:[美]亚历山大·汉密尔顿,詹姆斯·麦迪逊,约翰·杰伊. 联邦论——美国宪法述评[M]. 尹宣,译. 江苏:凤凰出版集团,2010:387-388.

每个共同体规模的方式保证代表和选民的比例不致过大,其实这也是之前民主政体的一贯思维。而对于联邦党人来说,国家规模是既定的,面对不断增多的选民和决策机构的固有规模,他们必须摆脱传统理论的桎梏,提出他们自己的解决方案。

二、社会管理的一致性与社会利益的多元化之间的矛盾

一个善治的国家必然是一个政令统一的国家,在联邦党人看来,原来邦联政府的一大缺陷就是在一些"一般性"和"全国性"目的下没有足够的权威去维持一种法令和行政的一致性,这也是促使他们制定1787年宪法的主要原因。联邦党人对于法令和行政的一致性的渴望贯穿于《联邦党人文集》的始终,其中第二十二篇中对于商业和司法两个方面显得尤为典型。

在联邦党人看来,原有的邦联政府"缺乏管理商业的权力"是"所有党派"都承认的一个缺点。由于邦联政府缺乏统一的权力,使整个国家对于商业的管理缺乏一致性,而这"已经成为同国外制定有利条约的障碍,并且已经造成各州之间的相互不满"。正如汉密尔顿举的那个英国人詹金森的例子一样,与美国来往的最为稳妥的方案是在其"更加言行一致以前'维持'原案"。而事实上这种商业管理的不一致也确实给美国的商业造成了巨大的伤害,因为所有的"熟悉我们政治联盟的性质的国家"都明白,"联邦方面所承担的义务可以在任何时候被其成员所违犯";所以,这些国家从与美国交往的经验中知道,为了得到一定的特权,无须与合众国签订一定的条约,而"可以在我们的市场上享受他们渴望的每种特权,除了暗示给予暂时的方便以外,勿须给我们任何回报"❶。对于这种缺乏一致性管理造成的商业上的损害并不是没有引起美国人民的重视,"有些州竭力设法利用各种禁令、限制和排斥"来影响各国的这种做法,但是"由于缺乏总的权威和各州内部意见不同而造成缺乏同心协力",使得这些保护本国商业的尝试大多归于失败。❷ 联邦党人

---

❶ [美]汉密尔顿,杰伊,麦迪逊. 联邦党人文集[M]. 程逢如,在汉,舒逊,译. 北京:商务印书馆,2004:106.

❷ [美]汉密尔顿,杰伊,麦迪逊. 联邦党人文集[M]. 程逢如,在汉,舒逊,译. 北京:商务印书馆,2004:107.

甚至还举了"日耳曼帝国"的例证来告诫国民:"日耳曼帝国的商业不断受到一些诸侯和城邦对通过他们领土的商品征收多种关税的束缚,由于这种做法,日耳曼如此幸运形成的名山大川几乎完全无用。"

不仅如此,由于邦联政府缺乏足够的政治权力对商业进行统一管理所需的政治权力,"某些州的干涉的、不友善的、与联邦精神相反的规定,在不同情况下曾给其他州提供表示愤怒和抱怨的正当理由。"而这种性质的"愤怒"和"抱怨""如果不用国家的管理加以制止,可能会增加和扩大,直到它们成为不合冲突和重要原因"❶。在联邦党人看来,政令的不统一不仅使得美国的商业利益受损,而且也使各州之间产生不和,而解决这一切的关键就是赋予联邦政府统一管理商业的足够权力,否则"只要采取一致性措施的障碍继续存在",以州为单位的努力是注定失败的。

而另一个邦联政府"登峰造极"的缺点就是缺乏统一的司法权。在联邦党人看来,"法律如果没有法院来详细说明和解释其真正意义和作用,就是一纸空文。"而合众国条约的真正意义像其他法律一样必须"由司法上的判决来加以确定"。"为了在这些判决中取得一致,它们最后必须提交最高法院。这个法院应该隶属于签订条约的同一个政权。这两个因素是不可缺少的。"而"如果每个州里有一个最后审判法庭,同一问题上的不同的最后判决就会和法院的数目一样多。人们的意见就会产生没完没了的分歧。我们时常看到,不仅是法院不同,而且同一法院的法官意见也不一致"。所以,"为了避免许多独立法院的相互矛盾的决定必然造成的混乱,所有国家都发现必须设立一个有全面监督权的最高法院,它有权最后决定和宣布有关民法的一致规则。"❷除了"意见不同"以外,"地方观点和偏见"以及"地方规章"也会使得"全国法律"与"地方法律"相互抵触。因为执政的人们,"对于他们借以任职的权力特别尊重",当他们面临"地方观点和偏见"以及"地方规章"干扰时往往会采用的是地方法律的条款,而不是全国法律的条款。所以,邦联政府虽然有了

---

❶ [美]汉密尔顿,杰伊,麦迪逊. 联邦党人文集[M]. 程逢如,在汉,舒逊,译. 北京:商务印书馆,2004:107.

❷ [美]汉密尔顿,杰伊,麦迪逊. 联邦党人文集[M]. 程逢如,在汉,舒逊,译. 北京:商务印书馆,2004:111-112.

国家规模与政治构建——美国宪法讨论中的政治思想

一个表面上一致的合众国公约,但是这非常容易被"十三个不同的立法机关以及根据它们的权力办事的同样多的最后审判法庭所违背"。在这种情况下,"整个联邦的信用、名誉与和平,不断由联邦成员的偏见、情感和利益所支配。"联邦党人断言,这样的一个政府既不会得到外国的尊重和信任,美国人民也不会长期同意把他们的荣誉、幸福和安全寄托与它,所以统一的司法权对于一个善治的政府而言也是十分重要的。

而在多数反联邦党人看来,以自由选举为特征的民主政体从来也没有在大型国家里实现过,即使这样一个自由政府是可能的,那么它对于国家中的不同部分也是不公平的。因为在他们看来,在一个大型国家里实行统一的管理必然意味着各个部分之间的不同和困难。根据美国学者斯托林的归纳,反联邦党人认为,在一个大型和多元化的国家中,为了实现行政一致,必然要牺牲国家中各个部分的条件、利益和习惯上的许多重大的差异。反联邦党人坚持州权的优先地位的实质就是将行政的统一留在一个小型化的同质社会中,而构建一个全国政府必然意味着行政的一致性和多元化社会的冲突,因为"全国政府不得不将粗糙的一致性原则强加于多元的美国身上,事实上会导致这个国家各个部分的困难和不公"❶,反联邦党人 Rrobert Yates 和 John Lasing 认为,在一个大型国家中由于利益的多元化必然导致强力的普遍使用,必然会导致公民自由的丧失,"因为合众国广阔的地域(the extensive territory of the United States),它的居民居住分散,统一居民的观点存在难以克服的困难,居民观点的互相矛盾充斥着政府的所有权力;而且,对于住在遥远地域人们的福利和幸福很难在总体政府中得到统一的考虑,虽然总体政府的原则可能是明智的和积极的,但是对于离政府几百英里之外的合众国边缘地带来说,并不一定都会服从它的法律;如果为了使得合众国的所有居民的利益都得到真实的代表,那么总体政府的立法机关必然由众多的人员组成,这将使得它的实际运行变得难以忍受的麻烦;但是如果只有一部分人组成立法机关的话,那么合众国的大多数人的利益便是无法知晓的;即使这种利益是可以知晓的,那么甚至在新政府运行的第一

---

❶ [美]赫伯特·J. 斯托林. 反联邦党人赞成什么——宪法反对者的政治思想[M]. 汪庆华,译. 北京:北京大学出版社,2006:26-27.

阶段也是无法照顾到的。"❶ 反联邦党人 Robert Yates 和 John Lasing 总结道:"在我们看来,这些理由是反对制宪会议建议的那个统一政府(consolidated government)的最根本的原因。我们可以设想他们(总体政府)大多数情况下都是非常依赖强力的应用的。"❷ 反联邦党人"联邦农民"(the federal farmer)论述道:"许多伟大的作者都认为一个自由选举的政府不可能在广阔的疆域内实现,即使我们不依赖于这些论述,那么许多反映都证实了一个政府(总体政府)和总体立法机关永远无法平等地照顾到合众国所有部分的利益:存在于不同的州中不同的法律、习俗和意见都会毫无疑问地被统一的法律系统所侵犯。"❸ "联邦农民"(the federal farmer)接着论述道:"如果这样一个统一的政府是可能的,而且它也能保持自由政府的特征,那么它也能证明那些位于核心位置的州因为靠近政府的所在地而享受巨大的便利,与此同时,那些遥远的州却因为位置偏僻而变得十分不便。政府的财富、办公室和便利都会集中于它的中心;同时,那些偏远的州和它们的首府将会变得非常的无关紧要。"❹

而对于联邦党人所强调的司法权的统一,反联邦党人也往往持一种反对的意见。在他们看来,在一个大型国家内,司法机关会和立法机关一样因为地理位置的不同而有失公平。反联邦党人"联邦农民"(the federal farmer)认为:"在一个单一的总体政府之下只会有一个司法系统,一个最高法院和一个合适数目的低级法院。我认为在这种情况下去保持应得的正义和附近地区的法律审判的真正益处都是完全不可行的——现在联邦中的每个州都有一个最高法院;许多从属于每一个最高法院的郡县法院和其他下级法院……我们国家广阔范围内的公民为了寻找一个执行正义的地方就必须不远万里离家远行。……我认为一个好的政府的一个最伟大的益处就在于每个公民能够在一个合理的距离内找到一个执行正义的法院……而这在一个统一的司法系统内是无法实现的——最

---

❶ Robert Yates and John Lasing 2. 3. 7, In Herbert J. Storing (eds.), *The Complete Anti-Federalist*, Volume 2, The University of Chicago Press, 1981:17.

❷ Robert Yates and John Lasing 2. 3. 8, In Herbert J. Storing (eds.), *The Complete Anti-Federalist*, Volume 2, The University of Chicago Press, 1981:17.

❸ Letter from the Federal Farmer 2. 8. 14, In Herbert J. Storing (eds.), *The Complete Anti-Federalist*, Volume 2, The University of Chicago Press, 1981:230.

❹ Letter from the Federal Farmer 2. 8. 17, In Herbert J. Storing (eds.), *The Complete Anti-Federalist*, Volume 2, The University of Chicago Press, 1981:231.

高法院最有可能设置在国家的中心,而且每年在东方和南方边缘地带的中心地带移动一次——在这种情况下,每个公民平均需要旅行150或200英里去寻找这个法院——虽然下级法院可能合适地设置在不同郡县和国家不同区域内,但是上诉便会非常困难和昂贵。"❶ 可见,在"联邦农民"(the federal farmer)看来,统一司法权不仅不会塑造一个高效的司法系统,反而会因为国家广阔疆域的限制给公民寻找正义制造障碍,大型国家内的不同公民之间会因为距离法院远近不同而出现不公。

反联邦党人并不反对政令的统一,但是他们看到了在一个大型国家之中政令统一与社会多元化之间的矛盾。在他们看来,大型国家必然意味着习俗、法律、利益和意见的多元化,而这与政令统一无疑是矛盾的,于是沿着他们的逻辑,最好的解决方法自然就是缩小国家的范围,使这种社会的多元化尽量地缩小,维持一个小型国家就是维持一个习俗、法律、利益和意见一元化的社会,只有这样,一元化的政府体系才是自由、民主和公正的。而对于联邦党人而言,反联邦党人的质问必须在国家规模既定的情况下得到解决,这就需要联邦党人提出一套既保证政令统一又兼顾多元化利益的一套新的政治解决方案。

三、政治权力的监督难题

在一个大型国家内建设民主政体的第三个问题就是如何监督政治权力,在反联邦党人看来,将主权留在州一级政府就是建设一个个小型共和国,而这种共和国的最大优势就是保证对政治权力的有效监督。美国学者斯托林归纳反联邦党人主张的小共和国的第二个特征就是有关政治权力的监督的:"小共和国的第二个特征是,它能确保政府对人民的严格负责。"❷ 在古希腊雅典实行过的那种直接民主制中,人民既是统治者也是被统治者,从这层意义上而言,人民与他们的政府之间是没有任何差别的,政府的责任也由此得到保障,政治权力监督的必要性和紧迫性在那种民主制度下并不是一个十分突出的问题。但大

---

❶ Letter from the Federal Farmer 2.8.16,In Herbert J. Storing (eds.),*The Complete Anti-Federalist*,Volume 2,The University of Chicago Press,1981:231.

❷ [美]赫伯特·J. 斯托林. 反联邦党人赞成什么——宪法反对者的政治思想[M]. 汪庆华,译. 北京:北京大学出版社,2006:29.

多数反联邦人也认为就当时的美国而言，即使是将大部分主权留在州一级政府，建立一个个小型共和国也无法复制古希腊的直接民主制，唯一可行的方案就是由一种代议制来实现民主政体。如果人民并不亲自掌握政治权力，那么如何确保那些由他人代管的政治权力不会被滥用便成为一个需要迫切解决的难题。

在大多数反联邦党人看来，过大的疆域和过多的人口都会使得政治权力的实际运行远离人民的掌握，随着国家规模的扩大，那些实际掌握国家权力的人们将变得越来越不依赖人民，监督政治权力也将变得越来越不容易。这种将国家规模的扩大与政治权力的监督联系起来的观点在反联邦党人那里十分普遍，其中加图（Cato）的论述最为明确和典型。反联邦党人加图认为："自由共和国的车轮在它的实际运行中必须是缓慢的；因此在一个大型自由共和国（Large free republic）中，罪恶有时在遇到反对之前就开始甚至是完成了。"加图甚至认为，即使是现在的州对于政治权力的监督而言也过于庞大了，"在这个时候，联盟中许多州也是过于庞大的，这使得对于共和政府的监督变得不太可能。而在今后的某天，它们会像那些合适规模的州一样被分成更小、更有效的州。"❶ 对于加图而言，过大的州都无法有效监督政治权力，更何况将十三个州统一在一起的美利坚合众国呢？

而对于联邦党人而言，政治权力监督的关键并不在于人民与政府的距离，缩小国家规模的方法无助于防止政治权力的滥用，"野心必须用野心来对抗"，防止政治权力滥用的关键在于政治结构，在于将政治权力拆分给多个机关，并赋予这些机关与其地位相适应的手段和主动权，其中不仅包括立法、行政和司法的三权分立，也包括立法机关自身的两院制，以及中央和地方分权的联邦制。

四、小结

虽然在一个大型国家里构建一个民主政体在人类的历史中并没有先例，而

---

❶ Letter of Cato 2. 6. 16, In Herbert J. Storing（eds.）, *The Complete Anti-Federalist*, Volume 2, The University of Chicago Press, 1981:111.

且也存在着这样那样的难题，但在联邦党人的眼中，这些难题都是可以通过人类的"深思熟虑"得到解决的。而对于那些坚持民主政体无法在大型国家实行的反对意见，麦迪逊认为这或是出于"偶然产生的错误"，但更多的则是"一些名作家的伎俩"，虽然他们的作品在"现代政见的标准方面"有着很大分量，"作为君主专制政体或君主立宪政体的人民，他们竭力设法夸大这些政体的优点或掩饰其弊病，把它们同共和政体的弊病和缺点进行比较，并举出古代希腊和现代意大利的骚乱的民主政体作为后者的标本。由于名称的混淆，很容易把只能应用于民主政体的评论转用于共和政体；其中就有这样的评论：共和政体只能在生活于小范围国土上的少数居民中建立起来。"❶ 对于那些努力在美利坚构建一个大型民主共和国的国父们而言，也许困难是巨大的，但也正是这种尝试使得美国成为人类历史上的一个先例和典范。

---

❶ [美]汉密尔顿,杰伊,麦迪逊. 联邦党人文集[M]. 程逢如,在汉,舒逊,译. 北京：商务印书馆，2004：66.

第三章 "广土众民"之共和国的制度设计

对于国家规模扩大所带给民主共和国的困难,联邦党人与反联邦党人都有清醒的认识,两者的不同之处在于他们对待这种困难的态度。在反联邦党人看来,国家规模带来的困难是固定的,是难以通过制度上的设计予以弥补的。正如反联邦人亨利(Patrick Henry)所言:"我尊敬的朋友曾经说过,共和政体是难以适应于一个大型国家(extensive country)的,但如果预先对这个政府进行精心的组织和限制,那么共和政体在一个广阔疆域内存在也是有可能的。无论是谁说过这样的话都是冒失的:这个大陆可以通过那个系统来进行管理。因为这与世界上所有的经验都是相违背的。这项工作太过'伟大'了,以至于通过人类的智慧是无法完成的。"❶

但是,联邦党人并不认同这样的观点。在他们看来,巨大的规模给民主政体带来的既是挑战也是机遇:一方面,扩大了的国家规模本身意味着包容了更多的利益集团和阶级,而社会力量的多元化本身就有助于民主政体的良好运行;另一方面,扩大了的国家规模带给民主政体的缺陷完全可以通过人类的理性,通过合适的制度设计予以弥补。而这种合适的制度设计主要包括:代议制、联邦制和三权分立。本章以下的内容正是围绕这三种制度设计逐一展开。

第一节 代议制民主——超越国家规模的民主形式

民主政体自其产生以来就一直与其适用规模紧密联系,以至于古代的直接

---

❶ Patrick Henry 5. 16. 14,In Herbert J. Storing (eds.),*The Complete Anti-Federalist*,Volume 5,The University of Chicago Press,1981:233.

国家规模与政治构建——美国宪法讨论中的政治思想

民主因其特定的适用规模而"赢得"了城邦民主的别称。既然是城邦民主，其主要适用规模必然也就局限于城邦，这与当时的美国国情显然是不符的。基于这个相同的认识，联邦党人与反联邦党人都同意用另一种适用规模更大的民主形式来取代古代的直接民主，即代议制民主。虽然论战双方都认为一种合适的代议制对于美国未来的民主政体是必要的，但他们对于代议制的真实含义及其具体组织结构的观点却又大相径庭，这也直接决定了他们对于代议制适用规模的认识。

一、直接民主与代议制民主

总的来说，多数美国人并不认为古代雅典式的直接民主适合当时的国情，正如联邦党人所言，即使是当时最小的州对于直接民主制来说也显得过于庞大了。于是，如何解决疆域的扩大和人口的增多带给民主政体的缺陷便成为当时辩论双方都必须直面的难题。麦迪逊认为，国家规模带给民主政体的难题部分地被代议制解决了，他很大程度上也正是在这层意义上区分了共和政体和民主政体。在他看来，"把共和政府只限于一个狭小区域的错误看法"之所以得以产生和传播"似乎主要由于把共和政体和民主政体混淆起来，并且把根据后者的性质得出的推论应用于前者"。他接着论述道，"两种政体的真正区别"在于"在民主政体下，人民会合在一起，亲自管理政府；在共和政府下，他们通过代表和代理人组织和管理政府。所以，民主政体将限于一个小小的地区，共和政体能扩展到一个大的地区"❶。而在其更加著名的《联邦党人文集》第十篇中，麦迪逊更明确地指出了"共和政体"的真实含义，及其对于在一个"广土众民"范围内构建民主政体的重要意义："共和政体，我是指采用代议制的政体而言，情形就不同了，……民主政体和共和政体的两大区别是：第一，后者的政府委托给由其余公民选举出来的少数公民；第二，后者所能管辖的公民人数较多，国土范围也较大。"❷ 可见，在麦迪逊的眼中，古代雅典的

---

❶ [美]汉密尔顿,杰伊,麦迪逊. 联邦党人文集[M]. 程逢如,在汉,舒逊,译. 北京:商务印书馆,2004:66.

❷ [美]汉密尔顿,杰伊,麦迪逊. 联邦党人文集[M]. 程逢如,在汉,舒逊,译. 北京:商务印书馆,2004:49.

直接民主制只能与一种"小国寡民"的国家规模相适应，而通过选任代表的制度机制，代议制民主（即他言语中的共和政体）比直接民主制能够覆盖更多数量的人民和更广阔的地区，对于当时已经存在的美利坚来说，即使将主权留在州一级的政府，采取一种适当的代议制也是难以避免的。

不仅如此，在麦迪逊看来，将代议制与民主原则相结合更是开创了一种新的政府形式。麦迪逊认为，之所以人们难以察觉将民主政体的适用范围局限于"小国寡民"的谬误，其原因就在于"古代大多数民众政府属于民主政体的类型"，而在"代议制的创始地现代欧洲，也看不到一个完全民主、同时完全建立在这一原则基础上的政府实例"❶。在此，麦迪逊指出了将代议制与民主原则结合的另一个重要意义，即一种新的民主模式。"如果欧洲有在政府中发现这种伟大的机械动力的功劳，那么通过能把这个最大的政治团体的意志集中起来的简单机构，并且把它的力量引向公益所需要的任何目标，那么，美国就有权要求这样的功劳：它把这种发现变成了范围广大的纯粹共和政体的基础。"显然，麦迪逊认为美国人民正在开创一种新的民主模式，它不仅改变了民主政体原有的适用范围，也改变了民主政体原有的实施规则。

对于代议制之于当时美国的重要意义，反联邦党人也是赞同的。根据美国学者斯托林的归纳，虽然反联邦党人认为直接民主制和小共和国的结合能保证政府对人民的严格负责，但对于当时的美国来说，似乎用一种适当的代议制来代替原有的直接民主制是难以避免的选择。"在直接民主制中，人民和他们的政府之间没有任何差别，政府责任由此获得保障。但是，大多数的反联邦党人承认，至少就美国的条件而言，需要一种相关的代议制来代替所有公民集会议事的做法。"❷ 美国学者特伦斯·鲍尔也有类似的总结："反联邦主义者关于大小和规模的论据决不是为'直接民主'辩护——这是麦迪逊设计的说法，目的是分散人们的注意力——它们实际上是使代议制政体称得上具有真正代表性

---

❶ [美]汉密尔顿,杰伊,麦迪逊. 联邦党人文集[M]. 程逢如,在汉,舒逊,译. 北京:商务印书馆,2004:66.

❷ [美]赫伯特·J. 斯托林. 反联邦党人赞成什么——宪法反对者的政治思想[M]. 汪庆华,译. 北京:北京大学出版社,2006:29.

的条件。"❶在反联邦党人的类似论述中，布鲁图斯（Brutus）的观点最为完整和典型。他首先论述了民主制对于自由、共和政府的重要意义："哪里的人民不由自己或者他们选出的代表掌握制定法律的权力，哪里就没有自由的政府。"❷ 接着布鲁图斯阐述了他对于代议制民主与直接民主的区别："在一个自由的共和国中，尽管所有的法律都来自于人民的同意，但是人民并不亲自宣布他们的同意，相反，他们是通过他们自己选择的代表来完成这种人民的同意，而这些代表必须了解他们选民的意愿并忠实于他们的意愿。"❸ 在他看来，"人类的历史经验告诉我们，由代表们来执行立法权是最合适的模式，也是唯一可行的模式，在这种模式中，任何国家的人民的都能谨慎和有利地执行这种权利。"❹ 可见，反联邦党人对于代议制之于当时美国的重要意义并不否认，小型国家的坚持并不是试图重建一种类似于古代雅典的直接民主制，他们的坚持只是因为他们相信即使是代议制民主也更适合在一个小型国家内实施。

二、代议制的真实含义

正如前文所论述的，反联邦党人并不反对代议制对于当时美国的重要意义，只是在他们看来，即使代议制有助于解决民主制度的规模问题，但是由十三个州组成的单一国家也是过于庞大了。由于集体决策方式的规模限制，总体政府的决策机构规模不会太大，而相较巨大的国家规模，这么少的议员数量并不足以保证代议制民主的真实含义。与之形成鲜明对比，联邦党人在理解国家规模与议员数量时，不仅不认为国家规模过于庞大，相反，在他们看来，这种巨大的国家规模正是代议制民主真实含义的最好保障。面对同样的国家规模，联邦党人与反联邦党人给出了不同的答案，其中的原因正是在于他们对于代议

---

❶ [美]载特伦斯·鲍尔，约翰·波考克. 概念变迁与美国宪法[M]. 谈丽，译. 上海：华东师范大学出版社，2010：119.

❷ Essays of Brutus 2. 9. 45, In Herbert J. Storing（eds.）, *The Complete Anti-Federalist*, Volume 2, The University of Chicago Press, 1981：382.

❸ Essays of Brutus 2. 9. 14, In Herbert J. Storing（eds.）, *The Complete Anti-Federalist*, Volume 2, The University of Chicago Press, 1981：369.

❹ Essays of Brutus 2. 9. 45, In Herbert J. Storing（eds.）, *The Complete Anti-Federalist*, Volume 2, The University of Chicago Press, 1981：382.

制民主的不同理解,在这层含义上而言,他们对于国家规模的争论实质上源于对代议制民主真实含义的不同理解。

对于巨大的国家规模带给民主政体的困难,反联邦党人将其指责的重点集中于众议院所包括的人数上。根据其反对者的归纳,"反对拟议中的众议院议员人数的那些意见"主要有三条:"首先,反对意见说,把那么多的权力委托给如此少的议员是不可靠的。""对于众议院的第二个非难是,众议院太小,不能掌握有关选民的利益的应有知识。""对众议院的第三个非难是,它将由最不同情人民群众、而且多半旨在野心勃勃地为抬高少数人的地位而牺牲多数人的那个阶级的公民选举。"❶应该说反对意见的第一条主要还是关于集体决策机构本身的思考;而反对意见的第二条则"显然是把建议的众议院人数去和合众国的广大幅员、居民人数及其不同利益比较之后得来的"❷;对于反对意见的第三条,虽然联邦党人并没有将其与国家规模直接联系起来,但其实际上还是巨大国家规模带给代议制民主的难题。因为巨大的国家规模意味着众多的人口,相对于较少的议员数量,人们只能在出身"名门"的人中选择议员,这在许多反联邦党人看来,实际上意味着一种少数人对于多数人的统治。

对于反联邦党人的观点,联邦党人的归纳总体而言是全面的。但由于文章篇幅和受众的局限,这些对于反联邦党人观点的论述并不具体也不够深入,而之后学者的研究要具体和深入得多了。美国学者斯托林认为,反联邦党人之所以坚持将大部分主权留在州一级政府是因为他们坚信小共和国能更好地保障代表对人民负责并依赖于人民,而这种负责和依赖必须建立在代表和人民的相似性的基础之上,"因此,问题在于,如何保障代表们向人民负责,就'负责'一词的狭义而言,那就是代表如何向他们的选民负责,并体现出代表依赖于选民。这是反联邦党人为什么考虑短期任职、经常轮换以及代表众多等问题的原因所在。反联邦党人知道,这些机制是不够的。有效而彻底的责任必须建立在

---

❶ [美]汉密尔顿,杰伊,麦迪逊. 联邦党人文集[M]. 程逢如,在汉,舒逊,译. 北京:商务印书馆,2004:283-290.

❷ [美]汉密尔顿,杰伊,麦迪逊. 联邦党人文集[M]. 程逢如,在汉,舒逊,译. 北京:商务印书馆,2004:286.

代表机构和大部分公民之间的相似性的基础上。"❶ 而在反联邦党人看来，当时的美国只有州一级立法机构能够保障这种代表与其所代表的人民之间的相似性，而对于拟议中成立的联邦政府的立法机构而言，除非急剧增加代表的人数，否则在联邦选举中，公民们就只能在那些声名远播的少数"自然贵族"中选择他们的代表，显然这是无法实现议员和其所代表的人民之间的相似性。反联邦党人认为，"代议制所缺乏的不是'超凡的天才'，而是'代表和选民之间在生活和兴趣方面的相似'。政府不需要天才，具有伟大才能的人对共和国来说常常是一种危险而不是赐福。"❷ 根据美国学者斯托林的归纳，反联邦党人之所以如此坚持一个小型共和国，是因为他们坚信真正的代议制必然要求代表对其选民的负责和依赖，而这种负责和依赖的基础就在于代表和其所代表的人民之间的相似性，大型共和国的不足之处就在于它无法保证这种代表和其所代表的人民之间的相似性，相反它还会助长"自然贵族"的胜出，对于反联邦党人而言，这是对于共和国的最大威胁。

对于代议制的观念与国家规模的关系，美国学者特伦斯·鲍尔的论述更为具体和明确。在特伦斯·鲍尔看来，反联邦党人关于国家大小和规模的论据是为了使代议制民主具备真正的代表性，是为了保证代议制的真正含义，"联邦主义者和反联邦主义者对真正代表性标准和新宪法提供的代议制的种类及性质有不同的看法，这是由于他们赞同两种截然不同、甚至无法比较的代表理论。"❸ 在西方政治思想的传统中一直存在着两种关于代表的理解，即"授权"（mandate）理论和"独立"（independence）理论。根据授权理论的观点，代表的任务是反映被代表者的意见，做他们在他的位置同样会做的事，这时的代表除了要坚持被代表者的利益之外，还要分享被代表者的共同的态度和情感，或者换用斯托林的言语就是代表和其所代表人民必须具备相似性，只有这样，他们才是选民的"实际"（actual）代表。而独立理论则认为，代表是一个受

---

❶ [美]赫伯特·J.斯托林.反联邦党人赞成什么——宪法反对者的政治思想[M].汪庆华，译.北京：北京大学出版社，2006：29~30.

❷ [美]赫伯特·J.斯托林.反联邦党人赞成什么——宪法反对者的政治思想[M].汪庆华，译.北京：北京大学出版社，2006：30-31.

❸ [美]载特伦斯·鲍尔，约翰·波考克.概念变迁与美国宪法[M].谈丽，译.上海：华东师范大学出版社，2010：119-120.

托人，必须根据选民的利益以及如何才能对其尽责做出自己的判断，他们要根据自己的理性去判断选民的利益以及如何才能对其尽责，在这层含义上而言，代表并不一定必须与选民有着共同的情感和态度，即代表和其选民之间并不一定必须具备相似性，他们要成为其选民的"实质"（virtual）代表而不是"实际"代表。根据特伦斯·鲍尔鲍尔的总结，"大体上，反联邦主义者赞同授权观，而联邦主义者赞同独立观"。反联邦党人所支持的代议是"建立在'实际'代表的授权理论基础上，加上另一个过去的共和主义概念——即代议制代表的不是个人，而是'阶层''等级'或'阶级'"❶。在反联邦党人的眼中，只有社会中的每一个阶层都有了与自己相似的代表才能真正保障他们的利益，而对于新宪法所提出的选举模式和代表体质而言，由于国家规模与代表人数的限制，显然无法保证每一个阶层都有自己的"实际"代表，胜出的永远只是那些"自然贵族"。与斯托林一样，在论述的最后，特伦斯·鲍尔认为反联邦党人对小型共和国的坚持正是为了保障代表与其所代表的人民之间的相似性，使得代表能够"实际"代表其选民的情感和利益，只有这样，代议制民主才是真实和完整的。

显然，在那些反联邦党人的眼中，虽然代议制有助于解决民主国家的规模难题，但代议制的适用范围也并不是没有限度的，它也存在一个量的界限，而这种量的界限正是州一级的政府（或者说可以更小一点）。只有在这样的规模下，代议制才能真实和完整地实现其含义，而对于当时的美国，十三个州的规模已经超过了代议制所适用的量的限制，因此拟议中的宪法所构建的足以覆盖整个美国的代议制机构必然是不充分的，同样也是不值得信任的。从这层意义上看，反联邦党人之所以坚持小型国家就是因为他们信仰的代议制的含义，具体而言，他们理解的代议制民主要包含以下三个方面的内容：

第一，各个阶级、阶层或者利益群体都应该有自己的代表。正如反联邦党人布鲁图斯（Brutus）所言："这个广阔的大陆是由许多不同的阶级的人民组成；为了有合适的代表，每个阶级都应该有机会选择他们当中最见多识广的人。……在这个会议（众议院）中，农民、商人、技工、以及人民中的其他

---

❶ [美]载特伦斯·鲍尔,约翰·波考克.概念变迁与美国宪法[M].谈丽,译.上海:华东师范大学出版社,2010:120.

各阶层，应该根据各自的影响和人数选举代表；代表们应该详尽地了解这些阶层的需要，理解他们的利益，了解他们的感受，并且热心地去推动这些诉求的实现。"❶

第二，代表和其选民之间应该是一种授权关系，代表需要完整和真实地反映被代表者的情感和利益，而这一切的基础就是代表和其选民的相似性。在代表和其选民之间关系的描述中，反联邦党人也确实常常使用一些"相似"（resemble）、"写照"（picture）之类的词汇。反联邦党人梅兰克顿·史密斯（Melancton Smith）论述道："当我们谈论到代表时，这样的想法就会自然地浮现，代表们应该与他们的被代表者相似（resemble），他们应该是人民的真实写照（picture），他们了解人民的情况和愿望；同情人民的不幸遭遇，并且追求人民的真正利益。"❷反联邦党人布鲁图斯将这种代表与其选民的相似性表述得更加清晰，并且使用了"标志"（the sign）和"被标志物"（the thing signified）来形容代表和其选民之间的关系。"代表一词正暗示了为此目的而选择的人或组织应该与那些委任他们的人相似（resemble）——美国人民的代表如果是真正的代表，就必须像（like）人民一样。它的组成应该使这个国家的来访者能够通过了解他们的代表而形成对美国人民特征的正确看法。他们是标志（the sign）——人民是其标志的事物（the thing signified）。"根据随便哪一条原则说一件事物是另一种事物的代表是荒谬的。在一个自由的政府中，代议制的基础和缘由指的是同样的事物。社会建立政府是为了促进所有人的幸福，这也是人民委托权力（the delegation of powers）的重要的和永远的原因。那些代替人民的人，应该具有他们的情绪和感情，被他们的利益所支配，或者换种说法，应该表现出与他们所代替的人最多的相似之处（the strongest resemblance）。"❸与此相对应，反联邦党人对于拟议中的宪法是否能保证这种代表和其选民的相似性深表怀疑。"联邦农民"（federal farmer）指责拟议中的联邦

---

❶ Essays of Brutus 2. 9. 42, In Herbert J. Storing (eds.), *The Complete Anti-Federalist*, Volume 2, The University of Chicago Press, 1981:380.

❷ Melancton Smith 6. 12. 15, In Herbert J. Storing (eds.), *The Complete Anti-Federalist*, Volume 6, The University of Chicago Press, 1981:157.

❸ Essays of Brutus 2. 9. 42, In Herbert J. Storing (eds.), *The Complete Anti-Federalist*, Volume 2, The University of Chicago Press, 1981:379-380.

宪法道，"如果人民不能依据事物的自然从他们的自身中选举出和他们相近的人作为他们的立法者，那么我们告诉人民他们是选民，就是一种欺骗。"❶

第三，反联邦党人普遍认为真实和全面的代议制必须考虑它的适用范围，即代议制量的限制。因为一种真实和全面的代议制必须保证所有阶级和阶层都有和自己相似的代表，而这就需要代表和其选民十分地接近，或者说是代表和选民之间的比例很大，而在反联邦党人看来，这种条件或基础只有在小型国家内才能实现。显然，在一个大型国家里，由于广阔的疆域和庞大的人口，存在着非常多元的利益阶层，这就需要相当多的代表数量，而代议制机构作为一种集体决策机构，受制于规模原则的限制，它并不能承载如此众多的参与者。而如果代表与其选民的比例过小，又无法保证代表与其选民的相似性。所以，在反联邦党人的眼中，过少的代表数量和过多的人口是大型民主国家所无法调和的悖论。正如反联邦党人布鲁图斯所言："显然，要一个议会与任何国家的人民真正相似，其人数必须相当众多。——一个人或者少数人不可能代表极大多数人的感情、意见和特性。新宪法在这方面有根本缺陷。"在布鲁图斯看来，拟议中的宪法所提出的选举模式和代表体制，其设计不仅是为了阻挠各个阶层或等级选举自己的代表，甚至还确保将他们排除在外："这个国家数量巨大的自由民不能希望这个会议（即众议院）中有他们当中任何一个阶层的代表——合格地位对他们而言太高而无法企及——人民和其代表之间的距离将如此之大，以致一个农民，无论如何受人尊敬，都不可能被选择——任何种类的技工在此机构中都必无一席之地。"他警告道，"在将来，即使是在号称民主的立法部门中，实际上也没有人民当中任何一部分的代表，只有富人。——那些出身名门、生活在最高阶级的人将对中等阶级公民的情绪一无所知，不了解其能力、需要和困难，缺乏同情和共鸣。……这个政府，确切地说将变成一个少数人掌控以压迫和掠夺多数人的政府。"❷

除了相似性的考虑以外，反联邦党人还认为维持代表和其选民的接近还有

---

❶ Letters from The Federal Farmer 2.8.97, In Herbert J. Storing（eds.）, *The Complete Anti-Federalist*, Volume 2, The University of Chicago Press, 1981:266.

❷ Essays of Brutus 2.9.42, In Herbert J. Storing（eds.）, *The Complete Anti-Federalist*, Volume 2, The University of Chicago Press, 1981:380-381.

助于代议制真正选举出合适和正确的代表。正如反联邦党人"联邦农民"(federal farmer)的论述,过少的代表数量和过多的人口使得选出真正合适的代表成为了一种不可能,"'人民必须选择好人(good man):'检验这个系统(即选举和代表制度),在议员数量如此少的情况下,让他们去选择合适和正确的代表是否可能?"在"联邦农民"眼中,议员的候选人可以分为以下三个阶级:"(1)自然的贵族。(2)蛊惑民心的政客:他们往往通过政治的途径提升自己的地位,因此他们能够被广大区域的人民所观察到;他们没有原则,但是拥有一些本领,能够通过嗓门和一些技巧引起人们的注意。(3)民主的基本的和受人尊敬的部分:他们是一群庞大和宝贵的人,他们拥有良好的洞察力和判断力,但是往往因为在公共会议中保持沉默而被忽视:他们是众多城镇中最为骨干和最有见识的人"❶。在他看来,虽然人们总是希望选举"好人",但实际上却往往选择他们"喜欢的人",因为广阔的疆域和庞大的人口,在实际选举中,人们的注意力往往被那些高高在上的人所吸引,使得真正合适的候选人(即第三等级的候选人)往往被第一和第二等级的候选人所淹没而无法胜出。所以在"联邦农民"看来,拟议中的选举和代表制度阻碍了第三个阶级的候选人胜出,是一种名不符实的代议制民主。

对于那些反联邦党人而言,代议制的真实性在于每个阶级都有自己的代表,而且代表和其选民之间要十分接近和相似,只有这样,代表们才能真正感受到他们所代表的人民疾苦,才能忠实和全面地反映被代表者的诉求,这是代表"授权"理论的核心,也是小共和国的主要出发点和论据。与反联邦党人不同,联邦党人普遍赞同关于代表的"独立"理论,而广土众民的大型国家正是实现这种代议制民主的最佳场所。在他们看来,代表们应该独立于他们的选民的感情,根据他们自己的理性做出自己的判断,他们的代表应该是"实质"的,而不是"实际"的。具体而言,他们理解的代议制民主包括以下三个方面的内容:

第一,与"授权"理论不同,联邦党人坚持代表的"独立"理论。代表固然应该忠实于他们的选民,但这并不意味着他们一定要完整地反映选民的意

---

❶ Letters from the Federal Farmer 2. 8. 113,In Herbert J. Storing (eds.),*The Complete Anti-Federalist*,Volume 2,The University of Chicago Press,1981:275-276.

见，相反，代表应该发挥自己的理性和经验，在普通公民和国家政策之间发挥一种过滤的作用。在联邦党人看来，这也是代议制民主区别于古代直接民主制的一个重大改进。

在麦迪逊眼中，"共和制"即代议制民主区别于纯粹民主制的最大特点就是由公民选举的少数公民来代替公民自身来组织和管理政府，而这样做的结果就是"通过某个选定的公民团体，使公众意见得到提炼和扩大"。虽然"公民的智慧最能辨别国家的真正利益，而他们的爱国心和对正义的热爱似乎不会为暂时的或局部的考虑而牺牲国家"。但即使在这样的情况下，"由人民代表发出的公众呼声，要比人民自己为此集会和亲自提出意见更能符合公共利益。"❶ 而出现这样结果的原因就在于在普通公民和国家决策之间加入了代表这个"过滤层"。

第二，联邦党人认为，每个阶级都有自己的代表是一回事，从本阶级中选举与自己类似的代表又是另一回事，维持代表和其选民的相似性既无可能也无必要。在汉密尔顿看来，反联邦党人"最可靠的一条反对意见是，为了把社会各部分的利益和情感结合在一起，并在这个代表机关及其选民之间产生应有的同情，众议院没有很多能力接待不同阶级的公民"。而这种论调只是一种"冠冕堂皇和煽动性的"漂亮说辞，"由所有阶级的人真正选择所有阶级人民的想法，是完全不切实际的。"排除众议院规模的问题，即使这种代议机构能够容纳众多的参与者，但是在现实的自由选举中，各个阶级的公民也无法再代议制机构中拥有自己一定比例的代表，"在使人民自由选举投票的任何一种安排下，……代议制机关仍会由土地占有者、商人和知识分子组成，极少有例外"。所以，"除非宪法明文规定，各行业得派出一名或一名以上的代表，这种事情实际上是永远办不到的。"而且，各个阶级在代议制机构中都拥有自己一定数量的代表也无必要，汉密尔顿连续列举了工匠和生产者总是愿意选择商人，佃户总是选择土地占有者，社会其他部分总是选择知识分子三个例子，说明了一个阶级依靠影响力、势力和高深的学识可以而且必须成为利益相关阶级的自然代表。在他看来，土地占有者、商人和知识分子组虽然不了解、不同情

---

❶ [美]汉密尔顿,杰伊,麦迪逊.联邦党人文集[M].程逢如,在汉,舒逊,译.北京:商务印书馆,2004:49.

所有阶级的情感和利益,但却一定了解和同情相关阶级的利益。虽然在未来的美国代议制机构中,并不是每个阶级都有和自己类似的代表,但是这并不意味着他们在未来的美国代议制机构中没有自己的代表,恰恰相反,选择这些相关阶级的代表甚至要比选择自己本阶级的代表更为合适和有利,因为他们更有影响力、势力和高深的学识。❶

第三,作为前两点内容的逻辑延续,联邦党人认为代议制民主的最好场所正是拟议中的大型国家,构建一个覆盖整个美国的代议制机构不仅是可能的,而且大有益处。既然维持代表和其选民的相似性既无必要也无可能,覆盖全国的代议制机构中就不需要容纳太多参与者,那么规模原则带给大型国家的限制也就不再存在了。不仅如此,在联邦党人看来,拟议中的大型国家还有助于代议制的运行。首先,大型国家更适合代议制选拔精英。麦迪逊认为,"共和政体的独有政策"就是通过选举的方式获得"具有最高智慧来判别和最高道德来追求社会公益"的"统治者"❷。而在不同规模的国家里,代表人数和选民人数的比例是不同的,在大型国家里,这种比例显然要比小型国家小许多。在麦迪逊看来,代表和其选民比例不同会有两方面的结果:其一,更多的人口意味着更多的候选人,意味着选民有更多的选择权,"如果大共和国里的合适人选的比例并不小于小共和国,那么前者将有较大的选择机会,从而就有较大可能作适当的选择。"❸ 其二,更多的选民意味着在选举中更难进行舞弊,"由于选举每一个代表的公民人数,大共和国要比小共和国多,所以不足取的候选人就更难于成功地采用在选举中常常使用的不道德手段;同时由于人民的选举比较自由,选票也就更能集中于德高望重的人的身上。"❹ 在麦迪逊的眼中,"共和政体"(即代议制民主)优于"民主政体"(即直接民主)之处就在于能够选拔超出局部偏见和不公正计划的"见解高明""道德高尚"的代表,这也正

---

❶ [美]汉密尔顿,杰伊,麦迪逊. 联邦党人文集[M]. 程逢如,在汉,舒逊,译. 北京:商务印书馆,2004:168-171.

❷ [美]汉密尔顿,杰伊,麦迪逊. 联邦党人文集[M]. 程逢如,在汉,舒逊,译. 北京:商务印书馆,2004:290.

❸ [美]汉密尔顿,杰伊,麦迪逊. 联邦党人文集[M]. 程逢如,在汉,舒逊,译. 北京:商务印书馆,2004:49-50.

❹ [美]汉密尔顿,杰伊,麦迪逊. 联邦党人文集[M]. 程逢如,在汉,舒逊,译. 北京:商务印书馆,2004:50.

是"大共和国胜于小共和国之处,也就是联邦优于组成联邦各州之处"❶。与此类似,汉密尔顿也从代表自身出发,去论证大型国家对于代议制的意义。在汉密尔顿看来,"明智的政府"必然会注意社会各部分的"兴致"和"倾向",而人的不同地位又决定了他们不同的观察范围,那么,"一个所处地位使他广泛了解情况的人"显然要比"一个观察范围不超过其领人和熟人的人"更有资格去判断社会各个部分的"兴致"和"倾向"❷。对于这样一种精英的选拔,大型国家自然更为合适。其次,大型国家可以使拟议中的代议制避免重蹈古代直接民主制的覆辙。在麦迪逊的眼中,"党争"所带来的"不安定""不公正"和"混乱状态"是古代民主政体的"不治之症",而代议制与大型国家的结合则为治疗这种"不治之症"找到了一个药方。"共和政府(即代议制民主)能比民主政府(即直接民主制)管辖更为众多的公民和更为辽阔的国土;主要就是这种情况,使前者的派别联合没有后者那么可怕。社会愈小,组成不同党派和利益集团的可能性就愈少;不同的党派和利益集团愈少,发现同一党派占有多数的情况就愈多;而组成多数的人数愈少,他们所处的范围就愈小,他们就更容易结合起来,执行他们的压迫人民的计划。把范围扩大,就可包罗种类更多的党派和利益集团;全体中的多数有侵犯其他公民权利的共同动机可能性也就少了;换句话说,即使存在这样一种共同动机,所有具有同感的人也比较难于显示自己的力量,并且彼此一致地采取行动。除了其他障碍以外,可以指出,即使意识到不正当的或卑鄙的目的,相互交往也往往由于需要赞同的人数相应地不信任而受到阻挠。"❸ 显然,麦迪逊认为,辽阔的国土、众多的人口与代议制的结合必将产生众多代表不同利益的党派和利益集团,而这就是控制党争危害的最好保证。

在联邦党人和反联邦党人关于国家规模问题争论的背后,其实是他们对于代议制的不同理解。总体而言,反联邦党人对于代议制的接受是以直接民主制

---

❶ [美]汉密尔顿,杰伊,麦迪逊. 联邦党人文集[M]. 程逢如,在汉,舒逊,译. 北京:商务印书馆,2004:50-51.

❷ [美]汉密尔顿,杰伊,麦迪逊. 联邦党人文集[M]. 程逢如,在汉,舒逊,译. 北京:商务印书馆,2004:171.

❸ [美]汉密尔顿,杰伊,麦迪逊. 联邦党人文集[M]. 程逢如,在汉,舒逊,译. 北京:商务印书馆,2004:50.

为基础的。他们支持代议制只是因为随着人类共同体规模的不断扩大，在当时的美国，即使是最小的州也无法重现古代民主制中人民的亲力亲为，既然所有公民的集会已不可能，那么由一些公民作为所有公民的代表来代替他们对公共事务做出决定便也就成为了一种无奈的选择。在这层意义上说，反联邦党人理解的代议制只是直接民主制的放大版和替代物。他们的理解颇像一种物理作用，代表和其选民就类似于100%浓缩果汁和原浆的关系，他们完全一致，只是密度不同，体积相异。正如美国学者斯托林所言："反联邦党人对代议制的接受不那么情愿，如果共同体里的人民不能亲自集会来处理他们的共同事务，那么代议制就是一个必要的设计。结果，代议制机构就被看成是所有公民集会的一个替代品，但它应当尽可能与公民整体相像。"❶ 显然，对于代议制的理解，反联邦党人的态度是消极的，他们的努力只是试图通过代议制简单地放大古代存在过的直接民主制，从这层意义上讲，他们根本没有跳出直接民主制的桎梏，这也是他们的思考为什么没有跳出小型国家的一个重要原因。而对于联邦党人而言，他们对于代议制的思考要积极得多。在他们看来，代议制并不是什么直接民主制的替代品，相反，它与古代的直接民主制完全不是一种东西。在联邦党人眼中，代表和其选民就像可口可乐与它的原料，虽然可乐离不开任何一种原料，也体现了原料的一切特质，但是可乐毕竟不再是白糖、植物油或其他一些东西，这就像一种化学反应，虽然代表们来自于人民、依赖人民、服务人民，但毕竟已不再是人民。正如联邦党人所言："古代政治制度与美国政府的真正区别，在于美国政府中完全排除了作为集体身份存在的人民，而并不在于古代政治制度中完全排除人民的某些代表。"❷ 在联邦党人的眼中，代表虽然依赖人民、对人民负责、但却独立于人民，也不需要和人民相似。联邦党人的这些思考使得代议制真正突破了古代直接民主制对于国家规模的限制，正如他们自己所言，代议制就像是上帝赐予美国人民的一个机会，这一机会使得大国的人民可以像小国的人民一样被代表。不仅如此，巨大的国家规模对于代

---

❶ [美]赫伯特·J. 斯托林. 反联邦党人赞成什么——宪法反对者的政治思想[M]. 汪庆华，译. 北京：北京大学出版社，2006：78.

❷ [美]赫伯特·J. 斯托林. 反联邦党人赞成什么——宪法反对者的政治思想[M]. 汪庆华，译. 北京：北京大学出版社，2006：323.

议制的意义并不完全是被动的，辽阔的领土也可以是保障代议制良好运行的最佳场所。

三、参议院的价值

将之前的《邦联条款》和1787年《合众国宪法》相比较，关于代议制机构的最大区别就在于参议院的设置。依照联邦党人的归纳，拟议中参议院"可以考究的问题"主要有五个方面："第一，参议员的资格；第二，各州议会对参议员的任命；第三，参议院中的平等代表权；第四，参议员人数及其任期；第五，参议院行使的权力。"❶ 随后，联邦党人也给出了这些问题的回答，第一，"草案中所提参议员的资格，不同于众议员的资格，在于年龄更高和国籍更长的规定。"第二，由各州议会任命参议员。❷ 而这种参议院的任命方式的优点是双重的，"这种任命方式既是有选择的，同时也使各州政府在组织联邦政府过程中具有一定的作用，因而必然保障各州政府的权威，而且可以成为两个体制间的适当桥梁。"第三，与众议院不同，联邦各州在参议院中的代表权不受人口的影响，都享有平等的代表权。联邦党人认为，参议员中各州平等的代表权是大州与小州妥协的产物，其中的优点主要有两个方面：首先，各州享有平等的表决权意味着新的联邦宪法对于州主权部分地承认，"各州享有平等的表决权，既是宪法对仍由各州保留的部分主权的认可，也是维护这一部分主权的手段。"其次，"参议院组织上的这一特点，还有另一好处，因为它必然构成防止不恰当立法行为的进一步障碍。"第四，参议员的人数不能太多（每州两人），任期不能太短（任期六年）。在联邦党人的眼中，考虑到设立参议院的目的，非如此，共和国便会遇到种种"不便之处"。第五，授予参议院多种权力，其中主要包括缔约权、任命公职人员以及作为裁决弹劾案法庭的权

---

❶ [美]汉密尔顿,杰伊,麦迪逊. 联邦党人文集[M]. 程逢如,在汉,舒逊,译. 北京:商务印书馆,2004:313.

❷ 关于参议院的任命方式曾有三种方案，一种是由每州的议会任命，即后来宪法草案中的那套方案；一种是由人民直接直接选举；最后一种是由全国立法机关的另一院直接或从特选名单中委任。参见[美]约瑟夫·斯托里. 美国宪法评注[M]. 毛国权,译. 上海:上海三联书店,2006:238-239.

力。❶而之后关于参议院的讨论确实也主要是围绕这些方面展开的。

在涉及国家代议制机构的讨论中，正如我们前文所讨论的那样，反联邦党人认为众议院只是提供了一种名不符实的代议制方式，而参议院则是宪法所有错误的所在。相对于众议院，反联邦党人把更为强烈的批评留给了参议院。总的来说，反联邦党人认为参议院是贵族制的，它的存在削弱了代议制的民主程度，"我们看到政府每个部门中的权力都集中在这贵族制的参议院中：我们已经看到代议制，或民主的分支被削弱了，其程度恰如贵族制被强化的程度一样"。❷具体而言，反联邦党人的批评和责问主要就针对拟议中的参议院的规模、选举方式、任期及其权力等几个方面，其中，反联邦党人 Centinel 论述最为典型和全面：第一，新宪法中的参议院规模过小，与弗吉尼亚、马萨诸塞等州的参议院相比，拟议中的参议院是联邦中规模最小的。与上文关于众议院的讨论类似，在 Centinel 的眼中，过小的参议院意味着过少的参议员，意味着参议院与人民之间的巨大距离，意味着参议院无法保持与人民的相似性，意味着其民主性的削弱和贵族性的加强。第二，新宪法中的参议院权力过大。"这个参议院除了立法的功能以外，还分享了非常可观的执行权；没有它的推荐和同意，无法任命任何一个政府机构的首脑。"第三，参议员的任期和选举方式会导致任职的固定化。"参议院的任期和任命的方式将会导致永久任职；参议员的任期是六年，他们的选举被众议院所控制，而且没有轮换的限制，因为这些广泛的影响，参议员自然可能继续任职，直至终身。"第四，新宪法中的参议院使得总统成为了参议院的傀儡，而这显然是违反立法、行政、司法三权分立原则的。"除非总统的意见与参议院的意见相一致，否则他就只是国家的虚饰，而且总统也将成为这个贵族集团的头目或奴才；除此之外，参议员普遍的影响也是他重新当选的最好保障。在参议院的唆使下，总统即使对人民自由犯下了最为严重的背叛，他还是可以利用授予的豁免权逃避惩罚。"❸可见，在

---

❶ [美]汉密尔顿,杰伊,麦迪逊. 联邦党人文集[M]. 程逢如,在汉,舒逊,译. 北京:商务印书馆, 2004:313-315,326,332.

❷ Essays by Cincinnatus,6. 1. 36,In Herbert J. Storing (eds.),*The Complete Anti-Federalist*,Volume 6, The University of Chicago Press,1981:23.

❸ Letter of Centinel 2. 7. 23,In Herbert J. Storing (eds.),*The Complete Anti-Federalist*,Volume 2,The University of Chicago Press,1981:142.

反联邦党人 Centinel 的眼中，新宪法中参议院的设置既违反了民主的原则，也违反了权力分立的原则，它的存在将是美国人民自由的最大威胁。

如果说反联邦党人对拟议中的众议院是持一种批评的意见的话，那么他们对于参议院的态度则是一种完全的反对。对于一个即将覆盖全国的代议制机构来说，几百人的众议院已嫌过小，更何况只有几十人的参议院，再加上间接选举和任期过长等问题的存在。在他们眼中，参议院简直就是一个古罗马贵族院的翻版，如果说众议院还有那么一些民主的成分的话，那么参议院的存在就会将这仅有的民主性清除得一干二净。而对于联邦党人来说，参议院对于构建中的大型国家至关重要，它的存在及其具体设置无不是基于国家规模的思考。

与众议院依据人口比例分配代表权不同，各州不管大小在参议院中都享有平等的代表权，而这正是大小州之间妥协的结果。在联邦党人的论述中，构建中的美国是一个兼具"民族"和"联盟"双重性质的复合型共和国，而对于不同的国家性质，在全国性的代议制机构中的代表权分配是不同的，"如果在由一个完整的民族组成的国家之中，各个地区应在政权中保持按比例的代表权；如果在独立的主权国家之间为了某一单一目的而组成的联盟之中，各方在共同的委员会中都应有平等的代表权，而不管各国的大小；如果以上都是正确的，则在具有民族的和联盟的双重性质的复合型共和国之中，政权应该建筑在按比例的和平等的代表权这两个原则参半的基础上，这样做看来也就并非没有一定的道理。"❶ 考虑到已经存在的众议院，如果参议院依然根据人口比例来分配代表权的话，那么未来构建的全国性政权必然是一个建立在"小州屈从大州意志的原则基础上的政权"，而这种方案断然是不会被小州所接受的。所以建立在以州为单位基础上的平等代表权就是未来美国参议院的唯一选择，这在某种程度上也正是参议院的价值所在。对于联邦党人来所，参议院中的平等代表权既是对各州保留的部分主权的认可，也赋予了各州维护这一部分主权的手段。不仅如此，更为重要的是，参议院组织上的这种设置构成了"防止不恰当立法行为的进一步障碍"。因为"按照这样的安排，不首先征得大多数人

---

❶ [美]汉密尔顿,杰伊,麦迪逊. 联邦党人文集[M]. 程逢如,在汉,舒逊,译. 北京:商务印书馆,2004:314.

民的同意，并且随后取得大多数州的同意，什么法律和决议都是通不过的"❶。虽然这种多方牵制的立法行为在程序上过于复杂，但正如联邦党人反复强调的那样，权利必须有适当的手段予以维护，既然拟议中的宪法承认了小州相对于大州平等的权利，那么自然在维护这种权利的手段上也应有所安排。正如他们所言，"既然大州靠其资源财力，总能够挫败小州没有道理的滥用这一手段；而且，由于我们的政权最可能发生的弊病是立法过多和过于随随便便，因此，宪法的这一部分，在今后的实践中，比在当前探讨时许多人看来，不是不可能更为适宜的。"❷ 显然，参议院的存在使得美国不同的代议制机构之间出现了一种多元的牵制，而这种多元的牵制正是保护多元利益的最好手段。所以，在联邦党人的眼中，参议院的存在本身就是大型民主国家的必然产物。

而针对反联邦党人关于参议院人数、任期以及选举方式的指责，联邦党人的回答相当具体和详细，而在我们梳理这些理由之前似乎还有必要首先联系一下休谟关于这些问题的论述。在休谟构建的"理想共和国"❸ 中，大不列颠和爱尔兰被分成了一百个郡，每个郡又被分成一百个教区，这样全国就有一万个教区。每个教区选出一个郡代表，再由每个郡的郡代表选出一个参议员，那么整个共和国里总共就有一万个郡代表和一百个参议员。参议员们在首都开会，并被授予共和国全部的行政权；郡代表在特定的郡开会，并拥有共和国全部的立法权。❹ 可见，在休谟构建的"理想共和国"中，代议制机构的设置和其选举方式与之后的美国1787年宪法十分类似。首先，代议制机构的设置也是多元的，即同时拥有两个议会，正如休谟自己所言，"所有自由的政府必须由两个委员会组成，一个较小，一个较大，换句话说，即由参议院和人民院组成。

---

❶ [美]汉密尔顿,杰伊,麦迪逊. 联邦党人文集[M]. 程逢如,在汉,舒逊,译. 北京:商务印书馆,2004:315.

❷ [美]汉密尔顿,杰伊,麦迪逊. 联邦党人文集[M]. 程逢如,在汉,舒逊,译. 北京:商务印书馆,2004:315.

❸ 休谟构建的"理想共和国"在很大程度上是得益于哈灵顿的"大洋国",正如其自己所言,"一切假定人类生活方式要进行巨大变革的政府设计方案,显然都是幻想性的。柏拉图的《理想国》、托马斯·莫尔的《乌托邦》都属于这种性质。只有《大洋国》是迄今为止提供给公众的唯一有价值的共和国模型。……对这里的政府体制,我从理论上找不到任何重大的反对理由。"参见[英]大卫·休谟. 关于理想共和国的设想[M]. 张若衡,译. 北京:商务印书馆,1993:158-159.

❹ [英]大卫·休谟. 关于理想共和国的设想[M]. 张若衡,译. 北京:商务印书馆,1993:157-171.

第三章 "广土众民"之共和国的制度设计

正如哈灵顿所说：如果没有参议院，人民就会欠缺理智；如果没有人民院，参议院就会欠缺诚实。"其次，参议员的选举采取的也是一种间接选举或连续选举（a succession of election），而这么做的原因就是为了将合适的人选放在合适的位置上。

在休谟的眼中，不同的人群关于事务的理解能力是不同的，因此他们所能正确决定的事务的范围也是不同的，"下层人民和小业主善于判断一个地位或居住地方离他们不甚远的人，因而在教区会议中很有可能选出最好的或接近最好的代表；但他们完全不适合参加郡级会议，不适合选任共和国的高级职务。他们愚昧无知，易受显贵欺哄。"❶ 但是对于一个共和国来说，国家的性质又要求人民掌握国家的权力，这也是"任何自由国家的基础"。虽然休谟并不认为普通群众能够选出合适的国家管理者，但共和国的国家性质又似乎必然要求国家管理者依赖于普通群众，在这里，休谟将这种难题的答案解释为一种层级选举或连续选举。这种选举似乎完成了一种智力或能力上的递进，底层的人民选举他们所能正确选择的优秀人选，而这些优秀的人选再选举他们所能正确选择的更优秀的人选。在休谟那里，这种智力上的递进选举既能保证人民选举出他们所信任的国家管理者，也能保证这些管理者依赖于人民，忠诚于人民。正如美国学者 Edmund S. Morgan 所言："在休谟构建的大型共和国中，为了将合适的人选送进政府，必须将底层人民排除出任何的直接选举。"为了塑造"一个精通技能的大型政府"，他给出的处方是一种"连续选举"❷。

对于选举形式对共和国的重要性，联邦党人毫不讳言。在麦迪逊看来，"对于改善共和国的形式而言，一个必要的附属物就是这样一种选举，它使人民大众中能够选举出他们中间最为纯正和最为高贵的人；它能使这些人最为强烈地感受到人民的正确意愿；它能被这些人能够采取正确的方式却实现这些意愿。"❸ 而在制宪会议中，麦迪逊继续阐明了他心目中理想的选举形式。在麦迪逊的眼中，"要想建立一个自由政府，全国议会至少有一院必须由人民选

---

❶ [英]大卫·休谟. 关于理想共和国的设想[M]. 张若衡, 译. 北京：商务印书馆, 1993：164-165.

❷ Edmund S. Morgan, Safety in Numbers: Madison, Hume, and the Tenth "Federalist", *The Huntington library Quarterly*, Vol. 49, No. 2 (Spring, 1986): 102~103.

❸ The papers of James Madison, W. T. Hutchinson, Robert A. Rutland (eds.), Volume 9：357.

举。"他反对由一些代表们提出的由各州议会选举众议院,并由众议院选举参议院的方式,因为"如果全国议会的第一院由各邦议会推选,第二院议员由第一院议员推选,行政官员由第二院和第一院议员联合推选;行政部门的下级官员又由行政官任命,那么,在这整个过程中,就再也看不到人民的作用,人民与其治理者及官员之间那种必不可少的感情上的息息相通,就会荡然不存"。如果将麦迪逊所反对的选举方式与休谟设想的选举方式做一个对比,其实我们不难发现其中的相似之处。但正是麦迪逊的反对意见使得我们看到了他对这种层级选举的一种不信任态度,这也是他为什么强调众议院必须由人民选举的原因所在。似乎麦迪逊更愿意用一种多元的选举方式来取代休谟的层级选举,以人民直接选举众议院来加强人民和众议员之间的感情联系,以各州议会选举参议员来保证参议员的能力水平。"他主张用老百姓层层筛选的办法,来净化官员的队伍,不过,他觉得这种做法可能走得太远。他希望,推选的成分,只限于议会第二院、行政官员和司法部门的产生。"❶ 可见,在麦迪逊的眼中,层级选举虽然能从人民中选举出合适的人选,但它也会使得代表与人民的距离拉得过大,所以层级选举虽然可取,但也必须限制其适用范围,即参议院。

而对于参议员的人数和任期,在联邦党人看来,只要考虑到成立参议院的目的便可做出明确的判断了。第一,参议院的成立有助于在代议制机构内部形成一种相互制约,从而加倍保护了人民的利益。"不幸的是,共和国政权,虽然比之其他形式的政权在这方面程度要轻一些,仍然可能使行使政权的人忘记对于选民的责任,而不忠诚于选民的重托。基于这一观点,参议院,作为立法机关的第二分支,有别于其第一分支而又与之分享权力,一定会在一切情况下都能成为对于政权的一种值得赞赏的制约力量。由于僭越权力或背离职守的阴谋,需要两个不同机构的同意才能实现;而单一的机构则容易为野心所左右或为贿赂所腐蚀,这样就加倍地保障了人民的利益。"第二,人数越多的议会越容易被情感和派系所操纵,此时设立一个人数较少且相对稳定的议会对其形成制约可以防止这种情况的产生。"一切一院制而人数众多的议会,都容易为突

---

❶ [美]麦迪逊. 辩论——美国制宪会议记录[M]. 尹宣,译. 辽宁:辽宁教育出版社,2003:28.

发的强烈感情冲动所左右，或者受帮派头子所操纵，而通过过分的和有害的决议；这也足以说明设置参议院的必要性。……需要指出的只是，旨在纠正这种弊病的机构，本身应该免除此种弊病，因此其人数应该较少。而且，这个机构也应该更稳定一些，因而其行使权力的期限，也就应该是相当长的。"第三，众议院任期较短使得议员们专业知识不足，而任期较长的参议院的存在正好可以弥补这一缺陷。众议员"大多数召自从事私人性职业的人中，任期又短，而在任职期间又没有持久的动机，可以促其研究法律、专业、国家的全面利害"，这便是人数众多的众议院的"另外一个毛病"，即"对于立法的目的和原则缺乏适当的了解"，而"这也是参议院可以纠正的"。第四，众议院由于成员不断更迭会使得国家政策出现不稳定，设置一个任期较长的参议院正好可以弥补这一点。"各州中每次新的选举，都要改变议员的半数。人员变动，必然引起意见的改变；而意见改变，又必然引起措施的改变。"在联邦党人看来，这种"变化不定的政府，其恶果实在是罄竹难书的"。而且这种"由于其成员不断更迭而产生的不稳定性，不论怎样加以限制，都以最强烈的方式表明，在政权中设置某一稳定机构实在是必要的"。第五，一个精选而且稳定的参议院是民族荣誉感的保证。因为"政府中如果没有一个精选而稳定的组成部分，其愚昧多变的政策会使外国失去其敬意"。不仅如此，"民族荣誉感只能存在于人数很少的机构之内，这样每个个人才能为公共措施的是非承担合理的责任；它也只能存在于长期受到群众信赖的代表机构之中，只有这样，每个成员的自尊心和影响力，才可以同集体的荣誉和福利合理地结合在一起。"第六，政府对人民的责任起源于选举，但如果选举过于频繁反而会造成这种责任的缺失。因为国家中的"有些事物发展，原因复杂，历时数载，而各届代表机构则每年改选，其各自应负多少责任，人民实在无从估量。即使是选民可以看得到的、个别实施并马上见效的单项行为，要确定一个人数众多的机构中各个成员个人应负的责任，也是十分困难的"。所以，"对此缺陷，对症下药，必须在立法部门中增设一个机构，其任期要相当长久，以应付需要不断关注、采取一系列措施才能加以处理的事务，唯其如此，也才能对于此类事务合理并

有效地承担责任。"显然这个人数少、任期长的机构就是参议院。❶

其实反联邦党人对于众议院和参议院的批评如出一辙，那就是人数较少、任期较长的议会将拉大人民和代表之间的距离，破坏了人民和其代表之间的相似性，或者换用反联邦党人自己的词汇，就是削弱了代议制机构的民主性，加强了其贵族化。相对于众议院，拟议中的参议院人数更少，任期更长，人民和其代表之间的距离自然也更大。对于这种距离的危险，联邦党并不是没有察觉，这也是麦迪逊为什么强调层级选举只能限于参议院的原因所在。但似乎联邦党人更在乎参议院的存在对于整个代议制机构的价值，这种价值简单来说就是在代议制机构内部形成了一种保险而且高效的多元制约。首先，一元化的代议制机构容易腐化，容易被野心和情感所控制，虽然"人民绝不可能有意背离其自身权益，然其代表则有可能背叛之；如果全部立法权力尽皆委托给单一的代表机构，比之要求一切公众立法均需分别由不同之机构所认可，其危险显然是更大的"❷。显然，此时就需要另一个代议制机构对其进行制约，而且基于"两个机构的特点越不一样，就越难以勾结起来为害"❸ 的考虑，相对于人数较多，任期较短的众议院，参议院的组成自然需要人数较少、任期较长了。其次，"在由人民选举产生的人数众多的议会中，乃至在人民群众本身中"存在这一个缺陷，那就是在"处理公共事务的某些个别时刻，或为某种不正当情感及不法利益所左右，或为某些私心太重的人狡诈歪曲所哄骗，人民也可能一时主张采取一些措施，而事后则极为悔恨并予以谴责的"。在联邦党人看来，"在这种关键时刻"，就需要"有由某些公民组成的一个稳健可敬的机构加以干预，防患于未然，以免人民自作自受，以便理智、正义、真理得以重新掌握民心"❹。自然，这个稳健而且可敬的机构就是拟议中的参议院。最后，也是最为重要的是，由于参议院与众议院不同，它并不是根据各州人口来分配

---

❶ [美]汉密尔顿,杰伊,麦迪逊. 联邦党人文集[M]. 程逢如,在汉,舒逊,译. 北京:商务印书馆,2004:315-321.

❷ [美]汉密尔顿,杰伊,麦迪逊. 联邦党人文集[M]. 程逢如,在汉,舒逊,译. 北京:商务印书馆,2004:322.

❸ [美]汉密尔顿,杰伊,麦迪逊. 联邦党人文集[M]. 程逢如,在汉,舒逊,译. 北京:商务印书馆,2004:315.

❹ [美]汉密尔顿,杰伊,麦迪逊. 联邦党人文集[M]. 程逢如,在汉,舒逊,译. 北京:商务印书馆,2004:321-322.

代表权，而是大小州一视同仁地享受平等的代表权，这实际上是在代议制机构的内部添加了另外一种政治原则，即在多数决的原则之上又加上了保护少数人权利的原则，这就为权力制约原则添加了新的注释。

如果我们考虑构建中的国家规模，联邦党人至少可以从两个方面对反联邦党人的指责予以反击：首先，相对于众议院而言，参议院不需要太多的参与者，它需要的是参与者的理性和冷静，而美国众多的人口便是这种人才的最好保障。这是参议院的存在对于国家规模的消极意义。其次，更广阔的疆域和更众多的人口意味着更加多元化的利益，而这种多元化的利益在当时最直接的表现就是各州的具体利益，而参议院的存在使得各州的意愿都能在代议制机构中得到体现，这也正是多元化代议制机构的价值所在。这是参议院的存在对于国家规模的积极意义。

四、小结：代议制对于国家规模的意义

如果一个共同体的规模突破了城市的狭窄范围，那么建筑于此之上的民主政体必然需要某种代议制的形式，这是联邦党人和反联邦党人的共识。但是对于这种代议制的真实含义及其组织结构，反联邦党人与联邦党人的观点是截然不同的，这种对于代议制理解的差异正是他们对于国家规模思考的基础。在反联邦党人看来，代议制民主是古代直接民主的替代物，是近代政治共同体规模放大后的一个无奈选择。议会替代公民集会，代表替代人民，但是这种替代并不影响原来民主制度的性质，它应该只是一种缩影，或换用反联邦党人的词汇，替代物和被替代物之间应该具有强烈的相似性、同质性，只有这样，代议制才是真实的民主制。在反联邦党人的眼中，构建中的覆盖整个美国的代议制机构显然无法做到这种相似性和同质性。过大的国家规模意味着更多的人口，考虑到代议制机构的规模限制，更多的人口自然意味着代表和其选民更远的距离、更少的相似性。过大的国家规模所带来的危害还不止如此，过于庞大的疆域意味着更加多元化的利益，而拟议中的覆盖全国的代议制机构并不能保证每一种利益都能得到公平的代表。以上两点正是反联邦党人反对拟议中的代议制机构的主要理由。

而对于联邦党人来说，代议制并不是古代直接民主制的替代物，更不是一

种无奈的选择,相反,它是一次机遇,是上帝给予美国人的厚礼。联邦党人理解的代表并不是人民的缩影,代表忠诚于人民是一回事,代表与人民相似又是另一回事。在他们的眼中,参与国家决策的应该是一群智力、经验、品德都出众的人,而这种出众在很大程度是建立在长时间从事政治活动的基础之上的,或者用我们现在比较通俗的话来说,议员必须具有相应的政治知识和阅历,能够更好代表农民的肯定不是农民。如果代表和其选民之间维持一种身份的相似性并无必要,那么联邦党人在很大程度上就突破了代表和其选民之间距离的限制,这实际上就在很大程度上突破了国家规模对于民主政体的限制。

而对于多元化的利益诉求,联邦党人的方案也比反联邦人的方案显得现实得多。在反联邦党人的设想中,多元化的利益在一个一元化权力结构中是无法得到公平对待的,于是,最好的方案就是将共同体的规模缩小到只存在单一利益要求的范围为止,以一元化的权力结构面对一元化的利益诉求。但是这种设想也只能停留在设想的层面而已,即使在不太发达的古希腊城邦,一元化的权力结构也无法长期有效地实现统治,更何况是大得多、发达得多的美国各州。应该说反联邦人的方案是一个令人泄气的消极的方案,他们实际上是在逃避已经存在的现实问题,与他们相比,联邦党人的方案要积极得多,现实得多。在联邦党人看来,多元化的利益诉求已经是美国的现实,即使将共同体的规模缩小到州的范围也不会有任何改善,面对这种多元化的利益诉求,最好的解决方案就是构建一种多元化的权力结构,这首先就是在代议制机构内部建立一种多元的权力分配和制约结构。这也正是参议院存在的原因之一。正如联邦党人所说,一切长久存在的共和国都必然有一个参议院的存在。参议院的存在不仅使得美国的代议制内存在了两个相互制约的权力机构,而且不同的选举方式、不同的任期,以及不同的代表权的分配方式也使得美国的代议制内部同时存在两种迥异的政治原则:一个是依赖人数的多数决,一个是依赖基本权利的少数决。在众议院里,多数人获得与他们人数相等的影响力,而在参议院里,少数人获得了与他们基本权利相当的保护手段。每种权利都应该有其相对应的保护手段,否则这种权利就是虚伪的,美国1787年宪法中的代议制机构就是这一原则的写照。

联邦党人对于国家规模思考的突破还不止如此。与以往所有的思想家不同，联邦党人不仅没有把巨大的国家规模看成是共和国的威胁，相反，在他们的眼中，国家规模越大意味着可供人民选择的优秀人才也就越多，少数人在选举中舞弊的成本也就越高，利益相似的集团结成社会中的多数并以此压榨少数人的可能性也就越小。正如他们所言，除了代议制，合众国的另一个"极大优越性"就是其"辽阔的领土"，"因为，不可想象，在古希腊民主国家的狭窄局限下，任何形式的代议制政府竟能取得成功。"❶

第二节 联邦制——兼具大小共和国优势的政制

在美国的那场宪法辩论中，联邦制和邦联制的最大区别就在于是否授予全国性政府以独立的合法性基础以及足够的权力。对于反联邦党人而言，过大的政治单元必然意味着人民意志的缺失，必然意味着个体自由的危害，这是任何政治制度所无法弥补的。所以，最好的政治单位应该尽可能的小，考虑到当时的国情，州显然是个不错的选择，这也是他们坚持将大部分主权留在州一级政府，而不愿意交给全国性政府的一个重要理由。而对于联邦党人而言，州一级政府固然能带来一些全国性政府所不及的优势，但巨大国家规模所带来的优势也是他们所难以割舍的。那么，能否通过人类的智慧设计出一套政治制度，使得未来的美利坚共和国兼具大小共和国的所有优势呢？显然，那些国父们给出他们自己的答案，那就是联邦制。

一、联邦制的缘由

在美国那场宪法大讨论中，人们对于国家规模的讨论其实都源于一个共识，那就是"一个共和国，如果过小的话，则亡于外力；如果过大的话，则亡于内部的邪恶。"在孟德斯鸠看来，这两种国家规模所带来的弊病出自于共和国的"本性"，并不是可以通过"任何法制的形式能够医治的"。但是，人类的历史毕竟还存在过许多繁荣的共和国，而这些都源自于一种政制的发明，

---

❶ [美]汉密尔顿,杰伊,麦迪逊. 联邦党人文集[M]. 程逢如,在汉,舒逊,译. 北京:商务印书馆,2004:323-324.

国家规模与政治构建——美国宪法讨论中的政治思想

"要是人类没有创造出一种政制,既具有共和政体的内在优点,又具有君主政体的对外力量的话,则很可能,人类早已被迫永远生活在单人统治的政体之下了。"而这种兼有大小共和国优点的政制,在孟德斯鸠的眼中,就是"联邦共和国":"这种政府的形式是一种协约。依据这种协约,几个小邦联合起来,建立一个更大的国家,并同意做这个国家的成员。所以联邦共和国是几个社会联合而产生的一个新的社会,这个新社会还可以因其他新成员的加入而扩大。"❶ 根据孟德斯鸠的总结,历史中的一切长久繁荣的共和国都是源于这样一种国家之间的联合,古希腊、古罗马如此,荷兰、德意志、瑞士同盟也是如此。

孟德斯鸠接着详细解释了这种"联邦共和国"为什么能够既"抗拒外力,保持它的威势",又能使"国内不致腐化"。"联邦共和国"因为多个国家的加入而增强了国力,这点不难理解,关键是它如何避免以往大型共和国内部产生的"邪恶"。在孟德斯鸠看来,这其中的主要原因似乎是因为多种力量的加入而在"联邦共和国"内部形成了一种相互的制约和相互的纠正:首先,由于多种力量的加入,使得"联邦共和国"内部的各个部分形成了一种力量的制衡,"如果有人想在联邦共和国内篡夺权力的话,他几乎不可能在所有各邦中得到同样的拥护。如果他在某一个成员国中获得过大的权力的话,其余诸成员国便将发生恐慌,如果他把一个地方征服了的话,则其余还保有自由的地方就要用尚未被篡夺的那部分力量来和他对抗,并且在他的地位确立以前把他粉碎。"其次,由于多种力量的加入,使得"联邦共和国"内部的各个部分之间存在了一种相互纠正的可能。"如果联邦的一个成员国发生叛乱,其他成员国可以一起平叛。如果某个地方有某些弊端产生,其他健全的地方则予以纠正。这种国家可以一部分灭亡,而另一部分生存;联邦可以被解散,而其成员国仍旧保留他们的主权。"因此,在孟德斯鸠的眼中,"联邦共和国既由小共和国组成,在国内它便享有每个共和国良好政治的幸福;而在对外关系上,由于联合的力量,它具有大君主国多有的优点。"❷

除此之外,孟德斯鸠还阐述了一个良好运行的"联邦共和国"所必须具

---

❶ [法]孟德斯鸠. 论法的精神(上册)[M]. 张雁深,译. 北京:商务印书馆,1959:154.
❷ [法]孟德斯鸠. 论法的精神(上册)[M]. 张雁深,译. 北京:商务印书馆,1959:155-156.

备的一些因素：首先，一个良好运行的"联邦共和国"必然是由"同性质"的国家组成，或者更加具体地说，必然是由共和国组成。历史中的经验便是最好的证明，迦南人的毁灭证明了"小君主国的性质不适宜于联邦"；由共和国组成的荷兰和瑞士显然也要比由自由城市和由王侯统治的一些小共和国组成的德意志完善许多。其次，一个良好运行的"联邦共和国"必然要求政治权力的统一，"联邦共和国"享有其加盟共和国的大部分主权。孟德斯鸠在说明这一问题时使用了荷兰共和国和德意志联邦共和国的例子。在他看来，荷兰共和国之所以比德意志联邦共和国完善，其中一个很重要的原因就是在荷兰共和国，如果一个省没有其他诸省的同意，不能缔结同盟条约；而德意志联邦共和国中却没有这样的规定，这实际上就给一个单独成员的轻率、野心或贪婪的作恶留下了余地。再其次，一个良好运行的"联邦共和国"意味着权责的合理分配。既然联合的国家大小不同，强弱不同，那么它们在同盟中的地位和作用也理应不同。孟德斯鸠这次举了吕西亚同盟与荷兰共和国的例子。在他看来，吕西亚共和国根据加盟城市的规模分配它们在共和国中的影响力（选票）和责任（纳税）显然要比荷兰共和国中各省平等分配影响力（选票）和责任（纳税）合理得多。最后，一个良好运行的"联邦共和国"必然要求国家权力自上而下的分配。在说明这个问题时，孟德斯鸠仍然用了吕西亚同盟与荷兰共和国的例子。这两个国家都有一个统一的权力机构——公共会议，但是两者在地方官员的选拔上是完全不同的。在吕西亚共和国里，城市的法官和官吏都是由这个公共会议选举的，但是在荷兰共和国里，城市的法官和官吏并不是由这个全国统一的权力机构选举，相反，它是由各个城市自己委派。在孟德斯鸠看来，吕西亚共和国显然要比荷兰共和国"优良典范"得多。❶

除了孟德斯鸠的"联邦共和国"以外，还有一种政制可以兼具大小共和国的一切优点，其中的典型就是哈灵顿的"大洋国"和休谟的"理想共和国"。鉴于休谟构建的"理想共和国"的基础正是哈灵顿的"大洋国"，所以在此仅以更具代表性的休谟为例。与孟德斯鸠不同，休谟虽然也认为大共和国的优势在于其抵御外敌的能力，但是他并不认为小共和国的优势是防止内部的

---

❶ [法]孟德斯鸠. 论法的精神（上册）[M]. 张雁深，译. 北京：商务印书馆，1959：156-157.

邪恶。在他看来，小共和国之所以是"世界上最幸福的政体"是因为"治理者对一切了如指掌"，而小共和国的缺陷在于其"容易被外部强大的武力所征服"。❶ 而如何使一个共和国既具有小共和国的"幸福"，又具有抵御"外部强大武力"的能力呢？在休谟看来，这取决于两个因素：其一，巨大的国家规模，至少要像英国或法国那么大；其二，在这个大型共和国内部建立一种恰当的制度。在休谟那里，这种恰当的制度是将英国那么大的一个国家分成一百个郡，每个郡再分为一百个教区，加起来共一万个教区；每个教区选一个郡代表，一共一万人，组成人民院，每个郡选一个参议员，一共一百人，组成参议院；参议院在首都开会，负责共和国全部的行政权，郡代表在所在的郡开会，拥有共和国全部的立法权，由大多数郡决定问题，而且权利平等；各郡自己选举市长等官员，制定地方法规，以及审判案件。显然，休谟试图一方面将大型共和国划分为众多小型的政治单位，使之可以具备小共和国"幸福"因素；而另一方面，依然在全国性政府中保留一定的权力，使之可以控制和影响这些小型的政治单位，使这个共和国不会失去巨大国家规模所带来的外部力量。

在休谟构建的"理想共和国"里，决定国家事务的机构主要有两个：人民院和参议院。休谟虽然将共和国的性质定义为民主政体，也将国家的主要权力寄予人民选举产生的人民院，但是他对这种人数众多的人民院却是十分不信任的。正如他引用雷兹主教的话所说，"所有人数众多的议会，不论如何组成，都不过是群氓而已，在辩论中稍有风吹草动，便会动摇不定。日常经验证明情况确实如此。当议会的一个成员起了个荒唐念头，便会传递给其邻人，一直传下去，终于感染了全体成员。……在为数众多的人民中间，良好的意识总是能战胜邪恶的。"❷ 而且，"例如，一千人的大会代表人民，如果允许他们辩论，必将陷于混乱；"更何况共和国的人民院有一万人之巨。虽然休谟不认同人数众多的人民院能够理性地辩论，但他更不认同以此为由便削弱人民院的作用，"如果不允许辩论，他们就仅能表决，而参议院将代庖一切。"❸ 因此，休谟认为"这里存在着一种至今未有任何政府曾予以彻底克服的困难"，但是他

---

❶ [英]大卫·休谟. 关于理想共和国的设想[M]. 张若衡,译. 北京:商务印书馆,1993:167-168.
❷ [英]大卫·休谟. 关于理想共和国的设想[M]. 张若衡,译. 北京:商务印书馆,1993:165-166.
❸ [英]大卫·休谟. 关于理想共和国的设想[M]. 张若衡,译. 北京:商务印书馆,1993:165.

第三章 "广土众民"之共和国的制度设计

并不认为这个问题真的那么难以解决。相反，在他看来，这是"世上最易解决的问题，若将人民代表分为许多单独的群体，他们就可以安然进行辩论，各种不便似可以排除了。"❶ 正如雷兹主教所言，"然若将这么多人分开，即使每个成员仅具有中等水平，则就有可能唯有理性能够控制整个会场。"❷ 除此之外，休谟将人民院拆分为众多小型的集体决策单位的另一个原因就是人民的智力和判断力。在他看来，普通的人民只善于判断与其生活接近的事务，教区和郡自然是其发挥作用的最好范围。

虽然休谟并没有将"理想共和国"冠以联邦制的头衔，但是我们可以暂且将其和孟德斯鸠的"联邦共和国"放在一起去比较两者的共同点和不同点。从这些比较中，我们也许能够更好地理解两者的真实含义，当然这种不同政体形式之间的比较也有助于我们更好地理解单一制、联邦制以及邦联制之间的联系和区别。当然，我们根据当代政治学的定义去界定以往思想家的政体模式，这种做法本身就打乱了思想史研究中必须遵循的历史顺序和逻辑脉络，因为历史中第一个真正的联邦制范本毕竟是两位思想家之后的《合众国宪法》(1787) 及《联邦党人文集》。但是，鉴于当时政治学词汇应用的混乱，也许我们借助一些今天比较明确和完整的定义和标准是有助于理解以往思想家的真实含义的。

根据《布莱克维尔政治学百科全书》的归纳，联邦制应该指的是这样一种政治制度："一种区域政治组织形式。它通过其存在和权威都各自受到宪法保障的中央政府与地方政府之间的分权而将统一性和地区多样性一起纳入一个单一的政治体制之中。这种组织形式的独有特色是权力至少在两级政府中进行分配，统一性和地区多样性并存不悖。"❸ 或许这样的定义过于笼统，毕竟人

---

❶ [英]大卫·休谟.关于理想共和国的设想[M].张若衡,译.北京:商务印书馆,1993:165.
❷ [英]大卫·休谟.关于理想共和国的设想[M].张若衡,译.北京:商务印书馆,1993:165-166.
❸ 戴维·米勒,韦农·博格丹诺.布莱克维尔政治学百科全书(修订版)[M].邓正来,译.北京:中国政法大学出版社,2002.

类现实中存在的大多数政府都会存在一定程度上的中央和地方分权。❶ 于是我们为了准确界定一种政体形式究竟是单一制、联邦制还是邦联制就必须借助一些具体的标准，或者换句话说，就是要对之前定义中过于笼统的统一性和多样性进行准确的界定。❷ 首先，将联邦制与单一制相比较，其最大特点在于其地区的多样性。依据单一制原则，下级政府的权威来自于中央政府，自然也必须从属于中央政府；而根据联邦制的原则，地方政府无论在法律上和政治上都不隶属于中央政府。在孟德斯鸠"优良典范"的"联邦共和国"（吕西亚共和国）中，决定整个国家事务的是"公共会议"，而这个会议的产生就是各个加盟城市根据自己的大小按比例推选出来的。显然，"联邦共和国"中的地方的权威并不是来自中央。在休谟的"理想共和国"中也是一样，掌握国家所有立法权的人民院在本郡开会，然后依据郡为单位影响国家的立法行为，而且掌握共和国全部行政权的参议院也是以郡为单位选举的。从这两方面来看，在休谟眼中的"理想共和国"中，中央权威其实来自于地方，这显然不符合单一制的原则。不仅如此，每个郡或教区还可以根据自己的意愿制定地方法规、审理案件、任命官员。从这些地方权限来看，"理想共和国"也不符合单一制的标准。其次，将联邦制与邦联制相比较，其最大的特点在于其全国性政府的统一性。根据邦联制原则，"中央机构由地方机构成员的代表组成且具有从属地位"；而依据联邦制原则，中央政府并不从属于地方政府，它因为全国性事务的管理权而拥有了一定的独立权限。在此我们不难发现界定邦联制的两个重要标准：其一，全国性的中央机构是由地方机构的代表组成；其二，中央机构

---

❶ 人类历史中存在过的两种国家除外，其一是许多极小型化的国家，因为它实在太小了，一个单一的政府即可包揽所有的事务。其中的例子，比如古希腊普遍存在的城邦国家，以及在意大利一度存在的城市共和国。其二是现代存在过的一些极权主义国家，比如汉娜·阿伦特描述过的纳粹德国等。在阿伦特的眼中，极权主义国家内部并没有明确的权力划分，一切均以领袖的个人意志和需要为准随时调整，而这些领袖为了将整个国家的所有权力集中到自己身上也会不断变革组织结构和国家结构。所以在极权主义国家内部并没有权力的明确划分，自然也就没有什么中央和地方的权力划分。具体可参见其著作《极权主义的起源》第十一章（极权主义运动）和第十二章（执政的极权主义）。参见[美]汉娜·阿伦特. 极权主义的起源[M]. 林骧华，译. 北京：生活·读书·新知三联书店，2008.

❷ 以下概念的区别和界定主要参考了《布莱克维尔政治学百科全书》中《联邦制》（制度篇）和《邦联》（制度篇）。参见戴维·米勒，韦农·博格丹诺. 布莱克维尔政治学百科全书》（修订版）[M]. 邓正来，译. 北京：中国政法大学出版社，2002：162，270.

从属于地方机构。两个条件缺一不可，如果都具备就是邦联制，反之则是联邦制。如果我们将这两个标准比照孟德斯鸠的"联邦共和国"和休谟的"理想共和国"，就会发现其实这两个共和国都符合第一个条件，那么决定它们是联邦制还是邦联制的关键就在于第二条，即中央政府是不是从属于地方政府。如何界定一个机构从属于另一个机构的标准很多，在这里我们还是不妨借用一下《布莱克维尔政治学百科全书》的论述："一些国家有时通过某种永久性协定共同拥有政府的某些机构。……它们藉此获得了一种很不重要的集体的性质和名称，这就是联邦。但是，当通过了不退出的决议和对极为重要的最终决定不再需要一致同意时，联邦制这个相关概念就更恰当了。"❶ 如果以此为标准评判，"联邦共和国"和"理想共和国"显然都是属于联邦制的范畴。

通过界定孟德斯鸠的"联邦共和国"和休谟的"理想共和国"的联邦制属性，我们不难发现，其实联邦制其实是一种介于极端中央集权和极端松散邦联之间的折中形式；它的中央政府和地方政府互不从属，依照既定的权力划分处理各自的权限范围以内的事务；它使处理全国性事务的中央权力和保留地区自主权的地方权力能够有效地结合起来；与之相对应，它的权力分配必然是散布于全国范围内各个独立而又相互作用的政治中心。虽然如此，不同的联邦制对于中央和地方权力的划分却是不同的，这就像是一场拔河比赛，一头是中央权力，另一头是地方权力，如果中央权力更大一点，那么这种联邦制就更接近单一制，如果地方权力更大一点，那么这种联邦制就更接近邦联制。如果我们把孟德斯鸠的"联邦共和国"和休谟的"理想共和国"置于其中，就不难发现两者不同的倾向。总的来说，孟德斯鸠的"联邦共和国"更倾向于单一制，而休谟的"理想共和国"更倾向于邦联制。在"优良典范"的"吕西亚共和国"里，各个城市甚至没有资格任命自己的法官和官吏，正如孟德斯鸠所言："一个加入到政治性的联邦里去的共和国把自己完全奉献给别人，没有什么可再奉献的了。"而在休谟的"理想共和国"中，各个郡不仅能够自己制定法律，审判案件，还能自己任命官员，进行管理。显然，在中央和地方的权力划分中，"吕西亚共和国"的中央政府权力更大，而"理想共和国"的地方政府

---

❶ 戴维·米勒,韦农·博格丹诺. 布莱克维尔政治学百科全书(修订版)[M]. 邓正来,译. 北京:中国政法大学出版社,2002:162.

则更具自主性。

虽然两位思想家都试图通过一种中央和地方权力的有效划分，使得共和国兼具小型共和国的"幸福"和大型共和国的"力量"，但是他们对于如何划分这种权力的理解是不同的。当然，产生这种差异的原因是多方面的，但是其中最为关键的是他们如何判断共和国所要面临的困难。在《论法的精神》中，孟德斯鸠在"共和国如何谋求安全"一节中谈到了"联邦共和国"的必要性和优点。在孟德斯鸠生活的年代，欧洲大陆竞争激烈，一个小型的共和国无论其内部多么"幸福"都是没有意义的，因为它是无法在大国的夹缝中生存下来的。在他看来，"联邦共和国"的最大意义就在于它使得共和国能够生存下来，它的最大优点就是强大的对外实力。所以，尽管他没有明说，但是他在事实的权力划分上已经更加倾向于中央，毕竟，强大的对外实力是大型国家的特点。而对于休谟而言，情况则完全不同了。自击败无敌舰队之后，已经很少有国家还能威胁英国本土了，休谟在构建"理想共和国"时自然也不会将对外实力放在很高的位置上。在休谟的心中，中央政府所带来的全国性问题的执行力和对外实力并不是其考虑的重点，如何在大共和国中保持小共和国的"幸福"才是最重要的。这点是与孟德斯鸠不同的，当然，这与之后的联邦党人就更是天差地别了。正如美国学者 Edmund S. Morgan 评价的那样："休谟并没有麦迪逊对于分散的立法权的痛苦经历。休谟论述的核心在于，正是这样的分散的立法权才使得大型共和国成为了可能。"❶

二、联邦制的含义

即使是在现代的政治学研究中，邦联制和联邦制这两个概念的界定也是十分困难的，而在19世纪之前，这两个概念几乎就是通用的。我们今天往往把《联邦党人文集》作为联邦制的第一个经典文本，但即使是在这个经典文本中，邦联制（confederal）和联邦制（federal）的概念也是含混不清的。我们今天之所以如此强调这两个概念的准确界定，或许正是因为反联邦党人和联邦

---

❶ Edmund S. Morgan, Safety in Numbers: Madison, Hume, and the Tenth "Federalist", *The Huntington library Quarterly*, Vol. 49, No. 2 (Spring, 1986): 108.

党人论战使我们逐渐认识到邦联制和联邦制的巨大区别。而随着联邦党人的最后胜出，我们逐渐也将他们推荐的方案称为联邦制，而将反联邦党人坚持的方案称为邦联制。❶

在联邦党人中最为完整表述联邦制概念的当属汉密尔顿，其在《联邦党人文集》第九篇中是这么界定联邦制的含义的：

> 联邦共和国（confederate republic）的定义，看来就是"一些社会的集合体"或者是两者或更多的邦联合为一个国家。联邦（federal）权力的范围、变化和对象，都是需要慎重对待的问题。只要其成员的独立组织不撤销，只要这种组织为了局部目的和机构上的需要而存在，虽然它会完全服从联邦（union）的总的权力，但在事实上和理论上，它仍然是几个邦的联合或者是一个邦联（confederacy）。新提出的宪法，非但没有表示要撤销各州政府，而且要使州政府成为国家主权的构成部分，准许它们在参议院有直接代表，而且让它们拥有某些独有的、非常重要的主权（sovereignty）。就这一措词的合理含义而论，这同联邦（federal）政府的思想是完全符合的。❷

从汉密尔顿对于联邦制的界定中，我们不难发现，其实在他的概念系统中，联邦制和邦联制是一个东西，或者至少可以说是同义词。而他在文中反复要说明的也正是这点：新的宪法并不会改变现有的中央和地方的政治结构，即不会改变原有的联邦制或邦联制。正如美国学者马丁·戴蒙德（Martin Diamond）所言："《美国联邦宪法》的制定者完全不知道这三个术语（邦联制、联邦制、单一制）的区别，相反，'邦联制'和'联邦制'被用来指称同一事物的同义词。"❸ 而在美国学者文森特·奥斯特罗姆看来，在当时，既然提出和使用这些概念的人自己都无法弄清其中的准确含义，那么要想在那场辩论中对使用的词汇达成统一显然是不现实的，"混淆是有原因的。《联邦党人文集》

---

❶ 根据美国学者马丁·戴蒙德的观点，人们完全接受联邦党人的观点，并将这种制度称为联邦制要归功于法国学者托克维尔的著作《论美国的民主》。在这本著作中，美国新宪法创立的那种制度被称为联邦制。详见 Patrick Riley. Martin Diamond's View of The Federalist, *Publius*, Vol. 8, No. 3, *Imensions of the Democratic Republic: A Memorial to Martin Diamond*[M]. Summer, 1978): 73.

❷ [美]汉密尔顿, 杰伊, 麦迪逊. 联邦党人文集[M]. 程逢如, 在汉, 舒逊, 译. 北京：商务印书馆, 2004：44.

❸ Martin Diamond, The Federalist's View of Federalism. In *Essays on Federalism*, George C. S. Benson (eds.), Claremont Men's College, 1961: 23.

的作者将'联邦的'（federal）一词既适用于依据《联邦条例》（Articles of Coffederation）设立的政府，也适用于新宪法中提议的建立的政府。'邦联'（confederation）和'联邦的'（federal）基本上被用作同义词和指称不同的事物。新概念的含义的任何差别都依赖上下文。既然那些提出了一种新概念的人对于使用什么语词来加以描述难以达成一致，那么这种情况就是正常的。"❶

事实上，正是在关于美国新宪法的讨论中才逐渐形成了现在我们关于联邦制的明确理解，而作为其对立物的反联邦党人的观点则逐渐被人们称为邦联制。正如美国学者斯托林描述的那样："讨论至此，我们看到了在宪法批准的讨论过程中逐渐和不时出现的有关'联邦'一词的含义以及美国对'联邦'制度的理解上的转变。我们已经表明，早期的或相对'纯粹'反联邦党人的立场在相当严格意义上是对联邦主义的辩护，当时的联邦主义被看成是有关我们今天所说的联盟或者邦联的原则。"❷ 而美国学者马丁·戴蒙德则认为，联邦党人所主张的联邦制其实是一种以往的邦联制（尽管原来它的名字才叫联邦制）和单一制的结合，"联邦制的最基本的特点就是中央政府和其成员州之间政治权力的划分，最高权力（即我们所说的主权）的划分，每一种政府都在自己的领域内享受最后的决定权。"他进一步解释道，这种新的事物的产生使得以往联邦制和单一制的区分变成了邦联制、联邦制和单一制的三分："这样看来，邦联制和单一国家是两个极端。邦联制的特性是联合起来的国家保留其全部主权，中央政府在法律上完全依赖它们的意志；单一制国家的特性是中央政府掌握全部主权，地方政府在法律上完全依赖国家的意志。那么，这样看来，联邦制的确是中间术语，因为其特性是修正并结合了其他两种政府形式的特性。联邦制把在一定范围内以邦联的形式保留主权的国家与另一个范围内以单一国家形式拥有主权的中央政府结合起来；这种结合形成了一种名叫联邦的不同事物。"❸ 从此，在西方政治学的词库里，以往"联邦制"（邦联制）和"单一制"的二分法变成了邦联制、联邦制和单一制的三分法，联邦制介于邦

---

❶ [美]文森特·奥斯特罗姆. 美国联邦主义[M]. 王建勋，译. 上海：上海三联书店，2003：70-71.
❷ [美]赫伯特·J. 斯托林. 反联邦党人赞成什么——宪法反对者的政治思想[M]. 汪庆华，译. 北京：北京大学出版社，2006：58-59.
❸ Martin Diamond, The Federalist's View of Federalism, In George C. S. Benson（eds.）, *Essays on Federalism*, Claremont Men's College, 1961：22.

第三章 "广土众民"之共和国的制度设计

联制和单一制之间,成为另一种既区别于以往联邦制(即邦联制),又区别于单一制的一种新的制度形式。❶从这层意义上说,联邦制其实就是邦联制和单一制的结合或折中。

既然如此,那么联邦制和邦联制在美国宪法讨论中的区别究竟是什么?反联邦党人为什么如此反对这种被重新解释了的联邦制?而联邦党人又为什么对这种新的政治制度如此青睐?这些问题的解答不仅有助于我们深入理解邦联制、联邦制以及单一制的准确含义,而且也助于我们今天重新认识联邦制对于大型国家政治构建的巨大意义。

从表面上看,邦联制和联邦制在那场政治辩论中的区别确实没有我们后人理解的那么大。在联邦党人看来,联邦制就意味着中央和地方权力的分立与制衡,任何一种权力都不应该是不受限制的,它们都只是在各自特定的范围内行使职权。在麦迪逊看来,联邦制就意味着国家权力在中央和地方的分割,"全国政府并未赋予制定和执行法律的全权。它的职权仅限于某些固定的同共和国所有成员有关、而任何个别条款却又不能达到的对象。下属政府能够管理那些可以分别予以考虑的其他事物,并将保持其应有的权力和活动。"❷而反联邦党人布鲁图斯(Brutus)认为,"无论是总体政府(the general government)还是州政府(the state government),都不应该被授予为实现政府目的所需要的所有权力。应该在他们之间进行权力划分———一些地方的目标应当由总体政府来实现,而另一些方面的目标则应当由州政府来实现;这些目标一起构成了良好政府的所有目标。倘如此,必然的结论是,每个政府应当被赋予实现它们所追求目标的恰当手段。"❸在布鲁图斯看来,邦联制就意味着由中央和地方两级政府之间的权力划分与制衡,任何一个政府的主张都不应该如此强势,以致完全压倒了另一个政府的主张。显然,如果我们仅仅将联邦制和邦联制的比较停

---

❶ 除此之外,许多学者还是用了不同的词汇描述邦联制和联邦制,比如美国学者赫伯特·J.斯托林使用的联邦制(federalism)和新联邦制制(new federalism)。虽然这些观点都有其独特的价值,但是为了本文中概念的统一,作者在全文中使用联邦制来指代联邦党人所推崇的那套制度,与之对应,反联邦党人所坚持的那套制度则是邦联制。

❷ [美]汉密尔顿,杰伊,麦迪逊.联邦党人文集[M].程逢如,在汉,舒逊,译.北京:商务印书馆,2004:68.

❸ Essays of Brutus 2. 9. 80, In Herbert J. Storing (eds.), *The Complete Anti-Federalist*, Volume 2, The University of Chicago Press, 1981:399.

留在分权原则的层面上的话,是难以发现其中的区别的,因为无论是邦联制还是联邦制都主张中央和地方两级政府之间是一种独立和平行的关系,两者之间依据其具体的权力划分分别管辖自己权限内的事务,全国性事务归中央政府,地方性事务归地方政府。

如果邦联制和联邦制的分权原则并不构成联邦党人和反联邦党人之间的主要矛盾,那么,它们之间区别究竟在哪？联邦党人和反联邦党人如此执着地坚持又是源于他们各自什么样的考量？

第一,联邦制和邦联制的一个重要区别在于中央政府权威来源和组织结构,这其实也是一个有关中央政府和地方政府从属关系的问题。在反联邦党人看来,全国性政府的权威来自于各州,如果背弃了这个原则,那么未来在美国建立的政府就必然是一个单一制的政府。反联邦党人帕特里克·亨利（Patrick Henry）说道:"他们有什么权利说,我们,人民？我对公共利益的热切渴望,还有我的政治疑惑都不让我不得不问一句,谁授权他们用我们人民的名义,而不是我们各州的名义来说话呢？各州是邦联主义的特征与灵魂。如果各州不是他们订立契约所组成邦联的一部分,他们就只能是由所有州人民构成的单一制政府的构成部分。"❶ 显然,帕特里克·亨利很明确地描述了邦联制的一个重要特征,就是全国性政府的权威必须依赖于州一级的政府,而这种依赖在全国性政府的组织结构中就表现为以州为基本的表决单位。而之前的《邦联条款》正是这么规定的,根据其第五条第三款的规定,"在国会决定合众国之问题时,各州均有一票投票权。"显然,在邦联制中,中央政府的权威来源于地方政府的授权,它的实际运行完全依赖于地方政府的意愿。联邦党人原则上并不否定州一级单位在未来全国性政府中所发挥的作用,但他们似乎更愿意再额外引入一种能够直接"代理公民个人"的政治结构,使之与先前建立的政治结构并存。正如汉密尔顿所论述的那样,"目前邦联政府结构上的主要弊病,在于立法原则是以各州或各州政府的共同或集体的权能为单位,而不是以它们所包含的各个个人为单位。"于是,"我们必须使联邦的权威达到政府的唯一真

---

❶ Patrick Henry 5.16.37,In Herbert J. Storing (eds.),*The Complete Anti-Federalist*,Volume 5,The University of Chicago Press,1981:249.

正对象——公民个人的身上。"❶

这个能够直接"代理公民个人"的政治结构就是联邦众议院,而之前存在的政治结构就以参议院的形式保留下来。麦迪逊是从政府权力的来源来解释两者之间的关系的:首先,众议院代表了未来政府的国家性。"众议院将从美国人民那里得到权力;人民和在各州议会里的情况一样,以同样的比例,依据同样的原则选派代表。就这点来说,政府是国家性的政府,而不是联邦性的政府。"其次,参议院代表了未来政府的联邦性。"参议院将从作为政治上平等的团体的各州得到权力;在参议院,各州根据平等的原则选派代表,正如目前的国会一样。就这点来说,政府是联邦政府,不是全国性政府。"此外,未来的美国总统同时符合全国性和联邦性这两种特征。"行政权的来源是多方面的,总统是由各州以其政治资格直接选举的。分配给各州的选票是按照一种复合的比例,一部分是把它们当作各不相同的同权团体,一部分是把它们当作同一团体的不平等的成员。"以此,麦迪逊归纳到:"从政府的这个方面来看,它似乎是一种混合的性质,所表现的联邦性特征至少和国家性特征一样多。"显然,在联邦制中,中央政府的权威一部分来源于地方政府的授权,但是另一部分来自于人民个人直接的授权。在这样的一种政治结构中,中央政府的实际运行既依赖于地方政府的意愿,也依赖于其自身的意愿,即超出了单个州范围之外的全国性问题的考量。

第二,联邦制与邦联制的另一个重要区别在于中央政府和地方政府的最高权力(主权)划分,这实际上还涉及一个中央政府和地方政府能否独立运行的问题。正如上文所论述的那样,联邦党人和反联邦党人都同意未来的美国政府是建立在中央和地方权力精确划分的基础之上的,但是他们对两个政府的各自权限的理解是完全不同的。在新的宪法草案中,联邦党人推荐的是一种"双重主权"的权力划分方案。汉密尔顿论述道:"完全合并为一个完全的全国性的主权国家,意味着各部分完全处于从属地位;各部分无论保留什么权力,都将完全取决于总的意志。但是由于制宪会议计划的目的只在于局部的联合或合并,各州政府显然要保留它们以前所有的、按照条款并未专门委托给合

---

❶ [美]汉密尔顿,杰伊,麦迪逊. 联邦党人文集[M]. 程逢如,在汉,舒逊,译. 北京:商务印书馆,2004:74-75.

众国的一切主权。"❶ 显然，这是一种主权分裂的描述方式，一个国家的最高权力被分为了国家的主权和州的主权：在关乎全国性问题时候，中央政府享有最高权力；而在关乎地方利益，并且不会损害整体目标的时候，地方政府享有该地区的最高权力。正如麦迪逊所描述的那样，如果我们从未来政府的权力范围来观察的话，它是有别于那种拥有全部主权的中央政府的。"在组成一个国家的人民中，这个最高权力完全授予国家立法机关。在为特殊目的而联合的社会中，最高权力部分授予国家立法机关，部分授予地方立法机关。在前一种情况下，一切地方权力从属于最高权力，并且最高权力可以随意控制、指导或废除地方权力。在后一种情况下，地方当局形成各自独立的最高权力，在各自的范围内，不从属于国家权力，正如后者在其权力范围内不从属于前者。因此，在这方面，拟议中的政府不可能被认为是一个全国性政府；因为其权限只限于某些列举的对象，而把对于所有其他对象的其余不可侵犯的权力留给各州。"❷当然联邦党人也不否认两种并存的主权之间会发生冲突的可能，这时候就需要宪法对于二者的权限做出明确的区分。当然，他们也认识到"标出全国政府和州政府的权力的适当界线，必然是同样艰巨的任务。"❸ 但是，他们相信依靠宪法和人类的理性是能完成这个艰巨的任务的，国家主权和州主权之间并不会发生严重的冲突。即使发生一些小的冲突，依靠宪法的明确规定和若干个"做出最后决定的法庭"也会对这些冲突做出公正的裁决。在这种情况下，国家主权和州的主权之间的明确划分是有事实的保护的。"由于主权的划分，在某些情况下需要一种同时存在的权限。凡是没有明显地从各州移归联邦的一切权力仍由各州全力执行这一条规则，并非权力划分理论的结果，而是得到了包括新宪法条款的文件的全部宗旨的明确承认。"❹

虽然反联邦党人也赞同一个全国性政府存在的必要性，但是他们始终怀疑

---

❶ [美]汉密尔顿,杰伊,麦迪逊. 联邦党人文集[M]. 程逢如,在汉,舒逊,译. 北京:商务印书馆,2004:154.

❷ [美]汉密尔顿,杰伊,麦迪逊. 联邦党人文集[M]. 程逢如,在汉,舒逊,译. 北京:商务印书馆,2004:197.

❸ [美]汉密尔顿,杰伊,麦迪逊. 联邦党人文集[M]. 程逢如,在汉,舒逊,译. 北京:商务印书馆,2004:181.

❹ [美]汉密尔顿,杰伊,麦迪逊. 联邦党人文集[M]. 程逢如,在汉,舒逊,译. 北京:商务印书馆,2004:157.

第三章 "广土众民"之共和国的制度设计

这样一种双重主权存在的可能性。在他们看来，即使存在一种全面和精确的权力划分，但是对于宪法的任何调整或者歧义的分歧都会打破国家主权和州主权之间的平衡。因此，似乎这样一种情况是必然会出现的，那就是要么州主权压倒国家主权，要么国家主权压倒州主权，其必然的结果不是邦联的无政府状态，就是全国性政府的暴政。而且，在反联邦党人看来，依据拟议中宪法的规定，州的主权在国家主权面前明显处于劣势。正如反联邦党人 Centinel 所说："在一个政治体内，两个主权并存，和谐相处，这个假设本身就是一个悖论，你必须精确地划分他们立法权的范围，但即使这样，两种统治权在经过一段时间的竞赛之后，一者必然会压倒另一者；与此同时，国家政府却获得双倍的鼓励去参与这场竞赛；但是这种国会与各州之间的冲突并不会长久存在，因为前者在一开始就获得了决定性的优势，而且在方便的时候，国会还有宪法本身授予的额外权力去终结这部宪法。"❶

所以，反联邦党人普遍对两种主权划分的公正性和有效性存在疑问，他们似乎更加信任一些实际的措施，来保证州主权的独立性。在他们看来，要保证州主权的独立性，就必须赋予州政府以更大的权力，使它们在全国性政府面前能够自卫。对于此问题，反联邦党人"自耕农"（宾夕法尼亚）的阐述最为详细：

联邦共和国（federal republic）的完善就在于划出这样一条合适的界限，以恰当划分具有总体性质的主权之目标和具有地方性质的主权之目标。前者应该授予联邦政府，而后者应该保留在地方政府；虽然任何能够实现这种目标的规则都必须依据联邦国家的实际环境和形式；但这样的一个总体原则却是必要的，那就是，涉及所有联邦州（the confederating states）的公共利益的那部分主权，也就是如果由各州单独行使不可能不危及整体的自由和福利的那部分主权，应当授予联邦政府，而将能够确保州单独存在的主权保留给各级政府，在总体政府由于暴力或者由于邦联各州的一致的统一而无能为力时，州政府依然能够存在；各州应当相应地有自己的法律、法院、军队和足够保障其安全的岁入；在必要时，它们应该有能力自理门户（keep house alone）；如果情况并非

---

❶ Letters of Centinel, 2. 7. 99, In Herbert J. Storing (eds.), *The Complete Anti-Federalist*, Volume 2, The University of Chicago Press, 1981: 169.

如此，或者一旦变得不可能如此，那么，它就偏离了联邦政府，走上了联合政府（consolidated government）的路子。❶

显然，在反联邦党人的眼中，中央政府和地方政府之间的平衡仅仅依靠权限的精确区分是远远不够的，为了防止中央政府的倾轧以及维持地方政府的有效运行就必须给予它们足够的权力。其中，税收、军事以及司法权都是必不可少的。正如美国学者斯托林评价的那样，"（宾夕法尼亚）自耕农通过这条不同凡响的规则，清楚指出，反联邦党人接受'新联邦主义'意味着什么。总体关切和地方关切的区分并不是一条充分的规则，因为它不能保证联邦之平衡得到维持。这种平衡实际上一方面依赖于总体政府有能力处理总体利益；另一方面，地方政府在必要时又能够单独存在。而为了保障后者，反联邦党人才不遗余力地追求征用制、州的军事建制以及各州对总体政府的宪法制衡。"❷

任何目标必须给予适当手段才是有意义的，基于这个和反联邦党人同样的原则，联邦党人自然难以接受这样一种权限的划分。正如汉密尔顿论述的那样，"联邦政府和各州政府一样，自己必须能直接说明每个个人的希望和恐惧，并吸引对人心最有影响的情感来支持自己。简言之，它必须据有州政府所有的一切手段，并有权采用州政府所行使的一切方法，以执行委托给它的权力。"❸ 对于即将成立的全国性政府而言，就必须给予它较之邦联政府更大的权力。这其中，似乎税收、军事和司法权也同样是必要的。

第三，邦联制与联邦制的背后是对政府任务的不同认识。正如上文论述的那样，孟德斯鸠和休谟对于中央和地方之间的关系及其权限的认识是不同的，而这种不同的基础正是他们对于共和国最为紧迫的问题的不同判断。同样，邦联制和联邦制的区别在很大程度上也正是建立在这种判断的基础之上的。反联邦党人坚持认为，政府的首要目标是保障公民的个体自由和民主权利，而小共和国的最大优势也正在于此。正如反联邦党人 Patrick Henry 所言，"难道我们

---

❶ A Farmer 3.14.8, In Herbert J. Storing (eds.), *The Complete Anti-Federalist*, Volume 3, The University of Chicago Press, 1981:184-185.

❷ [美]赫伯特·J. 斯托林. 反联邦党人赞成什么——宪法反对者的政治思想[M]. 汪庆华,译. 北京:北京大学出版社,2006:65-66.

❸ [美]汉密尔顿,杰伊,麦迪逊. 联邦党人文集[M]. 程逢如,在汉,舒逊,译. 北京:商务印书馆,2004:80.

要去模仿那些从简单政府转变成光荣政府的各种榜样吗?难道那些国家更值得我们模仿吗?又有什么可以补偿他们在获得光荣政府时所失去的——他们失去了自己的自由?如果我们承认联合政府,那是因为我们渴望政府的伟大和光荣。无论如何,我们都一定会成为伟大富强的帝国;我们一定会拥有陆军、海军以及其他的一些建制。先生们,与现在不同,美国精神在早年时候,自由是它的主要目标。"❶ 对于反联邦党人来说,既然一个全国性的政府难以避免的话,那么将更多的主权留在州一级政府也是一个不错的选择。正如布鲁图斯(Brutus)所言:"总体政府负责防御外敌的入侵,……州政府负责管理内部的事务,因此它们应该保留足够的权力去实现这个目标。对于每个政府来说,保护内部的和平和良好的秩序,实现法治和公正是其首要的任务。——人民的幸福首先就是建立在这些基础之上的……政府最为重要的任务就是保持内部政策的正确方向;而这些正是由州政府提供的,很明显,这些内部的事务都应该由州政府来管理。"❷ 显然,在反联邦党人看来,政府最为重要的目标就是维护人民的幸福,而这些都是小共和国的优势所在。但是既然一个全国性政府对于抵抗外敌是必要的话,那么也必须将这个全国性政府的权力仅限于此,对于绝大部分内政而言,都是应该留给州一级政府的。

而对于联邦党人而言,大型共和国所带的强大的国力对于当时的美国而言绝对是必要的。正如他们所言,当时的美国"几乎达到国家蒙受耻辱的最后阶段了。凡是能伤害一个独立国家的尊严或降低其品格的事情,我们差不多都经历过了。……在保持我们的政治存在的危急存亡之际,我们不是向外国和本国公民借过债吗?对于偿清这些债务依然未作任何适当的或令人满意的准备。某个国家不是占领着我们宝贵的领土和重要的要塞,而这些按照明确的规定不是早就应该交出了吗?这些地方依旧被保留,既有损于我们的利益,同样有损于我们的主权。我们能够表示愤慨或者打退这种侵略吗?我们既无军队,又无

---

❶ Patrick Henry 5.16.2,In Herbert J. Storing(eds.),*The Complete Anti-Federalist*,Volume 5,The University of Chicago Press,1981:219.

❷ Essay of Brutus 2.9.86-87,In Herbert J. Storing(eds.),*The Complete Anti-Federalist*,Volume 2,The University of Chicago Press,1981:400-401.

钱财,也无政府(联邦政府)"❶。在诸如此类的论述中,联邦党人阐述了一个强大国家的重要性,而这正是大型共和国的优势,正是构建一个拥有适当权力的全国型政府的优势。

不仅如此,虽然联邦党人同意州政府对于人民幸福的重要性,也同意将一定的内政管理权留给州一级政府,但他们也认为联邦政府对于人民幸福的重要性,而在当时,人民幸福最缺乏的保证不是州一级的政府,而是一个拥有适当权力的联邦政府。在联邦党人看来,在当时的邦联体制下,内政上的最大缺陷就是没有一个政府能够妥善处理不同州公民之间的纠纷,或者用联邦党人的话来说,就是"政府(邦联政府)的权威"无法到达"唯一真正的对象——公民个人"身上。而"当总的权力(邦联政府)限于组成这种权力的社团的集体机构(州一级政府)时,每次违反法律必然造成战争状态;武力强制执行必然会成为人民遵守法律的唯一手段。"❷ 显然,在联邦党人看来,未来美国政府最为重要的任务就是建立一套能够维护全国稳定的秩序,而这显然是州一级政府所不能完成的,这就是将适当的权力交付联邦政府的另一个重要原因。

三、联邦制的结构

总的来说,反联邦党人所坚持的邦联制和联邦党人所主张的联邦制的区别在于两个方面:其一,全国性政府的权威来源。反联邦党人认为,州一级政府应该是这个国家所有权威的来源,全国性政府的权威应该来源于州一级政府;而联邦党人更加青睐于一种复合的权威来源,全国性政府的权威一部分来自于州一级的政府(参议院),一部分直接来自公民个体(众议院),甚至还有一部分来自于一种州和公民个体的复杂组合形式(总统)。其二,全国性政府和州一级政府的最高权限(主权)的划分。反联邦党人认为,州一级政府应该拥有绝大部分的主权,这也是其防止全国性政府倾轧和保障其独立运行的关键;而在联邦党人看来,要想全国性政府实现其设立的目标,就必须也赋予其

---

❶ [美]汉密尔顿,杰伊,麦迪逊. 联邦党人文集[M]. 程逢如,在汉,舒逊,译. 北京:商务印书馆,2004:71-72.

❷ [美]汉密尔顿,杰伊,麦迪逊. 联邦党人文集[M]. 程逢如,在汉,舒逊,译. 北京:商务印书馆,2004:74-75.

合适的主权，没有主权的政府就不是真正意义上的政府，之前邦联政府的缺陷也正在于此。

显然，反联邦党人和联邦党人都充分认识到了主权划分对于全国性政府和州一级政府的重要性。对于一些关键性权力而言，它们的有无或多少不仅关乎两级政府的管辖范围，更直接决定了两级政府在未来国家权力结构中的地位。在反联邦党人看来，如果丢失了这些基本的权力，州一级政府就会难以抵御全国性政府的倾轧，保留州的主权就成了一句空话；而在联邦党人看来，虽然全国性政府并不要求单一制国家中央政府所拥有的所有主权，但对于其未来要完成的目标而言，一些关键性的权力也是必不可少的，联邦制与之前邦联制的最大区别就在于赋予了全国型政府这些必要的权力，或者换用他们自己的话说，就是获得与其目标相适应的手段。从这层意义上来说，邦联制和联邦制的一个巨大分歧就是这些关键性权力的划分，而我们今天判断一个政体形式究竟是邦联制还是联邦制的一个重要标准也正是看这些权力在中央政府和地方政府之间是如何分配的。所以，如果我们试图完整理解联邦制的意蕴，也就必须了解这些关键性权力在两级政府中的具体划分，以及这种划分背后的原因。

1. 军事权的划分

对于当时的美国而言，军事力量主要包括两个方面：其一是正规军队，即陆海军；其二是地方民兵。在这两个方面，之前的《邦联条款》和《合众国联邦宪法》都有着巨大的差别：首先，关于正规军队，在《邦联条款》中，国家军队是以州为单位组建的，其主要控制权也保留在州一级的政府手中，"任何州为共同防御目的组建陆军时，一切上校级及其以下各级军官均由组建部队各州州议会委任，或照该州规定方式委任；一切缺额概由最初委任之州填补"（《邦联条款》第七条）[1]。而在《合众国联邦宪法》中，国家军队则由国会负责招募、供给和管辖："征集陆军并供应给养，但此项拨款之期限不得

---

[1] [美]汉密尔顿,杰伊,麦迪逊. 联邦党人文集(附录)[M]. 程逢如,在汉,舒逊,译. 北京:商务印书馆,2004:446.

超过两年;""供应海军给养;""制定统辖陆、海军之条例"❶(《合众国联邦宪法》第一条第八款)。其次,关于民兵,在《邦联条款》中,民兵的控制权在于州一级政府,"所有各州应经常维持一支严加管理、遵守纪律、武器装备充足之民兵,且购置并于公用武库中经常备用一定数量之野炮与帐具,适当数量之武器、弹药与营房器材"《邦联条款》第六条)❷。而在《合众国联邦宪法》中,国会则掌握了民兵的主要控制权:"规定征调民兵执行联邦法律、平息叛乱、抵御侵略之办法";"规定组织、武装与训练民兵办法,可能征调为合众国服务部分民团之管理办法;但军官之任命及按照国会规定之军律训练民兵之权由各州保留之"(《合众国联邦宪法》第一条第八款)❸。

显然,与之前的《邦联条款》相比较,新的《合众国联邦宪法》将大部分的军事权从州一级政府手中转移到了联邦政府的手中。而在反联邦党人看来,应该保留给州一级政府的权力中,首当其冲的就是军事权力。正如反联邦党人 Agrippa 所言:"我们将所有的荣誉给了这种分开了的主权,但与此同时,我们却不知道应该遵从国会还是州政府。我们将会发现同时遵从两级政府是不可能的。紧接着,州政府会备受煎熬。群众的骚乱也会发生,即使是最可敬的州政府也会消失。同时军队将会以最为严厉的方式强迫我们接受一种新的统治系统。"❹ 联邦党人认为,如果失去了与全国性政府相制衡的军事力量,州政府未来就将会失去抵抗全国性政府的手段。正如反联邦党人 Patrick Henry 所言:"我对新政府的最大反对在于,它没有给我们留下任何防卫我们权利的手段,或者是发动战争对抗专制的手段……我们唯一的防御力量,民兵都在国会的手中,我们怎么会有任何抵抗武装部队的手段呢?"❺ 在联邦党人的眼中,

---

❶ [美]汉密尔顿,杰伊,麦迪逊.联邦党人文集(附录)[M].程逢如,在汉,舒逊,译.北京:商务印书馆,2004:456.

❷ [美]汉密尔顿,杰伊,麦迪逊.联邦党人文集(附录)[M].程逢如,在汉,舒逊,译.北京:商务印书馆,2004:446.

❸ [美]汉密尔顿,杰伊,麦迪逊.联邦党人文集(附录)[M].程逢如,在汉,舒逊,译.北京:商务印书馆,2004:456-457.

❹ Letters of Agrippa 4.6.21, In Herbert J. Storing (eds.), *The Complete Anti-Federalist*, Volume 4, The University of Chicago Press,1981:79.

❺ Patrick Henry 5.16.2, In Herbert J. Storing (eds.), *The Complete Anti-Federalist*, Volume 5, The University of Chicago Press,1981:219.

州一级政府和全国性政府的制衡首先就应该是军事力量的制衡，如果州政府失去了这种军事上的制衡力量，那么州政府就难免会受到全国性政府的倾轧，失去其独立的地位。所以，军事权不仅是州政府的权限之一，更是州政府保留其他主权的保障。

但这种军事权的转移在联邦党人看来却是必要的。汉密尔顿认为，共同的防务安排正是设立联邦政府的主要目的之一："联邦要达到的主要目的是：其成员的共同防务；维持公安，既要对付国内动乱，又要抵抗外国的进攻；管理国际贸易和州际贸易；管理我国同外国的政治交往和商业往来。"而与之相适应，联邦政府也应该获得必要的军事权力，"共同防御的必要权力是：建立陆军；建立和装备舰队；制定管理海陆军的规则；指挥海陆军作战；为海陆军提供给养。"因此，从联邦政府的目的及其相适应的手段出发，在军事权上强调州政府和联邦政府的分权和制衡是不适宜的。而且出于共同防务的特点考虑，对联邦政府的军事权进行限制也是不合适的，"因为不可能预测或规定国家发生紧急情况的范围和变化，以及符合需要的方法的相应范围和变化。威胁国家安全的情况很多，因此对保卫安全的权力从宪法上加以束缚，都是不明智的。这种权力必须同这些情况的一切可能结合同样久远，而且应由主持共同防务的同一会议来管理。"❶

2. 征税权的划分

在美国立宪时期，税收主要由国内税和进口税组成。之前的《邦联条款》规定，征税权除了关税之外，其他税种的征收权主要在于各个州政府："任何州均不得征收进口税或关税，从而可能妨碍合众国国会根据其已向法兰西及西班牙王朝提出订立之任何条约，与任何国王、君主或国家所订条约之规定"（《邦联条款》第六条）❷。"各州州议会应于合众国国会决定之时限内指令赋

---

❶ [美]汉密尔顿,杰伊,麦迪逊. 联邦党人文集[M]. 程逢如,在汉,舒逊,译. 北京:商务印书馆,2004:114.

❷ [美]汉密尔顿,杰伊,麦迪逊. 联邦党人文集[M]. 程逢如,在汉,舒逊,译. 北京:商务印书馆,2004:445.

课税款以交纳上述摊派份额"(《邦联条款》第八条)❶。但是在新的《合众国宪法》中,除了关税之外,其他绝大部分税收权也转移到了联邦政府的手中。国会拥有的权力之一就是"赋课并征收直接税、间接税、输入税与国产税;偿付国债,并供应合众之共同防务与一般福利经费;唯各种税收、输入税与国产税应全国划一"(《合众国联邦宪法》第一条第八款)❷。

显然,较之前的《邦联条款》,新的《合众国宪法》将征税的主导权交到了联邦政府的手中,这在反联邦党人看来,后果将是可怕的。首先,联邦政府和州政府的平行和制衡意味着州政府对联邦政府必须要有影响力,其中很重要的一项就是征税权,而新宪法剥夺的正是这种影响力。其次,要保持各州政府的独立,必须给予其适当的保障,而税收权也是其中很重要的一项。因为新宪法规定,州一级政府只能在联邦政府完成其税收之后捡拾留下的面包屑,而这对于维护州一级政府的独立自然是不够的。正如反联邦党人 Patrick Henry 所言:"没有人民自己和其代表的同意,即使是为了公共利益也不能向人民征税或剥夺他们的财产……但是这部宪法是怎么说的?其中的条款给了(联邦政府)不受限制和没有止境的权力去征税:假设每一个弗吉尼亚的议员都提议一个关于税收的法律,这是否有效呢?他们将会被多数所强迫:十一个议员就能摧毁他们的努力:这十个无力的人是难以阻止一项最为沉重的税法的通过的。所以,直接与人权宣言的精神和语句相冲突,你在没有经过自己同意的情况下就被征税了,而这只是因为一群与你并无联系的人同意了。"❸

但是,对于联邦党人而言,将联邦政府的征税权扩展到其他税种身上是必要的和难以避免的。在汉密尔顿看来,其理由主要有三点:首先,税收对于一个政府来说是十分重要的,它是该政府实现其目标的必要的手段和必需的保障。"一个国家没有税收是不能长期存在的。如果没有这个重要的支柱,它就一定会丧失独立,降到一个省份的地位。没有一个政府会选择这条绝路。因

---

❶ [美]汉密尔顿,杰伊,麦迪逊. 联邦党人文集[M]. 程逢如,在汉,舒逊,译. 北京:商务印书馆,2004:446.

❷ [美]汉密尔顿,杰伊,麦迪逊. 联邦党人文集[M]. 程逢如,在汉,舒逊,译. 北京:商务印书馆,2004:456.

❸ Patrick Henry 5. 16. 6,In Herbert J. Storing (eds.),*The Complete Anti-Federalist*,Volume 5,The University of Chicago Press,1981:222.

此,无论如何税收是非有不可的。"❶ 而对于当时美国联邦政府和州政府而言,从长远来看,全国性政府将日益承担更大的责任,也需要负担更重的开支。而如果仍然将联邦政府的征税权仅仅限于进口税的话,那么绝大部分的税收仍然会落入州一级政府的腰包,而实际承担更重要责任和负担的联邦政府则会入不敷出,难以为继。其次,以往将大部分征税权留在州一级政府的做法在实际的操作过程中困难重重,所以必须用一种新的收税方法来取代,那就是将收税权交给联邦政府。"用定额规定各州向国库捐献的数量的原则,是邦联政府另一个主要错误。"这种不考虑各州实际情况的做法必然会导致各州因为税负的不公平而拒绝服从。如果出现这种情况,联邦政府又是难以有所作为的,因为"如果能够想出任何方法来强迫各州依从联邦的要求,那么,在美国,这种不平等本身就足以造成联邦的最后的灭亡。受难各州,不会长期同意在这样的原则上保持联合:它把公共负担用非常不公的办法进行分配,并且打算使某些州的公民变得贫穷,受到压迫,而其他各州公民则几乎感觉不到他们需要承担的一小部分负担"。但又是难以避免的,因为"这是与定额和征收原则分不开的一种弊病"。所以,"除非授权全国政府用自己的方法筹措收入,没有任何方法可以避开这个麻烦。进口税、国产税,总之一切消费品的关税,好比一种液体,到时候总会与付税的财力相平衡的。"❷ 最后,因为税收还是国家应付迫切需要的一种手段,所以必须赋予联邦政府足够的征税权。"由于税收是用以获得应付国家迫切需要的手段的主要方法,所以充分获得税收的权力,必须包括在为迫切需要做准备的权力之中。由于理论和实践同时证明,获得税收的权力在对各州集体行使时是无效的,所以联邦政府必须授予用寻常方法征税的无限权力。"❸

---

❶ [美]汉密尔顿,杰伊,麦迪逊. 联邦党人文集[M]. 程逢如,在汉,舒逊,译. 北京:商务印书馆,2004:62.

❷ [美]汉密尔顿,杰伊,麦迪逊. 联邦党人文集[M]. 程逢如,在汉,舒逊,译. 北京:商务印书馆,2004:103-104.

❸ [美]汉密尔顿,杰伊,麦迪逊. 联邦党人文集[M]. 程逢如,在汉,舒逊,译. 北京:商务印书馆,2004:152.

3. 司法权的划分

对于司法权的分配，之前在《邦联条款》没有明确的规定。但可以肯定的是，在邦联制时期，没有常设的覆盖全国的司法系统，也就是说在当时的情况的，国家主要的司法权应该是在州一级政府手中。而《合众国联邦宪法》则建立起来了一整套司法系统："合众国之司法权属于最高法院及国会随时规定设置之下法院"（《合众国联邦宪法》第三条第一款）❶。而在具体的司法权限分配上，美国最高法院负责审理的案件主要包括三个方面：第一，"宪法明文规定授予联邦全权者"；第二，"规定授予联邦并禁止各州行使类似权力者"；第三，"规定授予联邦而各州无法行使类似权力者"。除此之外，"州法院的现有司法权除在上述几种模式下转授者外应该全部保留。"❷ 显然，相对于之前的《邦联条款》，联邦政府的司法管辖权被极大地扩张了。

对于全国司法系统的建立，反联邦党人是持一种警惕的态度的。对他们来说，将过多的司法管辖权授予联邦法院会导致司法权、行政权和立法权的混同，而这显然是不利于保护个人自由的。正如反联邦党人 Federal Republican 所言："另一件引起我们重新思考联邦宪法的是司法权的分配问题。宪法第三条第一款规定：'合众国的司法权应该在最高法院和国会随时规定设置之下法院之间进行分配。'……这样的规定太过于含糊和笼统了。国会乐于建立什么样的下级法院是未明的，也是孟德斯鸠所难以想象的。所以在这种情况下，司法权并没有完美地从立法权和执行权中区别出来，自由也必将受到伤害。"❸

而对于联邦党人来说，在全国范围内建立一整套司法系统是完全必要的。"国家与各州的制度？应视为一个整体，州法院自应辅助联邦法律的实施，州法院的上诉案件自应上诉到以统一和协调全国司法及全国裁判法规为其任务的

---

❶ [美]汉密尔顿,杰伊,麦迪逊. 联邦党人文集[M]. 程逢如,在汉,舒逊,译. 北京:商务印书馆,2004:460.

❷ [美]汉密尔顿,杰伊,麦迪逊. 联邦党人文集[M]. 程逢如,在汉,舒逊,译. 北京:商务印书馆,2004:412.

❸ A Federal Republican 3.6.23,In Herbert J. Storing (eds.),*The Complete Anti-Federalist*,Volume 3,The University of Chicago Press,1981:77.

最高法院。"❶ 当然，联邦党人也不排除州法院对于地区性案件的审判权，"除国会通过今后的立法明文规定排除州法院干预者外，州法院有当然的审理权。"❷ 显然，联邦党人对于建立一整套全国性司法系统是持一种乐观的态度的，依照精确的权限区分，联邦法院和下一级法院是可以各善其职的。

四、小结：联邦制对于国家规模的意义

自共和国这种国家形式出现以来，其规模问题一直是无法解决的难题。在西方众多的思想家心中，这实际上已经成为了一个两难选择：小共和国亡于外敌，大共和国亡于内乱。如果理想的国家形式还是共和国，那么就必须为共和国找到一条解决的方案，使它能够跳出这样一种历史的困境，这就是美国宪法的历史使命。当然，在它之前，很多思想家已经在理论上做了一些有益的尝试，孟德斯鸠和休谟便是其中的杰出代表。在孟德斯鸠看来，无论是小共和国还是大共和国都有着难以避免的缺陷，但是如果将众多小共和国联合起来，组成一个"联邦共和国"似乎是一个不错的选择。因为这样既可以避免国家规模过大带来的内乱，也可以防止国家规模过小带来的虚弱。从孟德斯鸠的出发点来看，"联邦共和国"的意义更多的是消极层面的，是一种无奈的选择。在其之后，休谟也对共和国的规模进行了详细的讨论。在他看来，共和国的国家规模问题并不是一个难以克服的缺陷，只要借助于适当的政治制度，大型共和国并不是没有可能的。而他理想中的政治制度就是一种类似于哈灵顿"大洋国"的方案，将国家划分为众多的行政区域，以层级选举解决国家层面的决策问题，以中央和地方的适当分权和制衡解决地方层面的决策问题。而且这种区域划分的意义还不止于此，在休谟看来，这样的区域划分使得所有公民都能直接或间接地参与到国家层面和地方层面的问题，用他的话来说，就是让大共和国里的公民在拥有抵御外敌实力的同时，也享受到了小共和国所能带来的幸福。因此，与孟德斯鸠不同，休谟"理想共和国"的方案并不是现实的无奈选

---

❶ [美]汉密尔顿,杰伊,麦迪逊. 联邦党人文集[M]. 程逢如,在汉,舒逊,译. 北京:商务印书馆,2004:414.

❷ [美]汉密尔顿,杰伊,麦迪逊. 联邦党人文集[M]. 程逢如,在汉,舒逊,译. 北京:商务印书馆,2004:413.

择，而是一种理想的政体形式。从这层意义上来讲，休谟对于联邦制的论证要比孟德斯鸠积极得多。

对于当时美国的宪法辩论而言，其中一个重要的内容也是：能否建立这样一种适当的制度，使之兼有大共和国的实力和小共和国的幸福？反联邦党人给出的答案是否定的。在他们看来，国家规模所带来的困境是难以通过制度设计予以解决的。与孟德斯鸠类似，反联邦党人普遍将联邦共和国看成是一种无奈的选择，面对环立的强敌，面对当时国内各州之间已经出现的矛盾，似乎一个全国性的政府还是必要的。但是，与一个强大和高效的国家相比，更为重要的是个人的自由和幸福，而州一级政府正是实现它们最好的场所，这也正是他们坚持要将全部主权留在州一级政府的主要原因。但是，如果一个全国性政府的存在，既没有独立的合法性，也没有必要的权力，那么这个政府的存在也就只具备了形式上的意义。从这层意义上讲，反联邦党人所谓的"联邦制"其实只是一个国家之间的松散的联盟，他们仍然顽固地坚持原有的小型共和国的方案，而不愿去做任何大型共和国的尝试。

与反联邦党人不同，联邦党人认为，通过人类的理性，是可以设计出一种兼有大小共和国所有优势的政治制度的。那就是他们所推荐的联邦制。在联邦党人看来，无论是邦联制还是单一制，它们的权力配置方式都过于简单，过于集中，它们都无法兼具大小共和国的所有优势。而与它们不同，联邦制设置一套极其复杂的权力配置方式：首先，对于联邦政府而言，其一部分权威直接来自公民个体（众议院），而另一部分权威则平等地来自州一级政府（参议院）；其次，对于联邦政府和州政府的分权而言，联邦政府管辖全国性事务和对外事务，州一级政府管辖地区性事务，而且，它们对于各自所管辖的事务具有最高决定权。在这样的一种体制中，联邦政府和州政府都只拥有了一部分合法性的基础，也都只掌握了一部分政治权力，它们之相互平行和制衡。

在联邦党人看来，正是这种平行和制衡使得联邦制兼具了大小共和国的优势：首先，赋予联邦政府独立存在的合法性基础和有限的权力，使得它拥有了实现其目标的适当的手段。显然，这就使得未来的美国具有了大型共和国的所有优势。不仅如此，将联邦政府的部分合法性基础直接建立在公民个体身上，不仅使得中央政府获得了足够的权威来源，也使得公民个体获得了直接影响国家决策的手段。较之以往通过州参与国家事务的方式，众议院的设立毕竟使得人民影响国家决策的途径更加多元化。其次，独立的州一级政府的存在可以拉近公民与政治生活的距离，弥补全国性政府与公民之间距离过远所带来的疏离感。而且，将一部分事务的最高决定权留在州一级政府，也使得小州有了对抗大州乃至国家的积极手段，而这正是对参议院平等表决权的有效补充。

显然，联邦党人推荐的方案较反联邦党人的最大区别就在于是否授予联邦政府独立的权威和足够的权力，使联邦政府和州政府之间达成某种分权和制衡。随着联邦党人在宪法辩论中的胜利，以及之后政治实践的成功，联邦党人所推荐的政治方案逐渐赢得了联邦制的头衔，而反联邦党人所坚持的方案则被人们称为邦联制。从此，在邦联制和单一制中间又加入了一种新的政体形式——联邦制，一种兼具大小共和国优势的政体形式。然而，联邦制的意义远不仅于此。正如托克维尔所评价的那样："对我而言美国联邦宪法最好的、也许是唯一最好的安排是允许建立一个巨大的共和国"❶。联邦制的出现及其后来的成功，使得共和国终于突破了大共和国亡于内乱，小共和国亡于外敌的历史怪圈，人类世界首次迎来了大型共和国的成功范例。

第三节　三权分立——控制政治权力的"辅助性预防措施"

国家规模的扩大必然会加大公民与政治权力之间的距离。虽然通过代议制和联邦制可以在一定程度上消减这种国家规模扩大所带来的难题，但是，公民与政治权力之间的距离确实被拉大了，公民确实再也无法像在小型国家内那样直接控制国家权力了。考虑到美国人民对于政治权力天生的不信任，联邦党人似乎并没有太多的选择，要么缩小国家规模，要么给政治权力的监督提供一种新的方法。对于联邦党人来说，他们的自信并不是盲目的，因为他们确信自己已经找到了另一条控制政治权力的方法，一条区别于人民直接控制的"辅助性的预防措施"。

---

❶ [美]文森特·奥斯特罗姆. 美国联邦主义[M]. 王建勋,译. 上海:上海三联书店,2003:100.

一、混合政体的含义及其价值

在西方政治传统中，混合政体的思想源远流长，其中最早的代表当属柏拉图。当然，柏拉图心中的混合政体实属无奈之举。从《理想国》到政治家，再到《法律篇》，柏拉图经历了从哲学家治国到政治家治国再到混合政体的思想历程。这种历程对于柏拉图来说是痛苦的，它是理想破灭之后的现实选择。但这对于西方政治文明来说确是幸福的，因为它开创了西方政治思想的一个重要原则：权力必须分立与制衡。

在《法律篇》中，柏拉图对比了阿尔戈斯、迈锡尼和斯巴达三个国家的不同政体及其最后的命运，指出斯巴达之所以能够长存的重要原因："他把单一的王权一分为二，把权力限制在更合理的比例上。在这之后，一个把人和神的某种力量结合起来的人，看出你们的统治制度仍处于动荡不安的状态，于是把斯巴达人的固执和气魄同老年人的谨慎小心结合起来，而给予28个长老在做出重大决定时与国王同等的权威"。如此，斯巴达的政体中就兼具了独裁制、民主制和贵族制三种成分。在柏拉图看来，正是这种不同政体成分的混合，使得斯巴达的政体"变成一种正确要素的混合物，于是它自身的稳定性保证了国家其余部分的稳定性"。❶

柏拉图之后，亚里士多德继承了他对混合政体的认识，"那种将多种政体要素结合在一起形成一种政体的思想更接近真理"，因为"包含要素愈多的政体便愈优良"❷。在他看来，政体就好比人的身体，各个部分都必须保持合适的比例，"对于一个政制来说，相称之必要就如同（比如说）五官的相称"，"某一部分不成比例的增长是导致政体更迭的原因之一，正如身体的各个组成部分，每一部分都应合乎比例地增长，不然的话，一旦脚长到四肘长而身体的其余部分却仅有两指长，身体就归于消灭。"❸总之，柏拉图和亚里士多德原则上都认一个善治的政体必须是融合了多种政体元素的混合政体，但是他们的论述大多都只停留在理论的层面，对于如何将多种政体元素落实到制度层面并没

---

❶ [古希腊]柏拉图. 法律篇[M]. 张智仁等,译. 上海:上海人民出版社,2001:92.
❷ 苗力田. 亚里士多德全集[M]. 北京:中国人民大学出版社,1994:142-144.
❸ 苗力田. 亚里士多德全集[M]. 北京:中国人民大学出版社,1994:166-177.

有太多的论述。从这层意义上，他们的论述只是原则性的，是模糊的。

应该说古希腊的思想家们为我们提供了混合政体的最初设想，而古罗马的政治实践却为我们提供了一个真正的成功范本。之后许多思想家关于混合政体的论述正是建立在这个成功范本之上的，其中最为经典的当属波利比阿。在他看来，任何一种单一的统治形式都会以特定的方式蜕化变质，因为每种这样的政体只能体现一个简单的原则，而这个原则就其本性来说存在蜕变为自己的对立物的可能性。为了克服这一弊端，一个优良的政体就必须包含多个政治原则，以及体现这些不同原则的权力机构，这便是他的混合政体思想，其中的典型便是古罗马共和国。波利比阿认为，古罗马共和国融合了民主制、君主制和贵族制三种政府元素，以致于我们都无法辨别这种政府的性质，但或许这种无法清楚除辨别的混合元素就是这种政府的性质：

"我之前叙述过的三种政府（贵族制、民主制和君主制）都分享了罗马的控制权。在宪法的各个方面都公平和成比例体现了这三个元素，以至于甚至是一个罗马人都无法明言他们的管理系统究竟是贵族制的、民主制的，还是君主制的。这确实是它真正的特性。因为，如果一个人将它的眼睛专注在执政官的权力的时候，那么，这部宪法就完全是君主制的；如果这个人再将他的眼睛专注于元老院，那么，这部宪法完全是贵族制的；但是，当这个人看到群众的权力，那么这种宪法就纯粹是民主制的。国家的各个部分都在各自元素的控制之下……每个部分的权力使得它们能够阻止或者联合其他部分，它们的组合能够对付任何突发情况，因此，要想找出一个比它更好的政治系统是不可能的。"❶

罗马共和国中同时存在的执政官、元老院和人民分别代表了君主制、贵族制与民主制，三种权力机构既相互合作，又相互制约。在波利比阿看来，正是这种权力机构之间的相互牵制防止了任何一种权力机构过分强大的可能，从而制止了单一政体所固有的衰败倾向。如此，波利比阿首次提出了政体中各种原则和机构之间的制约与平衡，这是柏拉图和亚里士多德所设计的混合政体所没有的。而且，波利比阿论述的基础是一个真实的成功范本，这也使得他的理论较之前的混合政体思想更具有某种实践价值。

---

❶ Polybius, the histories, with An English Translation By W. R. Paton, Harvard University Press, 1923, Vol. III: 295-309.

国家规模与政治构建——美国宪法讨论中的政治思想

自波利比阿之后，每一个但凡谈论共和国的思想家都必然叙及混合政体，对于他们来说，一个优良的共和国必然存在着一个制衡的混合政体。其中，比较杰出的代表有西塞罗、阿奎那、马基雅维利等等。但是，正如我们上文所说的那样，混合政体的最大原则就是强调政体中各种力量的制衡，而各种力量的背后则是其所代表的阶级利益。即使是制衡原则制度化到具体机构的波利比阿，也没有跳出这一局限。在古罗马相互制衡的各个机构的背后仍然是各个不同的阶级，元老院、执政官和公民大会的背后，其实仍是贵族、君主和平民这三个不同的阶级。这种混合政体的思想在关于力量制衡、国家稳定，乃至保护自由和权利方面都是大有裨益的。但是，这种混合政体存在的基础在人民主权观念兴起之后却面临着极大的挑战，毕竟对于一个接受了人民主权和契约精神的现代社会来说，一切未经人民同意和选举的阶级或机构的合法性是难以想象的。在未来的政体形式中，贵族和君主将被赶出混合政体，古典的混合政体所蕴含的制衡思想必须找到一种与人民主权相契合的适当方式，这种尝试首先是从近代分权思想开始的。

英国学者 M. J. C. 维尔曾在其著作《宪政与分权》一书中谈到，在古典混合政体理论向现代分权学说转化的过程中，最关键的一步就是把"不同的政府职能配属给政府的各个部门"。具体而言，"首先是特定机构限于行使特定职能；第二是出现了对司法部门的承认，这些司法部门将拥有与君主、贵族院、平民院同等的地位。……第一步是在17世纪实现的，第二步到了18世纪才完成。"❶ 其中，这两个步骤的最突出代表分别是洛克和孟德斯鸠。

洛克被公认为近代分权思想形成的第一人。在他看来，政府的权力可以首先被分为立法权和执行权：首先，"立法权是指享有权利来指导如何运用国家的力量以保障这个社会及其成员而权力。"其次，执行权是"一个经常存在的权力，负责执行被制定和继续有效的法律"。最后，两种权力必须分立，"如果同一批人同时拥有制定和执行法律的权力，这就会给人们的弱点以绝大诱惑，使他们动辄要攫取权力，借以使他们自己免于服从他们所制定的法律，并且在制定和执行法律时，使法律适合于他们自己的私人利益，因而他们就与社

---

❶ [英]M·J·C·维尔. 宪政与分权[M]. 苏力,译. 北京:生活·读书·新知三联书店,1997:34.

会的其余成员有不同的利益，违反了社会和政府的目的。……所以立法权和执行权往往是分立的"❶。在这里，我们发现了洛克的分权思想与古典混合政体思想的最大区别：古典混合政体思想的力量制衡，其实质是社会阶级之间的制衡；而对于洛克而言，不同的机构之间有了明确的分工，不同机构的背后是一个政府的不同职能。洛克正是在这层意义上完成了维尔所说的第一步，即将特定机构限于行使特定职能。洛克在其著作《政府论》中还提出了第三种权力，但它并不是现代三权分立思想中的司法权，而是对外权。也正是因为这个原因，我们才说洛克只完成了从古典混合政体理论向现代分权学说转化的第一步。而威尔所说的第二步，即对司法部门的承认，则是由孟德斯鸠完成的。

在《论法的精神》第十一章第六节中，孟德斯鸠描绘了他心目中理想的政体形式及他所说的英格兰政制：首先，国家权力根据其具体职能分为立法权、执行权和司法权三种。"每一个国家有三种权力：（一）立法权；（二）有关国际法事项的行政权力；（三）有关民政法规事项的行政权力。依据第一种权力，国王或执政官制定临时的或永久的法律，并修正或废止已制定的法律。依据第二种权力，他们媾和或宣战，派遣或接受使者，维护公共安全，防御侵略。依据第三种权力，他们惩罚犯罪或裁决私人诉讼。我们将称后者为司法权力，而第二种权力则简称为国家的行政权力。"其次，这三种权力的分立对于自由而言至关重要。"当立法权和执行权集中在同一人或同一个机关之手，自由便不复存在了；……如果司法权不同立法权和执行权分立，自由也就不存在了。如果司法权与立法权合而为一，则将对公民的生命和自由施行专断的权力，因为法官就是立法者。如果司法权和行政权合而为一，法官便将握有压迫者的力量。如果同一个人或是由重要人物、贵族或平民组成的同一个机关行使这三种权力，即制定法律权、执行公共决议权和裁判私人犯罪或争诉权，则一切便都完了。"❷ 最后，三种权力分别由三个阶级掌握。对于立法权，"贵族团体和由自由选举产生的代表平民的团体应同时拥有"；对于行政权，"应该掌握在国王手中"；对于司法权，则分属于贵族和平民，由平民来审理平民的案

---

❶ [英]洛克. 政府论[M]. 叶启芳,瞿菊农,译. 北京:商务印书馆,1964:89-90.
❷ [法]孟德斯鸠. 论法的精神[M]. 张雁深,译. 北京:商务印书馆,2005:185 186.

件,由贵族来审理贵族的案件,因为"它避免了人民同时是法官又是控告者"❶。正如维尔所评价的那样:"孟德斯鸠对这一原则(指现代分权)有新的思想贡献;他强调了其中的某些先前还没有受到如此重视的因素,特别是关系到司法部门;而且他赋予这一原则的地位,比大多数先前作者所给予的更为重要。"❷ 在洛克之后,孟德斯鸠完成维尔所说的从共古典混合政体理论到现代分权学说的关键性的第二步。在孟德斯鸠那里,现代的分权学说的典型形式已经基本形成,这也为之后联邦党人将分权学说与人民主权的结合奠定了基础。

当然,洛克和孟德斯鸠的分权学说并不是之后联邦党人眼中的三权分立。笔者认为,洛克和孟德斯鸠至少有两点是不如联邦党人的:其一,虽然洛克和孟德斯鸠都已超越了以往混合政体对于"混合"的理解,区分政府的机构关键性要素不再是阶级,而转变为了不同的政府职能。但是,对于他们来说,具体机构的权力配属仍然无法摆脱阶级的影子。如果联系亚里士多德关于不同阶级的不同特性的论述,其实我们也不难找到答案。在洛克和孟德斯鸠眼中,政府机构的不同职能是需要不同特性的人来完成的,而这种不同特性的基础正是阶级。如此,他们虽然为不同机构的划分奠定了新的基础,但是因为他们对于阶级特性的理解,使得他们对于权力划分的创新在实践中又回到了原点。正是从这层意义上而言,洛克和孟德斯鸠只是为之后的联邦党人做好部分的理论准备,他们的分权学说对于人民主权来说,兼容性依然是很不够的。其二,洛克和孟德斯鸠的分权学说与国家的规模是无关的。或许正如孟德斯鸠自己的判断,国家规模所带来的难题通过国内政治制度的创新是无法解决的。从这层意义上来说,联邦党人将权力分立学说的意义又加深了一步。

二、联邦党人的方案:三权分立与大型国家

《合众国宪法》与之前的《邦联条款》相比,其中一个重要的区别就在于

---

❶ [法]孟德斯鸠. 论法的精神[M]. 张雁深,译. 北京:商务印书馆,2005:190-194.
❷ [英]M·J·C·维尔. 宪政与分权[M]. 苏力,译. 北京:生活·读书·新知三联书店,1997:70.

第三章 "广土众民"之共和国的制度设计

《合众国宪法》在联邦政府的设置上采用了一种现代版的混合政体，即三权分立。❶ 在《邦联条款》中，邦联的所有权力都有一个单一的机构，即国会，统一执行或由其派生。在这样的一个简单结构的政府中缺少一种权力的分立与制衡似乎是毋庸置疑的。而在新的《合众国宪法》中，国家权力按照其职能被分成了三种，即立法权、执行权和司法权，而且，这三种职能分别由三个互相独立的机构来履行：（1）立法权属于国会。"本宪法所授予之立法权，均属于参议院与众议院组成之合众国国会"（《合众国宪法》第一条第一款）。（2）行政权属于总统。"行政权属于美利坚合众国总统"（《合众国宪法》第二条第一款）。（3）司法权属于最高法院及下设法院。"合众国之司法权属于最高法院及国会随时规定设置之下级法院"（《合众国宪法》第三条第一款)❷。

联邦党人认为，将国家权力根据其职能拆分成三个部分，并由三个不同的机构来独立掌握是完全必要的，因为"立法、行政和司法权置于同一人手中，无论是一个人、少数人或许多人，不论是世袭的、自己任命的或选举的，均可公正地断定是虐政"❸。不仅如此，在联邦党人看来，三个部门不仅要分立，而且要互相制衡，"除非这些部门的联合和混合使各个部门对其他部门都有法定的监督，该原理所要求的、对一个自由政府来说不可或缺的那种分立程度，在实践上永远不能得到正式的维持。"因为，"不可否认，权力具有一种侵犯性质，应该通过给它规定的限度在实际上加以限制。"❹ 这就是联邦党人理解的权力分立与制衡的原则。但是，在他们看来，仅仅将三权分立原则停留在理论的层面是远远不够的，制度层面上的设计或许要来得更加重要。"那么，我们到底应该采用什么方法来切实保持宪法所规定的各部门之间的权力的必要划

---

❶ 当然，美国新宪法中的混合政体思想或权力制衡思想并不仅仅体现在三权分立上，立法机关内部的众议院和参议院的分立与制衡、联邦政府与州政府的分立和制衡也是也是权力制衡思想的体现和实践。但是，总的来说，三权分立是这种制衡原则的最典型体现，而且也是美国宪法辩论中取得的最大成果。

❷ [美]汉密尔顿,杰伊,麦迪逊. 联邦党人文集[M]. 程逢如,在汉,舒逊,译. 北京:商务印书馆,2004:453-460.

❸ [美]汉密尔顿,杰伊,麦迪逊. 联邦党人文集[M]. 程逢如,在汉,舒逊,译. 北京:商务印书馆,2004:246.

❹ [美]汉密尔顿,杰伊,麦迪逊. 联邦党人文集[M]. 程逢如,在汉,舒逊,译. 北京:商务印书馆,2004:252.

分呢？能够做出的唯一回答是，因为发现所有这些表面规定都不够，必须用下述办法来弥补缺陷：这样来设计政府的内部结构，使其某些组成部分可以由于相互关系成为各守本分的手段。"❶ 具体而言，这主要包含以下几个方面：

第一，权力的分立意味着各个部门必须独立，而为了实现这种独立，制度设计上必须做到以下两点：首先，赋予各个部门应有的基础，使得各个部门成员的任命不再依赖其他部门。"为了要给政府分别行使不同权力奠定应有的基础……显然各部门应该有它自己的愿望，因而应该这样组织起来，使各部门的成员对其他部门成员的任命尽可能少起作用。如果严格遵守这条原则，那就要求所有行政、立法和司法的最高长官的任命，均应来自同一权力源泉——人民，尽管通过的途径彼此并不相通。"❷ 显然，与上文关于联邦政府独立性的论述一样，联邦党人认为，一种权力、一个部门要想获得与其他权力或部门相等的独立地位，那么他的合法性基础就必须直接去人民中寻找。如果这种权力或这个部门的合法性基础间接地来自其他权力或部门，那么它的独立性显然是可以质疑的。其次，各个部门成员的报酬上也必须独立。"同样明显的是，各部门的成员在他们的公职报酬方面应该尽可能少地依赖其他部门的成员。如果行政长官或法官在这方面并非不受立法机关约束，他们彼此之间的独立只是有名无实而已。"❸

第二，为了避免一个部门受到其他部门侵犯，就必须赋予这个部门必要的手段和主动。"防止把某些权力逐渐集中于同一部门的最可靠办法，就是给予各部门的主管人抵制其他部门侵犯的必要法定手段和个人的主动。"在联邦党人看来，"野心必须要用野心来对抗"，"防御规定必须与攻击的危险相称"，虽然"用这种方法来控制政府的弊病，可能是对人性的一种耻辱"，但是，这种"用相反和敌对的关心来补足较好动机的缺陷"的方法却也是个不错的选

---

❶ [美]汉密尔顿,杰伊,麦迪逊. 联邦党人文集[M]. 程逢如,在汉,舒逊,译. 北京:商务印书馆,2004:263.

❷ [美]汉密尔顿,杰伊,麦迪逊. 联邦党人文集[M]. 程逢如,在汉,舒逊,译. 北京:商务印书馆,2004:263-264.

❸ [美]汉密尔顿,杰伊,麦迪逊. 联邦党人文集[M]. 程逢如,在汉,舒逊,译. 北京:商务印书馆,2004:264.

择，毕竟人不是天使。❶

第三，"不可能给予各部门以相等的自卫权。"在联邦党人看来，赋予每个部门必要的手段和主动是一回事，赋予每个部门相等的手段和主动又是另外一回事。民主政体区别以往其他政体的一个显著特征即是"立法机关必然处于支配地位"。于是如何防止这种处于显著支配地位的立法机关不会倾轧其他部门变成民主政体权力制衡的首要任务。联邦党人认为，在以往的世袭君主制政府中，自由最危险的敌人是行政部门。但到了民主政体中，自由最危险的敌人变成了立法部门，"在代议制的共和政体下，行政长官的权力范围和任期都有仔细的限制；立法权是由议会行使，它坚信本身的力量，因为被认为对人民有影响而得到鼓舞；它人数多得足以感到能激起多数人的一切情感，然而并不至多得不能用理智规定的方法去追求其情感的目标"；而且，立法机关"其法定权力比较广泛，同时又不易受到明确的限制，因此立法部门更容易用复杂而间接的措施掩盖它对同等部门的侵犯"。显然，在联邦党人看来，民主政体之下的立法机关要比行政机关更加优越，也更加具有侵略性。正像他们反复提醒的那样，"人民应该沉溺提防和竭力戒备的，正是这个部门的冒险野心。"❷所以，他们支持给予行政部门一种必要的对抗手段，"对立法部门的绝对否定，是行政长官应该配备的天然防卫物"❸。

不仅如此，联邦党人还认为，三权之中司法权最弱，必须给予其较立法权、行政权更多的主动和手段。司法权的孱弱来自于其特性，仅靠其自身难以克服。"大凡认真考虑权力分配方案者必可察觉在分权的政府中，司法部门的任务性质决定该部对宪法授予的政治权力危害最寡，因其具备的干扰与为害能力最小。行政部门不仅具有荣誉、地位的分配权，而且执掌社会的武力。立法机关不仅掌握财权，且制定公民权利义务的准则。与此相反，司法部门既无军权又无财权，不能支配社会的力量与财富，不能采取任何主动的行动。故可正

---

❶ [美]汉密尔顿,杰伊,麦迪逊. 联邦党人文集[M]. 程逢如,在汉,舒逊,译. 北京:商务印书馆, 2004:264.

❷ [美]汉密尔顿,杰伊,麦迪逊. 联邦党人文集[M]. 程逢如,在汉,舒逊,译. 北京:商务印书馆, 2004:253.

❸ [美]汉密尔顿,杰伊,麦迪逊. 联邦党人文集[M]. 程逢如,在汉,舒逊,译. 北京:商务印书馆, 2004:265.

确断言:司法部门既无强制、又无意志,而只有判断;而且为实施其判断亦需借助于行政部门的力量。"❶ 所以,为了赋予司法权以足够的自卫能力,就必须赋予其一定的"特殊照顾":"最有助于维护法官独立者,除使法官职务固定外,莫过于使其薪俸固定。"❷

第四,要真正实现三权之间的制衡,就必须防止其他权力的介入,哪怕这种权力直接来源于人民。联邦党人关于这个问题的论述开始于一个错误的提议:"每当政府三个部门中任何两个各由其总人数三分之二同意,认为必须开会修正宪法或纠正违宪情况时,得为此召开会议。"❸ 与联邦党人一样,该提议的倡导者也认为,一个优良的共和国必然是一个三权之间分立与制衡的政体,但是,由于各种权力之间力量的不平衡,这种权力之间的制衡是很容易被打破的。所以,为了给"权力软弱部门"提供一个对付"强者"侵犯的屏障,就必须给"权力软弱部门"求助于人民的机会。在他看来,既然人民是所有权力的唯一合法来源,那么在一种权力受到其他权力侵犯的时候,求助于"同一原始权威"似乎是无可厚非的。虽然,联邦党人也赞同"通向人民为某些重大特殊事件做出决定的法定道路,应该保持畅通。"但是,他们"反对把关于求助人民的提议作为在一切情况下使各权力部门保持在法定范围内的一种规定。"❹

显然,联邦党人并不反对人民对于"某些重大特殊事件"的直接影响力,但是,这种直接影响力的适用范围必须是有所限定的。在他们看来,以人民召开会议的形式直接决定国家事务的做法只是特殊情况下的一种无奈的选择,这种做法决不能常态化,更不能制度化。具体而言,他们的解释包括以下三个方面:首先,这个提议能够给予"权力软弱部门"的屏障并不稳固。因为"如果具有许多方法来影响其他部门的动机的立法机关,能把其他两个部门中任何

---

❶ [美]汉密尔顿,杰伊,麦迪逊.联邦党人文集[M].程逢如,在汉,舒逊,译.北京:商务印书馆,2004:391.

❷ [美]汉密尔顿,杰伊,麦迪逊.联邦党人文集[M].程逢如,在汉,舒逊,译.北京:商务印书馆,2004:369.

❸ [美]汉密尔顿,杰伊,麦迪逊.联邦党人文集[M].程逢如,在汉,舒逊,译.北京:商务印书馆,2004:257.

❹ [美]汉密尔顿,杰伊,麦迪逊.联邦党人文集[M].程逢如,在汉,舒逊,译.北京:商务印书馆,2004:257.

一个或将其三分之一的成员吸收到自己一边，剩下的一个部门就不能从其补救办法中得到什么好处了"。显然，在联邦党人看来，该提议非但没有给"权力软弱部门"提供切实的屏障，反而降低了强者侵犯弱者的门槛。其次，经常求助人民的帮助会降低人民对于政府的尊重，影响政府的稳定。"由于每次求助于人民，就意味着政府具有某些缺点，经常求助于人民，就会在很大程度上使政府失去时间所给予每件事物的尊敬，没有那种尊敬，也许最英明、最自由的政府也不会具有必要的稳定。"❶ 再其次，经常召开人民会议会调动起公众过度的政治热情。"由于过分关心公众热情而有破坏公众安静的危险，是反对把宪法问题经常提请全社会决定的更大反对意见。"❷ 最后，也是最为重要的是，如果在三权之外再引入一种权力则会破坏三权之间原有的制衡。在联邦看来，"共和政体（即民主政体）的趋势是靠牺牲其他部门来加强立法部门。"由于立法部门具备的天然优势，使得它在与执行部门、司法部门的竞争中已经占尽了先机。而且由于立法部门与人民的天然的密切关系，求助人民召开会议更会助长立法部门的优势，从而打破三权之间原有的力量平衡。

从混合政体学说到三权分立思想的演进是一个漫长的思想历程，在这个历程中闪烁过太多人类的光辉，柏拉图、亚里士多德、西塞罗、阿奎那、洛克、孟德斯鸠都在这个历程中留下了自己的影子，但直到18世纪末，联邦党人才真正从这漫长的历程中收获了丰硕的果实，权力这头猛兽第一次真正被关进了为它准备的牢笼。美国人是幸运的，他们的幸运在于拥有了当时人类世界最具创造力的、最务实的一群天才。之所以将他们称为天才，是因为他们完成的是前人和同辈们都无法想象的任务：一种与人民主权思想相兼容的现代分权学说，一种与巨型国家相得益彰的现代分权学说。

客观地说，无论是洛克还是孟德斯鸠的分权学说都不会赢得美国人民的青睐。正如上文论述的那样，他们的分权学说虽然完成从古典混合政体向现代混合政体形式上的过渡，但至少在一个方面他们是不够的：他们的思想中留下了

---

❶ [美]汉密尔顿,杰伊,麦迪逊. 联邦党人文集[M]. 程逢如,在汉,舒逊,译. 北京:商务印书馆,2004:258.

❷ [美]汉密尔顿,杰伊,麦迪逊. 联邦党人文集[M]. 程逢如,在汉,舒逊,译. 北京:商务印书馆,2004:258.

国家规模与政治构建——美国宪法讨论中的政治思想

太多阶级特性的烙印，根据天然的阶级划分来配置国家权力的方案在当时的美国是不可能取得成功的。联邦党人对于分权学说的一个重要的贡献就在于此，他们将分权学说与人民主权学说相结合，使得古典混合政体中不同阶级之间的分权制衡变成了一个阶级内部的分权制衡。正如他们自己所说的："人民是权力的唯一合法源泉。"而这是之前所有的分权学说的倡导者都无法理解的。联邦党人赋予了司法权、立法权与行政权独立的主体性质，它们有自己的意愿、主动甚至野心，它们之间对抗的直接起因并不是权力背后的阶级利益，而是权力本身所具有的扩张性。如此，我们发现了历史似乎和思想家们开了一个莫大的玩笑：混合政体学说发端于柏拉图、亚里士多德们对于民主政体心怀恐惧，而到了最后，一种现代版的混合政体学说却成了民主政体最为稳固的基石。

三权分立学说的另一个重要贡献还在于它使得共和国突破了国家规模的羁绊。正如许多反联邦党人所强调的，国家规模的扩大拉大了人民与其管理者的距离，使得政治权力的监督更加困难。这确实是联邦党人难以回避的一个难题，除了合适的代议制以及联邦制以外，联邦党人在他们的方案中还加入了三权分立。正如他们自己所言："毫无疑问，依靠人民是对政府的主要控制；但是经验教导人们，必须由辅助性的预防措施。"依靠人民的手段主要指的是代议制和联邦制，而所谓的辅助性的预防措施指的当然就是三权分立。对于联邦党人来说，政治权力的扩张性如果不加限制固然会戕害人民的自由和幸福，但是，如果对权力的这种特性善加利用，便可以使这些权力互相牵制，成为人民自由和幸福的屏障。这就是他们所说的"野心必须用野心来对抗"，"用反对和敌对的关心来补足较好动机的缺陷"。在联邦党人看来，用权力制衡权力固然是对人性的一种侮辱，但在人民无法直接控制和监督权力的情况下，这也不失为一个很好的选择。"用这种种方法来控制政府的弊病，可能是对人性的一种耻辱。但是政府本身若不是对人性的最大耻辱，又是什么呢？如果人都是天使，就不需要任何政府了。如果是天使统治人，就不需要对政府有任何外来的或内在的控制了。"❶显然，人不是天使，人民的直接控制固然可取，但必要的辅助性手段也是必要的。更何况，面对国家规模扩大所带来的权力监督的难

---

❶ [美]汉密尔顿,杰伊,麦迪逊. 联邦党人文集[M]. 程逢如,在汉,舒逊,译. 北京:商务印书馆,2004:264.

题，以权力监督权力的方式也未必不是人民直接控制的有效补充。

三、反联邦党人的替代性方案：简单政府与小型国家

对于三权分立的方案，反联邦党人提出了自己的意见。总体而言，反联邦党与联邦党人一样，都同意个人权利是政府的首要目标，为了保护个人权利有必要对政治权力进行限制。但不同的是，反联邦党人并不认为一种分立和制衡的权力结构有助于建立有限政府，相反，在他们看来，这样一种复杂的权力结构形式会扰乱人民的视线，为少数人的专制和政治权力的膨胀奠定了基础。如果将这些反对意见进行简单的归纳，主要可分为以下三个方面：

第一，三权分立原则并不符合真正的民主精神，必然会导致政府的贵族化。这种指责最为明显地表现在反联邦党人对于司法权的态度上。在反联邦党人"联邦农民"（federal farmer）看来，司法权并不像联邦党人所说的那么虚弱，"法律是由立法机关制定的；但是，法官和法庭通过他们的司法解释和具体案件的审理拥有了广泛的影响力，来维护或摧毁自由，来改变政府的性质。"而且，由于司法权的专业要求，使得对它的监督更加困难，"如果立法机关制定了一个坏的法律，或者第一执政官篡夺了人民的权力，人民会迅速发现他们的罪恶。而对于司法部门的权力，人们则不会那么快发现它滥用权力，这是因为司法权（要比行政权、立法权）更加错综复杂，更加超出人们的直接观察。……因此，司法权会倾向于摧毁自由政府：在这个宪法中，只有很少的专业人士才能适合去执行这种权力。"联邦农民是在试图警告美国人民，"我们正在这个部门中撒下了远比其他部门更多的专制政府最危险的种子"❶。与"联邦农民"类似，反联邦党人布鲁图斯（Brutus）也认为最高法院被授予过大的权力，"我怀疑，在我们的世界上是否会有一个时候，法院被赋予如此巨大的权力，法院本身却不需要承担什么责任"；"这个法庭在许多案子中被授予的权力甚至比立法机关还要大。正像我在前面说明的那样，这个法庭将在决定先发含义时具有权威，它不仅将根据字面的真实含义去解释宪法，也将根

---

❶ Letters from The Federal Farmer 2. 8. 185, In Herbert J. Storing (eds.), *The Complete Anti-Federalist*, Volume 2, The University of Chicago Press, 1981:315-316

国家规模与政治构建——美国宪法讨论中的政治思想

据字句的精神和意愿去解释宪法。所以，在宪法的实际执行中，最高法院不仅不会低于立法机关，甚至还会高于立法机关"❶。显然，反联邦党人认为，司法权不仅不是最虚弱的权力，相反，因为宪法赋予的司法审查权和解释权，司法权在实际的执行过程中甚至要比立法权还要强势。而且，因为司法权所特有的技术性和专业性，使得人民对于它的监督愈发困难。在他们看来，正是这种过于强势的权力以及监督的困难使得司法权的贵族化愈发明显了。

第二，在美国搞混合政体缺乏必要的阶级划分。总体而言，反联邦党人并没有跳出以往混合政体的概念。在他们看来，不同权力的背后是不同的阶级，不同权力之间的制衡其实就是社会不同阶级的制衡。而在当时的美国，并不存在明显的阶级划分，没有了阶级之间的制衡，那么权力之间的制衡也就不复存在了。正如反联邦党人亨利（Patrick Henry）所言："总统、参议员和众议员们直接或间接地由人民选举产生。他们（联邦党人）告诉我，制衡并不是建立在纸面上，而是建立在自爱（self-love）的基础上。这样一种难以阻止的自爱被保留在了政府中。世袭的贵族被加入到了国王和平民之间。如果贵族院支持或允许国王去侵犯人民的自由，那么同样的暴政将很快地降临在他们自己身上，因此，他们会支持民主的部门；如果他们看到平民侵犯了君主，自爱将会使他们偏向君主，因为如果君主被摧毁了，那么他们自己也会很快被摧毁。"在亨利看来，只有英国政府具备了这样的阶级划分，所以"英国政府是一个真正平衡和制衡的政府"。但是美国不同，由于所有权力产生于同一阶级，使得"这个系统只有想象的制衡……总统和参议院没有什么东西可以失去的。总统和参议院并没有那种英国的国王和贵族保持政府运行的利益要求。因此，他们会忽略人民的利益。"于是，亨利总结道："当群众拥有全部权力时，英国宪法会变成什么样？……当英国群众变成自由人的时候，他们会对国王说，你是我们的仆人，此时，自由的殿堂也就终结了。"❷ 显然，在亨利看来，如果我们想实现真正的权力制衡，那么我们就必须回到依靠继承划分等级的英

---

❶ Essay of Brutus 2. 9. 186,193,In Herbert J. Storing（eds.），*The Complete Anti-Federalist*,Volume 2,The University of Chicago Press,1981:438,440.

❷ Patrick Henry,5. 16. 14,In Herbert J. Storing（eds.），*The Complete Anti-Federalist*,Volume 5,The University of Chicago Press,1981:233-234.

国。而对于当时的美利坚共和国而言，一种权力完全属于人民的政体是无法真正实现权力制衡的。

第三，权力之间的制衡并不能保证人民的权利。在联邦党人看来，国家权力划分越细致，政府结构越复杂，野心种类越多，权力之间的制衡自然也就更有效，人民的自由和权利也就越稳固，这是分权与制衡原则的基本判断。但是，对于大部分反联邦党人来说，过于复杂的政府结构意味着人民视线的模糊和混淆，意味着政府权力脱离人民控制的危险。正如反联邦党人 Denatus 指出的那样："即使以上的反对意见都不存在，我仍然反对这部宪法，因为对于我来说，它过于复杂和难以理解。……谁能看透这部宪法的实际运行？一部属于聪明和自由的人的宪法应该和简单理性一样显而易见，就像我们的单词的字母一样。——我认为这部宪法充斥着高度专制的原则，必将吞噬其他不同州的宪法。"❶

总之，在反联邦党人的眼中，那种结构复杂的政体形式绝不是人民之福。对于他们来说，自由政府的真正原则不是制衡而是责任，只有在那些责任明确的简单政府中，人民才能控制政府，监督权力。正如反联邦党人塞提那（Centinel）所言："如果每一个政府的管理者都受到自己个人私利和野心的鼓动，那么这种相互冲突利益的结果又怎么会是这个共同体的福利和幸福呢？因此，政府的不同秩序（权力分立与制衡）不会产生共同的利益，我们必须求助于其他的原则。我相信，人们会发现，一个能够使那些被授予权力的人向其选民尽最大责任的政府形式就是一个为自由人设计的最好政府形式。"在塞提那看来，权力或利益之间的制衡并不会产生一个服务公共利益的政府，只有那些责任明确的政府才是最好的自由政府。紧接着，塞提那还解释其中的具体原因，"但如果你模仿宾夕法尼亚的宪法，将所有的立法权授予一个机构，并且被选举出来的这个机构的成员任期较短、不得连任、任期不得突然延长，那么你就为他们创造出了最为完美的责任，一旦人们感到委屈，他们也不会错怪人，而且他们还可以采取迅速而且有力的补救措施，那就是将犯错者者踢出下一次选举。这种责任的纽带将会消除单一立法机关所带来的一切危险，这种责任的纽

---

❶ Address by Denatus 5. 18. 5, In Herbert J. Storing (eds.), *The Complete Anti-Federalist*, Volume 5, The University of Chicago Press, 1981·261-262.

带将是人民利益的最好保障。"❶ 显然，塞提那推崇简单政府的理由在于：只有在结构简单的政府中，我们才能监督责任的履行；只有在结构简单的政府中，我们才能轻易地辨别权力滥用的根源；只有在结构简单的政府中，我们才能快速和有效地去除权力滥用的根源。其实，反联邦党人坚持的简单政府就是一个人民直接监督和控制权力的政府，对于这样一个政府的适用范围，反联邦党人也有清晰的界定，那就是同质化的小型国家。

反联邦党人认为，对于一个责任明确的简单政府而言，大型国家是不可取的。其原因不仅在于庞大的人口数量拉大了人民与政治权力的距离，更在于庞大人口数量所带来的社会的多元化。在反联邦党人看来，似乎后者对简单政府的威胁更大。如果简单的政府仍然是一个自由的政府，那么它就必须平等的保护所有个体的利益，但多元社会的存在必然意味着多元的社会利益和诉求，以一个一元化的机构和决策方式去保护多元的社会利益显然是不可能的。对于那些在简单政府中处于弱势的个体和群体来说，责任的纽带显然是与他们无关的。也正是基于此，那些主张简单政府的反联邦党人往往也主张社会同质化和均等化。比如上文中极力主张简单政府的塞提那（Centinel）就给他的简单政府加了一个同质化社会的前提，"只有在人民具有德行，财产平均分配的地方，共和国或者自由政府才能存在。"❷ 从这层意义上出发，与简单政府相兼容的也只能是同质化的小型国家。

四、小结：三权分立对于国家规模的意义

在反联邦党人看来，责任明确的简单政府和小型国家是个人自由的最好保障，这在很大程度上其实就是古代直接民主的现代版叙述。正如美国学者斯托林所评价的那样："反联邦党人的立场之特征与其说是对简单政府的忠诚，不如说是用伟大和传统的替代性方式来进行思考的倾向：一方面是同质性的少量人口基础之上的简单、负责的大国；另一方面，则是或多或少固定或永久秩序

---

❶ Letters of Centinel 2. 7. 8,9, In Herbert J. Storing (eds.), *The Complete Anti-Federalist*, Volume 2, The University of Chicago Press, 1981: 138–139.

❷ Letters of Centinel 2. 7. 9, In Herbert J. Storing (eds.), *The Complete Anti-Federalist*, Volume 2, The University of Chicago Press, 1981: 139.

之上的负责和平衡的共和国。反联邦党人很可能认为，小（或者相对较小的）共和国，对自由更为合适，因此应尽可能去保留这种小共和国，对更成熟政府形式的模仿之匆忙和粗糙做法，其结果必然是灾难性的。"❶

但现实是，当时美国的任何一个州都要比古代希腊城邦大得多，人口也要多得多。不仅如此，相对于古代社会，现代社会的分工更加细致，商业更加发达，交流也更加频繁，人们的财富、地位、文化和宗教背景等的巨大差异都会导致人们的情感和诉求趋向多元化。在这样一个多元化的社会里构建一个只能与同质化小型国家相适应的简单政府显然是不现实的。即使是回到直接民主的黄金时期，在古代雅典这样一个极小型城邦和相对简单的社会中，简单政府也暴露出了难以救治的弊病，更何况现代多元化的社会呢？所以，从现实的角度去衡量，反联邦党人的简单政府显然是无法与现代社会相兼容的。

而对于联邦党人来说，制衡原则给了共和国长治久安的可能：一方面，巨大的规模使得共和国能够包容更多的利益集团和公民阶级，依靠如此众多的利益集团之间的制衡，个人和少数人的利益和诉求在很大程度上免遭因为多数人的联合而形成的威胁；另一方面，依靠权力与机构之间的制衡，使得人民拥有了除直接控制外的另一种控制政府的手段。而且，因为这个手段的效力来源于各种权力自身的扩张性，所以它的效力并不会因为人民与权力之间距离的拉大而有所减弱。在这里，联邦党人为因为国家规模扩大而带来的权力监督难题找到了新的答案。对于联邦党人来说，国家规模的扩大与政治权力的相互制衡共同构成了个体自由的最好屏障。

---

❶ [美]赫伯特·J. 斯托林. 反联邦党人赞成什么——宪法反对者的政治思想[M]. 汪庆华,译. 北京:北京大学出版社,2006:108.

尾论：一种新的共和国形态

从 1787 年 12 月 7 日特拉华州第一个签署新宪法开始，直到 1790 年 5 月 29 日罗德岛州最后签署新宪法为止，新宪法在各州签署过程长达三年之久，具体如下：

1. 特拉华州，1787 年 12 月 7 日签署
2. 宾夕法尼亚州，1787 年 12 月 12 日签署
3. 新泽西州，1787 年 12 月 18 日签署
4. 佐治亚州，1788 年 1 月 2 日签署
5. 康涅狄格州，1788 年 1 月 9 日签署
6. 马萨诸塞州，1788 年 2 月 6 日签署
7. 马里兰州，1788 年 4 月 28 日签署
8. 南卡罗莱纳州，1788 年 5 月 23 日签署
9. 新罕布什尔州，1788 年 6 月 21 日签署
10. 弗吉尼亚州，1788 年 6 月 25 日签署
11. 纽约州，1788 年 7 月 26 日签署
12. 北卡罗莱纳州，1789 年 11 月 21 日签署
13. 罗德岛州，1790 年 5 月 29 日签署
14. 佛蒙特州❶，1791 年 1 月 10 日签署

虽然并不是所有的人都怀着热烈的心情欢迎这部新宪法，但是它最终还是得到了签署并生效。对于这部新宪法的评价，我们或许可以引用华盛顿致他的前助手拉法耶特的信中的一些内容：

---

❶ 宪法讨论期间新成立的州。

尾论：一种新的共和国形态

关于这部新宪法的优点的看法，我将毫无保留地告诉您（尽管由于邮差的时间差，当这封信到达的时候全世界都已经知道了）。事实上，我在这个问题上毫无掩饰，对于我来说，能够使来自各个不同的州的代表（你知道的有些州，和其他州有完全不同的方式、环境和地域偏见）最终建立了一个国家体制，几乎无懈可击，就像是一个小小的奇迹。……新宪法至少有一点可取之处，就是采取了比人类迄今所建立的任何政府所采取的更多的防范措施和障碍，以防止暴政。在这个世界上，我们不能期望完美无缺。但是，现代人们在治理科学上已经取得了明显的进步。即使所呈现给美国人民的政府体制在实践中达不到完美的程度，宪法规定已经为修改完善打开了方便之门。❶

显然，在这位美国国父的心中，新宪法的制定为美国这样一个多元化的大型国家开启了良治的大门。后来的历史也确实证明了这一点，美利坚合众国作为世界上第一个大型的民主共和国在此后的200多年里取得了巨大的成功，它的成功使得大型国家从此跳出了专制的宿命，为之后的"大国善治"树立了一个经典的范本。从这层意义上讲，美利坚合众国代表了共和国编年史上的一种新的类型。

一、共和国的适宜规模

一个可以称之为共和国的国家，其最适宜的规模究竟如何？很少有其他问题引起过如此众多的关注。在美利坚合众国出现以前，这几乎是一个事实问题。共和国如果想获得成功并生存下来，那么它的规模就必须是极小的。正如托克维尔所言："世界历史没有提供过一个大国长期实行共和制度的例证。这个事实说明这样的事情是不可能的。""小国历来是政治自由的摇篮。大部分小国有时随着自身的强大起来而丢失这种自由。这个事实清楚地说明，政治自由来因于国家弱小，而非来自国家本身。"❷ 显然，在他的眼中，共和国的存在来源于其狭小的疆域。这种观点在西方政治思想史中一直是占据了绝对的主导地位，柏拉图、亚里士多德、马基雅维里、孟德斯鸠等都为这种观点提供了最

---

❶ [美]玛丽·莫斯特. 美国宪法——实现良治的基础[M]. 刘永艳, 宁春辉, 译. 北京: 中共党史出版社, 2006: 189-190.

❷ [法]托克维尔. 论美国的民主[M]. 董果良, 译. 北京: 商务印书馆, 2006: 179.

好注释。

可以说，在17世纪之前，共和国从来就没有在大型国家的范围内被认真地讨论过，人们一直坚守着小型共和国的传统信仰。但是，这种信仰的后果不仅对于大型国家，而且对于共和国本身都是灾难性的：首先，对于国家规模的限制性思维制约了大型国家实行共和政体的可能，使得历史中的大型国家从来就没有挣脱专制的宿命。其次，对于共和国本身而言，大国亡于内乱、小国亡于外敌也似乎成了共和国难以克服的悖论。无论共和国如何选择，灭亡是其必然的命运。由此，我们不难找到古代共和理论中存在的激烈的内部紧张和冲突。作为一种与专制君主国相对应的政体形式，共和国从其产生之初就表现出一种由内而生的绝望，而这种绝望产生的源头正是其规模的限制。

对于大型共和国的探讨起始于17世纪的英国，其中最为著名的代表是哈灵顿和休谟。在哈灵顿的"大洋国"中，我们第一次看到了共和政体跳出了城市的范围，虽然它还不是很大，但至少已不再是古代的城邦。而之后的休谟更是直接将共和政体与近代出现的大型民族国家相联系，这是人类历史上第一次探讨在大型民族国家里构建共和政体的可能。休谟认为，共和国并不适合大型的国家规模纯属一种谬误，正如他自己所言，"我们将以考察一种普遍流传的谬误结束这个题目。许多人认为像法国或大不列颠这样的大国决不能塑造成为共和国，有人认为这种体制的政府只能产生于一个城市或一个小国中。看来情况很可能与此相反。在幅员辽阔的国家中建立一个共和政府虽然比在一个城市中建立一个这样的政府更困难，但这样的政府一旦建立却更易保持稳定和统一，不易发生混乱和分裂。"❶ 当然，哈灵顿和休谟他们与之后的联邦党人对待国家规模的态度还是有所区别。在他们看来，共和国之所以能在大型规模的基础上构建成功，完全是因为有针对性的制度设计，代议制、层级选举，一定程度的联邦制都应该是其具体的内容。而对于大型的国家规模本身，他们更多地表现出来的是一种无奈。正如休谟所言："一个大国的边缘地区很难为了建立自由政府的任何方案而联合起来，但却易于因为推崇某一个人而采取一致行动。这个人由于公众的支持就可能夺取政权，并在压服顽固反对者后建立一个

---

❶ [英]大卫·休谟. 关于理想共和国的设想[M]. 张若衡,译. 北京:商务印书馆,1993:169-170.

君主政府。"❶ 显然，在休谟的眼中，大型国家似乎更适合建立一个君主专制的政体，而不适合维护一个共和政体。但是，他依然选择将大型国家作为共和国的最好"场地"，其原因主要有三条：其一，发生在以往小型共和国的惨痛的历史使得休谟对其国家规模十分警惕。正如他自己所言："一个城市欣然赞同相同的政府概念，产权的自然平等就会有利于自由，……但是城市有利于建立共和国的这种情况同时也使得其体制脆弱和不稳。"❷ 其二，休谟思考国家规模和政体形式的基础是预先设定了的，那就是大不列颠或者法国这么大小的国家，这是近代民族国家的基本规模，是休谟所无法选择的。而且，基于当时欧洲的现实，与孟德斯鸠一样，休谟也很难相信一个古代城邦大小的国家能在这种激烈的国家竞争中生存下来。其三，也是最为重要的一点，那就是休谟相信国家规模扩大所带给共和国的难题是可以通过具体的制度设计予以克服的，这是他与孟德斯鸠的最大区别。从这层意义上而言，休谟对于之后联邦党人的启示恐怕要比孟德斯鸠大了很多。

哈灵顿和休谟的努力使得共和国第一次迈出了城邦的桎梏，而联邦党人的"天才"则使得共和国彻底摆脱了规模的限制。如果说哈灵顿和休谟他们对大型的国家规模还保有一丝警惕的话，那么，在联邦党人那里，我们是找不到这种警惕的任何踪影的，相反，他们完全将大型的国家规模看成了共和国的必要保障和必备条件。在这些大型国家规模的颂歌中，麦迪逊的论述最为经典也最为详细。在麦迪逊看来，"辽阔的国土"是合众国的一大优势，也是共和政体取得成功必不可少的条件。正如戴维·赫尔德教授评价的那样："光有代议制统治还不足以保护公民，因为它自身无法阻止当选者蜕变成强有力的剥削集团。在这一点上，麦迪逊与'纯粹民主'的总体精神正好相反，他就公共事务的'规模'问题，提出了一个崭新的观点：一个'广袤无垠的共和国'，拥有辽阔的国土和众多的人口，是非压迫性政府的一个基本条件。"❸ 显然，在赫尔德教授的眼中，大型的国家规模所带给共和国的好处是与党争和多数暴政紧密相关的。其原因主要有三条：

---

❶ [英]大卫·休谟. 关于理想共和国的设想[M]. 张若衡, 译. 北京：商务印书馆, 1993：170.
❷ [英]大卫·休谟. 关于理想共和国的设想[M]. 张若衡, 译. 北京：商务印书馆, 1993：170.
❸ [英]戴维·赫尔德. 民主的模式[M]. 燕继荣等, 译. 北京：中央编译出版社, 2008：88-89.

首先，议员的数量必须达到一定水平，否则就不足以防止少数人的阴谋。而如果议员的"合适人选"与选民的比例在大小共和国里都是一定的话，那么大共和国里显然会有更多的"合适人选"供选民去选择。不仅如此，由于在大共和国里，选举每一个议员的选民人数要大于小共和国，这样就使得收买和欺骗选民变得更难，"德高望重"的人也更容易当选。其次，更大的国家规模意味着更加多元的社会利益，因而，无论在选举人还是被选举人中形成暴虐的多数的可能性就会较小。正如麦迪逊自己所言，"它所有的权力将来自社会和从属于社会，社会本身将分为如此之多的部分、利益集团和公民阶级，以至个人或少数人的权利很少遭到由于多数人的利益结合而形成的威胁。"在一个共和国中，个人权利的保护程度"决定于国家的幅员和统一政府下所包括的人数"。显然，在麦迪逊的眼中，国家规模越大，社会的利益就会越多元，公民的权利就会越少受到暴虐多数的压迫，共和国也会越发稳固。最后，小型的国家规模带给共和政府的决不是内部的稳定。与以往几乎所有的思想家不同，在麦迪逊的政治逻辑中，小型社会所带来的同质化和一元化不仅无助于维护共和国的稳定，相反，会使共和国的党争和多数暴政变得更加暴虐和难以控制。在他看来，"在古希腊国家的狭窄局限下"，一个善治的共和国是难以想象的。而且他还举了当时美国的一个小州来说明小型的国家规模带给共和国的困难。"如果罗德岛脱离联邦，实行自治，在这样狭小范围内的民主政体下的权利没有保障，就会由闹派系的多数人的不断压迫表现出来，以致各派系不久就会要求某种完全不受人民约束的权力，因为党争的紊乱证明有此必要。"❶ 当然，扩大了的国家规模带给共和国的优势还不限于此，因为它还提供了共和国抵御外敌的实力。由此，我们不难得出这样一个结论：在共和国的编年史中，是联邦党人第一次赋予国家规模以积极的含义。从此，多元化的社会利益不再是共和国动乱的根源，而成为了维持共和国稳定的重要的社会保障。

二、多元化的社会利益与多元化的权力配置方式

大型的国家规模必然带来多元化的社会利益，如何在一个统一的政府体系

---

❶ [美]汉密尔顿,杰伊,麦迪逊. 联邦党人文集[M]. 程逢如,在汉,舒逊,译. 北京:商务印书馆,2004:49-51,266-267,323-324.

中给予这些不同的社会利益以同等的保护便成为了美国新宪法必须解决的难题。当然，联邦党人给出他们自己的答案，那就是多元化的权力配置方式。但是这种多元化的权力配置方式对于反联邦党人来说却是难以想象的。对于他们而言，最好的政府形式是简单政府，以及与之相对应的小型国家。

反联邦党人与联邦党人的最大不同就在于，他们并不相信多种不同的政治原则能够在一个政治体系中同时存在。在他们的政治理念中，复杂政府是难以想象的，或至少是难以信任的。最好的政府形式只有一种，那就是由单一政治原则所支配的简单政府。与孟德斯鸠类似，反联邦党人也不认为适当的政治制度会有助于解决扩大了的国家规模所带给共和国的难题。对于他们来说，国家规模的扩大就意味着社会利益的多元化，这是一元化的简单政府所难以克服的难题。既然"理想"的政治制度难以解决社会利益多元化的难题，那么，限制社会利益的多元化就成为他们必然的选择。从这层含义上去分析，我们就会发现，反联邦党人坚持小型共和国和同质化社会的主要原因就在于一元化的简单政府的固有缺陷。显然，在反联邦党人的政治方案中并没有太多让我们感到新奇的东西，限制社会流动，限制共同体规模以营造一个同质化的社会一直是古典共和主义的传统思路。如果说这种传统思路在前现代的简单社会中还有实现的可能的话，那么在近现代的商业社会中，由于社会分工和社会流动极大加强，任何一种试图营造斯巴达式的小型城邦的努力都将是徒劳的。因此，反联邦党人的简单政府和小型国家的政治方案如同它们建立的基础一样，都是十分脆弱的。

而对于联邦党人而言，既然如此坚持大型国家规模所带来的优势，那么他们也就必须为这种大型国家规模所带来的难题提供一种妥善的政治解决方案。与他们的对手不同，联邦党人不仅相信适当的政治制度能够解决国家规模扩大所带来的难题，而且还相信多种政治原则能够在一个统一的政府体系中并存。在他们的眼中，以多元的利益需求决定参与政府构成的多元的政治原则，以多元的政治原则指导政府多元的权力配置方式，就是解决大型国家规模所带来的难题的最佳答案。

联邦党人推荐的政治方案的最大特点就在于其多元化的权力配置方式，而这种权力配置方式的基础就是多元化的政治原则。在任何一种简单的政府结构中，我们往往都能找到其特定的政治原则，比如专制政体中的专制原则，或古代民主政体中的民主原则。但在十九世纪末美国新宪法所构建的政府体系中，我们却找到了许多种并存的政治原则。虽然以往的混合政体已经实践了这种多元政治原则并存的政府结构形式，但是真正将其推向完善的却是美国的1787年宪法。具体而言，其多元化的权力配置方式主要体现在以下几个方面：第一，在国家权力的总体配置方式中，人民直接控制政府原则与政府自我控制原则并存。联邦党人认为，人民是国家权力的唯一来源，政府理应由人民控制，但巨大的国家规模拉大了人民和政治权力之间的距离，特别是与全国性政府的距离。此时，如果政治权力仅仅依靠人民的直接控制，在时间和空间上都存在着巨大的障碍。不仅如此，人民直接控制政治权力在古代民主制度的实践中所暴露出来的问题也使得一种"辅助性的预防措施"成为了必需，即依靠权力的分立与制衡原则实现政府自身平衡和自我控制。这种"辅助性的预防措施"就是结合了人民主权原则和权力分立与制衡原则的三权分立原则。联邦党人的意愿很清楚，那就是在政治权力的控制方式中，以民主原则为主，以权力制衡原则为必要的补充。第二，在中央和地方的权力配置中，以联邦政府掌管全国性事务，以州政府掌管地方性事务。当然，中央政府和地方政府的适当分权并不是美国的独创，应该说所有类型的国家结构中都存在着一定的权力划分，单一制如此，邦联制也不例外。但美国联邦制的独特之处就在于给予了各级政府同等效力的权力基础，以及对于相应政治事务的至高权力。具体而言：首先，联邦政府和州政府的权力基础都是人民，任何一级政府的存在都是独立的，它的合法性都不依赖于其他政府。其次，虽然在单一制或邦联制的国家结构中也都存在着各级政府之间的权力的划分，但这种权力的划分是纵向的，即上下级之间的权力划分。而在联邦制的国家结构中，联邦政府在全国性事务中的权力与州政府在地方性事务中的权力同样都是至高无上的，它们之间的权力划分是一种横向的权力划分，是一种平级之间的权力划分。显然，无论从权力基础还是权力划分的层面分析，联邦制都是完全不同于邦联制和单一制的一种新的国家结构形式。第三，即使在联邦政府的立法权内部，也存在着两种不同的政治原则，以及不同原则指导下的不同权力机构，即以权力来源于个人的原则为指导的众议院和以权力来源于州的原则为指导的参议院。

尾论：一种新的共和国形态

  对于这样一种多元化的权力配置方式，我们显然能够找到以往共和主义所主张的混合政体的影子。但是，与以往历史中出现的混合政体相比，联邦党人所构建的政治权力配置方式要更加的复杂和多元。为了与以往的混合政体相区别，联邦党人将其称为"复合共和国"（compound republic）："在一个单一的共和国（single republic）里，人民交出的一切权力是交给一个政府执行的，而且把政府划分为不同的部门以防篡夺。在美国的复合共和国里，人民交出的权力首先分给两种不同的政府，然后把政府分得的权力再分给几个分立的部门。因此，人民的权利就有了双重的保障。两种政府将互相控制，同时各政府又各自控制自己。"❶ 在关于新的政体形式的解释中，我们可以清楚地发现其中的优势所在，即保护个人的权利。正如奥斯特罗姆教授总结的那样，"复合共和制政治理论的基础是这一假定：政治约束的原则可以被用来使这些可能性最小化，即某些人，尤其是某一多数派，在决策中占支配地位并剥削他人，牟取先发制人的优势。这些安排允许任何人运用实践和结构多样的制度设置去表达其根本的利益。不存在占支配地位的单一结构。相反，我们假设任何决策的基础可能是错误的概念，没有适当地计算过对个人的后果是什么，对社群的结果是什么。当决策者和利益相关者有机会挑战占主导地位的假设时，有机会提出另外的构想时，有机会参与理性协商过程时，纠正错误之策略就有了美好的前景。"❷

  对于联邦党人来说，正是这种多元化的权力配置方式使得多元的社会利益得到了协调和保护的可能。从此，巨大的国家规模和多元的社会利益不再成为共和国动乱的根源，相反，正是因为有了多元化社会利益的存在，共和国才变得稳定和安全。

---

 ❶ [美]汉密尔顿,杰伊,麦迪逊. 联邦党人文集[M]. 程逢如,在汉,舒逊,译. 北京:商务印书馆,2004:265-266.
 ❷ [美]文森特·奥斯特罗姆. 复合共和制的政治理论[M]. 毛寿龙,译. 上海:上海三联书店,1999:158-159.

参考文献

一、英文原著和论文

[1] Herbert J. storing (eds.). The Complete Anti-Federalist, The University of Chicago Press, 1981.

[2] Alexander Hamilton, James Madison, John Jay. The Federalist Papers[M]. New American Library, 1961.

[3] Gordon Wood. The Creation of the American Republic 1776—1787, The Norton library, 1972.

[4] Gordon S. Wood, The American Revolution: a history, Modern Library, 2002.

[5] Gordon S. Wood, The radicalism of the American Revolution, A. A. Knopf, 1992.

[6] John Locke. Lock, Two Treatises of Government[M]. The Lawbook Exchange, Lrd, 2006.

[7] Martin Diamond, Democracy and The Federalist, *The Confederation And The Constitution—The Critical Issues*, Gordon S. Wood (eds.), Brown and Company, 1973.

[8] Martin Diamond, The Founding of the Democratic Republic, Wadsworth, 1981.

[9] Martin Diamond, The Federalist's View of Federalism, In George C. S. Benson (eds.), *Essays on Federalism*, Claremont Men's College, 1961.

[10] Martin Diamond, The American Idea of Equality: The View from the Founding, *The Review of Politics*, Vol. 38, No. 3, 1976.

[11] Martin Diamond, The Ends of Federalism, *Publius*, Vol. 3, No. 2, 1973.

[12] Martin Diamond, The Separation of Powers and the Mixed Regime, *Publius*, Vol. 8, No. 3, 1978.

[13] Patrick Riley, Martin Diamond's View of The Federalist, *Publius*, Vol. 8, No. 3, 1978.

[14] Robert H. Horwitz, Benjamin R. Barber (eds.), The Moral foundations of the American Republic, University Press of Virginia, 1986.

[15] Gordon S. Wood, G. Braziller (eds.), The rising glory of America, 1760-1820, 1971.

[16] Quentin P. Taylor (eds.), The essential Federalist: a new reading of the Federalist papers, Madison House,1998.

[17] Wilson Carey McWilliams and Michael T. Gibbons(eds.), The Federalists, The Antifederalists, and the American political tradition, Greenwood Press,1992.

[18] Clive S. Thomas, American union in Federalist political thought, Garland,1991.

[19] George W. Carey, The Federalist: design for a constitutional republic, University of Illinois Press,1989.

[20] Garry Wills, Explaining America: The Federalist, Doubleday & Co, Inc.,1981.

[21] Donald S. Lutz, A preface to American political theory, University Press of Kansas,1992.

[22] Donald S. Lutz, The origins of American constitutionalism, Louisiana State University Press,1988.

[23] Donald S. Lutz, The Theory of Consent in the Early State Constitutions, *Publius*, Vol. 9, No. 2,1979.

[24] Donald S. Lutz, The Relative Influence of European Writers on Late Eighteenth-Century American Political Thought, *The American Political Science Review*, Vol. 78, No. 1,1984.

[25] Gordon D. Ross, The Federalist and the "Experience" of Small Republics, *Eighteenth-Century Studies*, Vol. 5, No. 4,1972.

[26] Vincent Ostrom, The Meaning of Federalism in "The Federalist": A Critical Examination of the Diamond Theses, *Publius*, Vol. 15, No. 1,1985.

[27] Joshua Miller, The rise and fall of democracy in early America,1630–1789: the legacy for contemporary politics, Pennsylvania State University Press,1991.

[28] Edmund S. Morgan, Safety in Numbers: Madison, Hume, and the Tenth "Federalist", *The Huntington library Quarterly*, Vol. 49, No. 2,1986.

[29] Polybius, the histories, with An English Translation By W. R. Paton, Harvard University Press,1923.

[30] J. G. A. Pocock, The Machiavellian moment: Florentine political thought and the Atlantic republican tradition, Princeton University Press,2003.

二、译著

[1] [美]亚历山大·汉密尔顿,詹姆斯·麦迪逊,约翰·杰伊.联邦论——美国宪法述评[M].伊宣,译.江苏:凤凰出版集团,2010.

[2] [美]汉密尔顿,杰伊,麦迪逊. 联邦党人文集[M]. 程逢如,在汉,舒逊,译. 北京:商务印书馆,2004.

[3] [美]麦迪逊. 美国制宪会议记录——辩论[M]. 尹宣,译. 辽宁:辽宁教育出版社,2003.

[4] [美]罗伯特·A·达尔. 美国宪法的民主批判[M]. 佟德志,译. 北京:东方出版社,2007.

[5] [美]罗伯特·A·达尔. 民主理论的前言[M]. 顾昕,朱丹,译. 北京:生活·读书·新知三联出版社,牛津大学出版社,1999.

[6] [美]谢尔顿·S·沃林. 政治与构想——西方政治思想的延续和创新[M]. 辛亨复,译. 上海:上海人民出版社,2009.

[7] [英]德里克·希特. 公民身份——世界史、政治学与教育学中的公民理想[M]. 郭台辉,余慧元,译. 吉林:吉林出版集团有限公司,2010.

[8] [古希腊]亚里士多德. 政治学[M]. 吴寿彭,译. 北京:商务印书馆,2008.

[9] [古希腊]亚里士多德. 尼各马可伦理学[M]. 廖申白,译. 北京:商务印书馆,2003.

[10] [法]库朗热. 古代城邦[M]. 谭立铸等,译. 上海:华东师范大学出版社,2006.

[11] [法]邦雅曼·贡斯当. 古代人的自由与现代人的自由[M]. 阎克文等,译. 上海:上海人民出版社,2005.

[12] [美]乔治·萨拜因. 政治学说史[M]. 邓正来,译. 上海:世纪出版集团,2008.

[13] [美]文森特·奥斯特罗姆. 美国联邦主义[M]. 王建勋,译. 上海:上海三联书店,2003.

[14] [美]文森特·奥斯特罗姆. 复合共和制的政治理论[M]. 毛寿龙,译. 上海:上海三联书店,1999.

[15] [英]霍布斯. 利维坦[M]. 黎思复,黎廷弼,译. 北京:商务印书馆,1985.

[16] [美]麦克里兰. 西方政治思想史[M]. 彭淮栋,译. 海南:海南出版社,2003.

[17] [英]斯金纳. 近代政治思想的基础[M]. 希瑞森等,译. 北京:商务印书馆,2002.

[18] [意]尼科洛·马基雅维里. 论李维[M]. 冯克利,译. 上海:上海世纪出版集团,2005.

[19] [意]马基雅维里. 君主论[M]. 潘汉典,译. 北京:商务印书馆,2005.

[20] [法]孟德斯鸠. 论法的精神[M]. 张雁深,译. 北京:商务印书馆,2005.

[21] [法]孟德斯鸠. 罗马盛衰原因论[M]. 婉玲,译. 北京:商务印书馆,2005.

[22] [意]帕多瓦的马西利乌斯. 和平保卫者[M]. 殷冬水等,译. 吉林:吉林人民出版社,2004.

[23] [法]卢梭. 社会契约论[M]. 何兆武,译. 北京:商务印书馆,2003.

[24] [美]赫伯特·J. 斯托林. 反联邦党人赞成什么——宪法反对者的政治思想[M]. 汪庆华,译. 北京:北京大学出版社,2006.

[25] 特伦斯·鲍尔,约翰·波考克. 概念变迁与美国宪法[M]. 谈丽,译. 上海:华东师范大

学出版社,2010.

[26] [古罗马]西塞罗. 国家篇 法律篇[M]. 沈叔本,苏力,译. 北京:商务印书馆,2005.

[27] [古罗马]西塞罗. 论老年、论友谊、论责任[M]. 徐奕春,译. 北京:商务印书馆,2003.

[28] [英]大卫·休谟. 休谟政治论文选[M]. 张若衡,译. 北京:商务印书馆,1993.

[29] [英]M·J·C·维尔. 宪政与分权[M]. 苏力,译. 北京:生活·读书·新知三联书店,1997:34.

[30] [英]洛克. 政府论[M]. 叶启芳,瞿菊农,译. 北京:商务印书馆,1964:89-90.

[31] [英]梅因. 古代法[M]. 沈景一,译. 北京:商务印书馆,1997.

[32] [美]詹姆斯·麦格雷戈·伯恩斯. 民治政府——美国政府与政治[M]. 吴爱明,李亚梅等,译. 北京:中国人民大学出版社,2007.

[33] [美]杰克·N·雷克夫. 美国制宪中的政治与理念——宪法的原始含义[M]. 王晔,柏亚琴等,译. 江苏:凤凰出版传媒集团,2008.

[34] [古希腊]柏拉图. 理想国[M]. 郭斌和,张竹明,译. 北京:商务印书馆,2002.

[35] [古希腊]柏拉图. 法律篇[M]. 张智仁等,译. 上海:上海人民出版社,2001.

[36] [英]詹姆士·哈灵顿. 大洋国[M]. 何新,译. 北京:商务印书馆,1996.

[37] [美]伯纳德·贝林. 美国革命的思想意识渊源[M]. 徐永前,译. 北京:中国政法大学出版社,2007.

[38] [美]列奥·斯特劳斯,约瑟夫·克罗波西. 政治哲学史[M]. 李天然等,译. 河北:河北人民出版社,1993.

[39] [美]列奥·斯特劳斯. 自然权利与历史[M]. 彭刚,译. 北京:生活·读书·新知三联书店,2006.

[40] [美]斯科特·戈登. 控制国家——从古代雅典到今天的宪政史[M]. 应奇,陈丽微,孟军,李勇等,译. 江苏:江苏人民出版社,2005.

[41] [英]杰弗里·托马斯. 政治哲学导论[M]. 顾肃,刘雪梅,译. 中国人民大学出版社,2006.

[42] [美]赫伯特·D·克罗利. 美国生活的希望——政府在实现国家目标中的作用[M]. 王军,刘杰,王辉,译. 江苏:凤凰出版传媒集团,2006.

[43] [澳]菲利普·佩迪特. 共和主义:一种关于自由与政府的理论[M]. 刘训练,译. 江苏:凤凰出版传媒集团,2006.

[44] [美]布鲁斯·阿克曼. 我们人民——宪法的变革[M]. 孙文恺,译. 北京:法律出版社,2009.

[45] [美]小詹姆斯·R·斯托纳. 普通法与自由主义理论——柯克、霍布斯及美国宪政主义

之诸源头[M]. 北京:北京大学出版社,2005.

[46] [美]路易斯·哈茨. 美国的自由主义传统[M]. 张敏谦,译. 北京:中国社会科学出版社,2003.

[47] 佟德志. 宪政与民主[M]. 江苏:凤凰出版传媒集团,2007.

[48] 应奇,刘训练. 公民共和主义[M]. 北京:东方出版社,2006.

[49] [美]沃浓·路易·帕灵顿. 美国思想史:1620—1920[M]. 陈永国,李增,郭乙瑶,译. 吉林:吉林人民出版社,2002.

[50] [美]玛丽·莫斯特. 独立宣言——渴望自由的心声[M]. 刘永艳,宁春辉,译. 北京:中共党史出版社,2006.

[51] [美]玛丽·莫斯特. 美国宪法——实现良治的基础[M]. 刘永艳,宁春辉,译. 北京:中共党史出版社,2006.

[52] [荷]克拉勃. 近代国家观念[M]. 王检,译. 吉林:吉林出版集团有限责任公司,2009.

[53] [法]托克维尔. 论美国的民主[M]. 董果良,译. 北京:商务印书馆,2004.

[54] [美]小查尔斯·爱德华·梅里亚姆. 卢梭以来的主权学说史. 毕洪梅,译,法律出版社,2006.

[55] [英]詹姆斯·哈灵顿. 大洋国[M]. 何新,译. 北京:商务印书馆,1996.

[56] [美]约瑟夫·斯托里. 美国宪法评注[M]. 毛国权,译. 上海:上海三联书店,2006.

[57] [英]乔·萨托利. 民主新论[M]. 冯克利,阎克文,译. 北京:东方出版社,1993.

[58] [英]戴维·赫尔德. 民主的模式[M]. 燕继荣等,译. 北京:中央编译出版社,2008.

[59] [美]卡尔·贝克尔. 论〈独立宣言〉——政治思想史研究[M]. 彭刚,译. 江苏:江苏教育出版社,2005.

[60] [美]梅里亚姆. 美国政治学说史[M]. 朱曾汶,译. 北京:商务印书馆,1988.

[61] 戴维·米勒,韦农·博格丹诺. 布莱克维尔政治学百科全书[M]. 邓正来,译. 北京:中国政法大学出版社,2002.

[62] [美]汉娜·阿伦特. 极权主义的起源[M]. 林骧华,译. 北京:生活·读书·新知三联书店,2008.

三、中文专著与论文

[1] 丛日云. 西方政治文化传统[M]. 黑龙江:黑龙江人民出版社,2002.

[2] 徐大同. 西方政治思想史[M]. 天津:天津教育出版社,2000.

[3] 马啸原. 西方政治思想史纲[M]. 辽宁:辽宁教育出版社,1998.

[4] 钱满素.美国自由主义的历史变迁[M].北京:生活·读书·新知三联书店,2006.

[5] 李稻葵.美国政府与政治[M].北京:商务印书馆,1999.

[6] 张凤阳等.政治哲学关键词[M].江苏:江苏人民出版社,2006.

[7] 王希.原则与妥协:美国宪法的精神与实践[M].北京:北京大学出版社,2000.

[8] 万绍红.美国宪法中的共和主义[M].北京:人民出版社,2009.

[9] 李剑鸣."共和"与"民主"的趋同——美国革命时期对"共和政体"的重新界定.史学集刊[J].2009,5.

[10] 李剑鸣.美国革命时期民主概念的演变.历史研究[J].2007,1.

附 录

《邦联条约》

第一条 本邦联定名为"美利坚合众国"。

第二条 各州均保留其主权、自由与独立,凡未经本条款明示授给合众国之各项权力,司法权及权利,均由各州保留之。

第三条 基于共同安全,确保自由与增进各州彼此间及全民福利,各州一致同意成立坚固之友谊联盟,相互约束,协助抵御所有武力侵略,或以宗教、主权、贸易或任何其他借口而发起之攻击。

第四条 为完善确保及巩固本联盟各州人民间之相互友谊与交往,每州之自由居民、穷人、流浪者及逃亡者,得享受各州自由居民所享有之所有权利及豁免权;每州之人民有自由进出任何他州之权利,并享有他州之所有贸易与商业权,亦受相同之抽税与限制,但此项限制不得禁止将国外输入之财产移往任何一州以及财产所有者居住之任何其他州;任何一州亦不得对合众国或各州之财产抽税或加以限制。

凡在任何一州触犯或被控以叛国罪、重罪或其他次重罪而逃出该州司法权外,并在他州被发现者,他州应即根据该罪犯所逃出州行政首长之请求,将该罪犯交出,并移解至对该罪犯有司法权之州。

各州对他州法院及司法官之各项记录、法案及司法程序应给予完全尊重与信任。

第五条 为更方便管理合众国之全民福利,各州立法机关应每年指派代表出席11月第一个星期一所召开之邦联议会,但各州保有在该年内随时撤回代表并在该年之剩余时间内选派新代表继任之权。

各州所指派之邦联议会代表不得少于二人,亦不得多于七人;在六年期限内不能有人任代表达三年以上;任何邦联议会代表为自己或由别人为其利益而领受工资、报酬或任何津贴者,均不得在合众国之下任职。

各州应保有本州之代表作为邦联议会委员会之委员出席合众国议会。

邦联议会决议各项有关合众国之问题时,每州均持有一票投票权。

邦联议会成员在会场内或会场外任何地方之自由言论及辩论,不受任何法院之弹劾或质询。议会成员除犯叛国罪、重罪或破坏治安外,在往返议会途中及开会期间,应保障其人身不受逮捕及拘禁。

第六条 未经邦联议会同意,各州不能派遣或接受任何大使或与任何国君或国家举行任何会议,签订任何协定、同盟或条约;在合众国或任何州担任具有营利或信任之职位之任何人,不得从任何国君或外国接受任何礼物、津贴、职位或任何头衔;合众国或任何州均不得颁赐任何爵位。

未经议会同意,并述明缔结之目的及存续期,各两州或更多之州,不得缔结任何条约、邦联或同盟。

对于合众国议会为履行早经议会所建议之对法国王朝及西班牙王朝之条约及与任何国君或国家所签订之条约,各州不得征收违反该条约规定之任何进口税或关税。

除合众国议会认可为保卫该州及其贸易所必要战舰数量外,任何州均不得于和平时期拥有战舰;除合众国议会核定为守卫该州防务所必要要塞部队数量外,任何州均不得于和平时期拥有任何军队;但各州应随时拥有纪律严明、武装精良之民兵,并应在公众仓库中拥有随时可用之适量野战炮、营帐、武器、弹药及营地设备。

除确实遭受敌人侵略或获知某印第安部族决意侵略该州情报,而情势紧迫不容延误,不及咨询议会外,未经议会同意,各州不得从事任何战争。非经合众国议会宣战,各州不得对任何战舰授予委任状或逮捕及报复特许证。对已由议会宣战者,亦仅得对已宣战王国、国家及其人民依议会之规定行事。但各州受海盗骚扰者,得在情势危险存续期间,装备战舰以资应敌,直至议会另有决议为止。

由于两州或更多州之不同承诺而发生土地私权之各项争执,应由首先承诺此项土地权利之州,对此项土地行使司法权,但如一方或一方以上同时宣称早已拥有司法权,则应依照当事人对议会之申请,由议会参照解决各州领域争执之方式,尽可能作类似之最终裁判。

合众国议会单独拥有绝对权力规定由议会或各州铸造硬币之成色与价值,规定全国度量衡之标准,规定管理与印第安人之贸易和其他事务,但不得侵犯各州在其境内之立法权。合众国议会拥有绝对权力设立管理全国各州间之邮局,并收取与各邮局必要开支相等之邮资。除团部军官外,议会有权任命所有服役合众国之陆海军军官,并有权委派服役合众国之各类官员;有权为政府制订陆海军管理条例,并指挥其作战。

众国议会有权任命一个委员会,在议会休会期间理事,名曰"合众国委员会",由每州出一名代表组成;为管理合众国一般事务,有权任命其他类似之委员会及公务官员;有权任命其中一人担任主席,但主席之任期,在每三年任期中不得超过一年;有权确定因合众国利益而募集必要之金钱数目,并为公共费用支出而分配及运用该项金钱;有权举债并以合众国信用发行债券,但每半年应向各州报告其负债数量或发行债券之数量;有权建立及装备海军;有权决定陆军之数量并依各州白种居民人数比例,决定各州征兵限额;由于征兵系各州应尽之义务,各州立法机关应任命团级军官,征召士兵,以合众国费用装备军队,并于议会议定之期限内,开至指定地点。但如议会依情况判断,可认为某州不宜征兵,或仅宜征小于限额数量之兵员;也可认为某州宜征大于限额之兵员,其超征之士兵亦应与本州限额内之士兵以同样方式装备。但若各州立法机关认为超征之兵为安全所需,则由各州装备之。此军队亦应于议会议定之期限内开至指定地点。

除非经九个州一致同意,合众国议会不得从事战争或于和平时期颁发逮捕及报复特许证,或签订条约、缔结同盟,或铸造货币并规定其价值,或核定国防或任何一州之防务及全民或任何一州人民之福利费用,或发行债券,或以合众国信用举债,或拨款,或议定应建造或购买之战舰数量及征召陆海军之数量,或任命陆军或海军总司令。除在以决议确定之休会期间内,任何其他各项争议,均应经合众国议会多数票表决决议之。

合众国议会有权在一年内休会至任何时期,并迁移至合众国任何地方开会,因此休会期不能超过六个月。议会议事录应每月出版,但议会认为需保密之有关条约、同盟或军事行动等部分除外。各州代表对各项问题之肯定及否定意见,应根据任何一名代表之请求,登载于议事录上。议会亦应根据某州代表团或任何一名代表之请求,提供上述议事录之副本,存置于各州立法机关,但上述之保密部分除外。

第十条 邦联议会休会期间,应授权合众国委员会或任何九个州,执行经九个州同意赋予议会之权力;但根据邦联条款规定,在邦联议会中应经九个州一致通过之权力,则不得授予该委员会行使。

第十一条 加拿大有意参加本邦联及合众国之度量衡标准,应准予加入并享受本邦联之各项利益。但其他殖民地,除非经九个州一致同意,不得准予加入。

第十二条 在合众国议会集会成立邦联之前,所有已由议会或在议会之下所发行之钞票,所借入之款项及所负债务均视为合众国所应偿还者,谨在此以联邦及全民之信用严肃担保偿付之。

第十三条 合众国议会就各项问题所作决议,依本邦联条款规定分送各州,各州有遵守之义务。各州应绝对遵守本邦联条款之规定。本邦联应永久存在。除邦联议会同意并随后经每一州之立法机关批准外,不得于任何时间对本邦联条款作任何修正。

吾等仰承天意,分别代表各州议会参与邦联议会,批准本邦联条款及永结联盟。吾等在条款之下签名之各州代表,依据各州授权,以各州选民之名义,代表他们绝对承认并批准本邦联条款各项规定及永结同盟,谨进一步严肃担保履行各州选民之付托,遵守合众国议会依据本邦联条款规定;送交各州就各项问题所作之决议。吾等所代表之各州应绝对遵守本邦联条款之规定。本邦联应永久存在。本部联条款于公元 1778 年 7 月 9 日,即美国独立后之第三年,于宾夕法尼亚州费城集会制订。吾等谨于邦联议会宣誓,以资证明。

The Articles of Confederation

Nov. 15, 1777

To all to whom these Presents shall come, we the undersigned Delegates of the States affixed to our Names, send greeting.

Articles of Confederation and perpetual Union between the states of New Hampshire, Massachusetts-Bay, Rhode Island and Providence Plantations, Connecticut, New York, New Jersey, Pennsylvania, Delaware, Maryland, Virginia, North Carolina, South Carolina and Georgia.

I.

The Stile of this Confederacy shall be "The United States of America".

II.

Each state retains its sovereignty, freedom, and independence, and every power, jurisdiction, and right, which is not by this Confederation expressly delegated to the United States, in Congress assembled.

III.

The said states hereby severally enter into a firm league of friendship with each other, for their common defense, the security of their liberties, and their mutual and general welfare, binding themselves to assist each other, against all force offered to, or attacks made upon them, or any of them, on account of religion, sovereignty, trade, or any other pretense whatever.

IV.

The better to secure and perpetuate mutual friendship and intercourse among the people of the different states in this Union, the free inhabitants of each of these states, paupers, vagabonds, and fugitives from justice excepted, shall be entitled to all privileges and immunities of free citizens in the several states; and the people of each state shall free ingress and regress to and from any other state, and shall enjoy therein all the privileges of trade and commerce, subject to the same duties, impositions, and restrictions as the inhabitants thereof respectively, provided that such restrictions shall not extend so far as to prevent the removal of property imported into any state, to any other state, of which the owner is an inhabitant; provided also that no imposition, duties or restriction shall be laid by any State, on the property of the United States, or either of them.

If any person guilty of, or charged with treason, felony, or other high misdemeanor in any state, shall flee from justice, and be found in any of the United States, he shall, upon demand of the Governor or executive power of the State from which he fled, be delivered up and removed to the State having jurisdiction of his offense.

Full faith and credit shall be given in each of these states to the records, acts, and judicial proceedings of the courts and magistrates of every other State.

V.

For the most convenient management of the general interests of the United States, delegates shall be annually appointed in such manner as the legislatures of each state shall direct, to meet in Congress on the first Monday in November, in every year, with a power reserved to each state to recall its delegates, or any of them, at any time within the year, and to send others in their stead for the remainder of the year.

No state shall be represented in Congress by less than two, nor more by than seven members; and no person shall be capable of being a delegate for more than three years in any term of six years; nor shall any person, being a delegate, be capable of holding any office under the United States, for which he, or another for his benefit, receives any salary, fees or emolument of any kind.

Each State shall maintain its own delegates in a meeting of the States, and while they act as members of the committee of the States.

In determining questions in the United States in Congress assembled, each state shall have one vote.

Freedom of speech and debate in Congress shall not be impeached or questioned in any court or place out of Congress, and the members of Congress shall be protected in their persons from arrests or imprisonments, during the time of their going to and from, and attendence on Congress, except for treason, felony, or breach of the peace.

VI.

No state, without the consent of the United States in Congress assembled, shall send any embassy to, or receive any embassy from, or enter into any conference, agreement, alliance or treaty with any King, Prince or state; nor shall any person holding any office of profit or trust under the United States, or any of them, accept any present, emolument, office or title of any kind whatever from any King, Prince or foreign state; nor shall the United States in Congress assembled, or any of them, grant any title of nobility.

No two or more states shall enter into any treaty, confederation or alliance whatever between them, without the consent of the United States in Congress assembled, specifying accurately the purposes for which the same is to be entered into, and how long it shall continue.

No state shall lay any imposts or duties, which may interfere with any stipulations in treaties, entered into by the United States in Congress assembled, with any King, Prince or state, in pursuance of any treaties already proposed by Congress, to the courts of France and Spain.

No vessels of war shall be kept up in time of peace by any State, except such number only, as shall be deemed necessary by the United States in Congress assembled, for the defense of such state, or its trade; nor shall any body of forces be kept up by any state in time of peace, except such number only, as in the judgement of the United States in Congress assembled, shall be deemed requisite to garrison the forts necessary for the defense of such state; but every state shall always keep up a well-regulated and disciplined militia, sufficiently armed and accoutered, and shall provide and constantly have ready for use, in public stores, a due number of filed pieces and tents, and a proper quantity of arms, ammunition and camp equipage.

No state shall engage in any war without the consent of the United States in Congress assembled, unless such state be actually invaded by enemies, or shall have received certain advice of a resolution being formed by some nation of Indians to invade such state, and the danger is so imminent as not to admit of a delay till the United States in Congress assembled can be consulted; nor shall any state grant commissions to any ships or vessels of war, nor letters of marque or reprisal, except it be after a declaration of war by the United States in Congress assembled, and then only against the Kingdom or state and the subjects thereof, against which war has been so declared, and under such regulations as shall be established by the United States in Congress assembled, unless such State be infested by pirates, in which case vessels of war may be fitted out for that occasion, and kept so long as the danger shall continue, or until the United States in Congress assembled shall determine otherwise.

VII.

When land forces are raised by any state for the common defense, all officers of or under the rank of colonel, shall be appointed by the legislature of each state respectively, by whom such forces shall be raised, or in such manner as such state shall direct, and all vacancies shall be filled up by the State which first made the appointment.

VIII.

All charges of war, and all other expenses that shall be incurred for the common defense or general welfare, and allowed by the United States in Congress assembled, shall be defrayed out of a common treasury, which shall be supplied by the several states in proportion to the value of all land within each state, granted or surveyed for any person, as such land and the buildings and improvements thereon shall be estimated according to such mode as the United States in Congress assembled, shall from time to time direct and appoint.

The taxes for paying that proportion shall be laid and levied by the authority and direction of the legislatures of the several states within the time agreed upon by the United States in Congress assembled.

IX.

The United States in Congress assembled, shall have the sole and exclusive right and power of determining on peace and war, except in the cases mentioned in the sixth article

- of sending and receiving ambassadors

- entering into treaties and alliances, provided that no treaty of commerce shall be made whereby the legislative power of the respective states shall be restrained from imposing such imposts and duties on foreigners, as their own people are subjected to, or from prohibiting the exportation or importation of any species of goods or commodities whatsoever

- of establishing rules for deciding in all cases, what captures on land or water shall be legal, and in what manner prizes taken by land or naval forces in the service of the United States shall be divided or appropriated

- of granting letters of marque and reprisal in times of peace

- appointing courts for the trial of piracies and felonies commited on the high seas and establishing courts for receiving and determining finally appeals in all cases of captures, provided that no member of Congress shall be appointed a judge of any of the said courts.

The United States in Congress assembled shall also be the last resort on appeal in all disputes and differences now subsisting or that hereafter may arise between two or more states concerning boundary, jurisdiction or any other causes whatever; which authority shall always be exercised in the manner following. Whenever the legislative or executive authority or lawful agent of any State in controversy with another shall present a petition to Congress stating the matter in question and praying for a hearing, notice thereof shall be given by order of Congress to the legislative or executive authority of the other state in controversy, and a day assigned for the appearance of the parties by their lawful agents, who shall then be directed to appoint by joint consent, commissioners or judges to constitute a court for hearing and determining the matter in question: but if they cannot agree, Congress shall name three persons out of each of the United States, and from the list of such persons each party shall alternately strike out one, the petitioners beginning, until the number shall be reduced to thirteen; and from that number not less than seven, nor more than nine names as Congress shall direct, shall in the presence of Congress be drawn out by lot, and the persons whose names shall be so drawn or any five of them, shall be commissioners or judges, to hear and finally determine the controversy, so always as a major part of the judges who shall hear the cause shall agree in the determination; and if either party shall neglect to attend at the day appointed, without showing reasons, which Congress shall judge sufficient, or being present shall refuse to strike, the Congress shall proceed to nominate three persons out of each state, and the secretary of Congress shall strike in behalf of such party absent or refusing; and the judgement and sentence of the court to be appointed, in the manner before prescribed, shall be final and conclusive; and if any of the parties shall refuse to submit to the authority of such court, or to appear or defend their claim or cause, the court shall nevertheless proceed to pronounce sentence, or judgement, which shall in like manner be final and decisive, the judgement or sentence and other proceedings being in either case transmitted to Congress, and lodged among the acts of Congress for the security of the parties concerned; provided that every commissioner, before he sits in judgement, shall take an oath to be administered by one of the judges of the supreme or superior court of the State, where the cause shall be tried, well and truly to hear and determine the matter in question, according to the best of his judgement, without favor, affection or hope of reward; provided also, that no State shall be deprived of territory for the benefit of the United States.

All controversies concerning the private right of soil claimed under different grants of two or more states, whose jurisdictions as they may respect such lands, and the States which passed such grants are adjusted, the said grants or either of them being at the same time claimed to have originated antecedent to such settlement of jurisdiction, shall on the petition of either party to the Congress of the United States, be finally determined as near as may be in the same manner as is before presecribed for deciding disputes respecting territorial jurisdiction between different states.

The United States in Congress assembled shall also have the sole and exclusive right and power of regulating the alloy and value of coin struck by their own authority, or by that of the respective States

国家规模与政治构建——美国宪法讨论中的政治思想

· fixing the standards of weights and measures throughout the United States

· regulating the trade and managing all affairs with the Indians, not members of any of the States, provided that the legislative right of any state within its own limits be not infringed or violated

· establishing or regulating post offices from one state to another, throughout all the United States, and exacting such postage on the papers passing through the same as may be requisite to defray the expenses of the said office

· appointing all officers of the land forces, in the service of the United States, excepting regimental officers

· appointing all the officers of the naval forces, and commissioning all officers whatever in the service of the United States

· making rules for the government and regulation of the said land and naval forces, and directing their operations.

The United States in Congress assembled shall have authority to appoint a committee, to sit in the recess of Congress, to be denominated "A Committee of the States", and to consist of one delegate from each state; and to appoint such other committees and civil officers as may be necessary for managing the general affairs of the United States under their direction

· to appoint one of their members to preside, provided that no person be allowed to serve in the office of president more than one year in any term of three years; to ascertain the necessary sums of money to be raised for the service of the United States, and to appropriate and apply the same for defraying the public expenses

· to borrow money, or emit bills on the credit of the United States, transmitting every half-year to the respective states an account of the sums of money so borrowed or emitted

· to build and equip a navy

· to agree upon the number of land forces, and to make requisitions from each State for its quota, in proportion to the number of white inhabitants in such state; which requisition shall be binding, and thereupon the legislature of each state shall appoint the regimental officers, raise the men and cloath, arm and equip them in a solid-like manner, at the expense of the United States; and the officers and men so cloathed, armed and equipped shall march to the place appointed, and within the time agreed on by the United States in Congress assembled. But if the United States in Congress assembled shall, on consideration of circumstances judge proper that any state should not raise men, or should raise a smaller number of men than the quota thereof, such extra number shall be raised, officered, cloathed, armed and equipped in the same manner as the quota of each state, unless the legislature of such state shall judge that such extra number cannot be safely spread out in the same, in which case they shall raise, officer, cloath, arm and equip as many of such extra number as they judeg can be safely spared. And the officers and men so cloathed, armed, and equipped, shall march to the place appointed, and within the time agreed on by the United States in Congress assembled.

The United States in Congress assembled shall never engage in a war, nor grant letters of marque or reprisal in time of peace, nor enter into any treaties or alliances, nor coin money, nor regulate the value thereof, nor ascertain the sums and expenses necessary for the defense and welfare of the United States, or any of them, nor emit bills, nor borrow money on the credit of the United States, nor appropriate money, nor agree upon the number of vessels of war, to be built or purchased, or the number of land or sea forces to be raised, nor appoint a commander in chief of the army or navy, unless nine states assent to the same: nor shall a question on any other point, except for adjourning from day to day be determined, unless by the votes of the majority of the United States in Congress assembled.

The Congress of the United States shall have power to adjourn to any time within the year, and to any place within the United States, so that no period of adjournment be for a longer duration than the space of six months, and shall publish the journal of their proceedings monthly, except such parts thereof relating to treaties, alliances or military operations, as in their judgement require secrecy; and the yeas and nays of the delegates of each State on any question shall be entered on the journal, when it is desired by any delegates of a State, or any of them, at his or their request shall be furnished with a transcript of the said journal, except such parts as are above excepted, to lay before the legislatures of the several States.

X.

The Committee of the States, or any nine of them, shall be authorized to execute, in the recess of Congress, such of the powers of Congress as the United States in Congress assembled, by the consent of the nine states, shall from time to time think expedient to vest them with; provided that no power be delegated to the said Committee, for the exercise of which, by the Articles of Confederation, the voice of nine states in the Congress of the United States assembled be requisite.

XI.

Canada acceding to this confederation, and adjoining in the measures of the United States, shall be admitted into, and entitled to all the advantages of this Union; but no other colony shall be admitted into the same, unless such admission be agreed to by nine states.

XII.

All bills of credit emitted, monies borrowed, and debts contracted by, or under the authority of Congress, before the assembling of the United States, in pursuance of the present confederation, shall be deemed and considered as a charge against the United States, for payment and satisfaction whereof the said United States, and the public faith are hereby solemnly pleged.

XIII.

Every State shall abide by the determination of the United States in Congress assembled, on all questions which by this confederation are submitted to them. And the Articles of this Confederation shall be inviolably observed by every state, and the Union shall be perpetual; nor shall any alteration at any time hereafter be made in any of them; unless such alteration be agreed to in a Congress of the United States, and be afterwards confirmed by the legislatures of every State.

And Whereas it hath pleased the Great Governor of the World to incline the hearts of the legislatures we respectively represent in Congress, to approve of, and to authorize us to ratify the said Articles of Confederation and perpetual Union. Know Ye that we the undersigned delegates, by virtue of the power and authority to us given for that purpose, do by these presents, in the name and in behalf of our respective constituents, fully and entirely ratify and confirm each and every of the said Articles of Confederation and perpetual Union, and all and singular the matters and things therein contained: And we do further solemnly plight and engage the faith of our respective constituents, that they shall abide by the determinations of the United States in Congress assembled, on all questions, which by the said Confederation are submitted to them. And that the Articles thereof shall be inviolably observed by the States we respectively represent, and that the Union shall be perpetual.

In Witness whereof we have hereunto set our hands in Congress. Done at Philadelphia in the State of Pennsylvania the ninth day of July in the Year of our Lord One Thousand Seven Hundred and Seventy-Eight, and in the Third Year of the independence of America.

Agreed to by Congress, 15 November 1777

In force after ratification by Maryland, 1 March 1781

《美利坚合众国宪法》序言

我们美利坚合众国的人民，为了组织一个更完善的联邦，树立正义，保障国内的安宁，建立共同的国防，增进全民福利和确保我们自己及我们后代能安享自由带来的幸福，乃为美利坚合众国制定和确立这一部宪法。

第一条

第一款　本宪法所规定的立法权，全属合众国的国会，国会由一个参议院和一个众议院组成。

第二款　众议院应由各州人民每两年选举一次之议员组成，各州选举人应具有该州州议会中人数最多之一院的选举人所需之资格。凡年龄未满二十五岁，或取得合众国公民资格未满七年，或于某州当选而并非该州居民者，均不得任众议员。众议员人数及直接税税额，应按联邦所辖各州的人口数目比例分配，此项人口数目的计算法，应在全体自由人民——包括订有契约的短期仆役，但不包括未被课税的印第安人——数目之外，再加上所有其他人口之五分之三。实际人口调查，应于合众国国会第一次会议后三年内举行，并于其后每十年举行一次，其调查方法另以法律规定之。众议员的数目，不得超过每三万人口有众议员一人，但每州至少应有众议员一人；在举行人口调查以前，各州得按照下列数目选举众议员：新罕布什尔三人、麻萨诸塞八人、罗德岛及普罗维登斯垦殖区一人、康涅狄格五人、纽约州六人、新泽西四人、宾夕法尼亚八人、特拉华一人、马里兰六人、弗吉尼亚十人、北卡罗来纳五人、南卡罗来纳五人、乔治亚三人。任何一州的众议员有缺额时，该州的行政长官应颁选举令，选出众议员以补充缺额。众议院应选举该院议长及其他官员；只有众议院具有提出弹劾案的权力。

第三款　合众国的参议院由每州的州议会选举两名参议员组成之，参议员的任期为六年,每名参议员有一票表决权。参议员于第一次选举后举行会议之时,应当立即尽量均等地分成三组。第一组参议员的任期,到第二年年终时届满,第二组到第四年年终时届满,第三组到第六年年终时届满,俾使每两年有三分之一的参议员改选;如果在某州州议会休会期间,有参议员因辞职或其它原因出缺,该州的行政长官得任命临时参议员,等到州议会下次集会时,再予选举补缺。凡年龄未满三十岁,或取得合众国公民资格未满九年,或于某州当选而并非该州居民者,均不得任参议员。合众国副总统应为参议院议长,除非在投票票数相等时,议长无投票权。参议院应选举该院的其他官员,在副总统缺席或执行合众国总统职务时,还应选举临时议长。所有弹劾案,只有参议院有权审理。在开庭审理弹劾案时,参议员们均应宣誓或誓愿。如受审者为合众国总统,则应由最高法院首席大法官担任主席;在未得出席的参议员的三分之二的同意时,任何人不得被判有罪。弹劾案的判决,不得超过免职及取消其担任合众国政府任何有荣誉、有责任或有俸给的职位之资格;但被判处者仍须服从另据法律所作之控诉、审讯、判决及惩罚。

第四款　各州州议会应规定本州参议员及众议员之选举时间、地点及程序;但国会得随时以法律制定或变更此种规定,唯有选举议员的地点不在此例。国会应至少每年集会一次,开会日期应为十二月的第一个星期一,除非他们通过法律来指定另一个日期。

第五款　参众两院应各自审查本院的选举、选举结果报告和本院议员的资格,每院议员过半数即构成可以议事的法定人数;不足法定人数时,可以一天推一天地延期开会,并有权依照各该议院所规定的程序和罚则,强迫缺席的议员出席。参众两院得各自规定本院的议事规则,处罚本院扰乱秩序的议员,并且得以三分之二的同意,开除本院的议员。参众两院应各自保存一份议事记录,并经常公布,唯各该院认为应保守秘密之部分除外;两院议员对于每一问题之赞成或反对,如有五分之一出席议员请求,则应记载于议事记录内。在国会开会期间,任一议院未得别院同意,不得休会三日以上,亦不得迁往非两院开会的其他地点。

第六款　参议员与众议员得因其服务而获报酬,报酬的多寡由法律定之,并由合众国国库支付。两院议员除犯叛国罪、重罪以及扰乱治安罪外,在出席各该院会议及往返各该院途中,有不受逮捕之特权;两院议员在议院内所发表之演说及辩论,在其它场合不受质询。参议员或众议员不得在其当选任期内担任合众国政府任何新添设的职位,或在其任期内支取因新职位而增添的俸给;在合众国政府供职的人,不得在其任职期间担任国会议员。

第七款 有关征税的所有法案应在众议院中提出;但参议院得以处理其它法案的方式,以修正案提出建议或表示同意。经众议院和参议院通过的法案,在正式成为法律之前,须呈送合众国总统;总统如批准,便须签署,如不批准,即应连同他的异议把它退还给原来提出该案的议院,该议院应将异议详细记入议事记录,然后进行复议。倘若在复议之后,该议院议员的三分之二仍然同意通过该法案,该院即应将该法案连同异议书送交另一院,由其同样予以复议,若此另一院亦以三分之二的多数通过,该法案即成为法律。但遇有这样的情形时,两院的表决均应以赞同或反对来定,而赞同和反对该法案的议员的姓名,均应由两院分别记载于各该院的议事记录之内。如总统接到法案后十日之内(星期日除外),不将之退还,该法案即等于曾由总统签署一样,成为法律;只准有当国会休会因而无法将该法案退还时,该法案才不得成为法律。任何命令、决议或表决(有关休会问题者除外),凡须由参议院及众议院予以同意者,均应呈送合众国总统;经其批准之后,方始生效,如总统不予批准,则参众两院可依照对于通过法案所规定的各种规则和限制,各以三分之二的多数,再行通过。

第八款 国会有权规定并征收税金、捐税、关税和其它赋税,用以偿付国债并为合众国的共同防御和全民福利提供经费;但是各种捐税、关税和其它赋税,在合众国内应划一征收;以合众国的信用举债;管理与外国的、州与州间的,以及对印第安部落的贸易;制定在合众国内一致适用的归化条例,和有关破产的一致适用的法律;铸造货币,调议其价值,并厘定外币价值,以及制定度量衡的标准;制定对伪造合众国证券和货币的惩罚条例;设立邮政局及延造驿路;为促进科学和实用技艺的进步,对作家和发明家的著作和发明,在一定期限内给予专利权的保障;设置最高法院以下的各级法院;界定并惩罚海盗罪、在公海所犯的重罪和违背国际公法的罪行;宣战,对民用船支颁发捕押敌船及采取报复行动的特许证,制定在陆地和海面掳获战利品的规则;募集和维持陆军,但每次拨充该项费用的款项,其有效期不得超过两年;配备和保持海军;制定有关管理和控制陆海军队的各种条例；制定召集民兵的条例，以便执行联邦法律，镇压叛乱和击退侵略；规定民兵的组织、装备和训练，以及民兵为合众国服务时的管理办法，但各州保留其军官任命权，和依照国会规定的条例训练其民团的权力；对于由某州让与而由国会承受，用以充当合众国政府所在地的地区（不逾十哩见方），握有对其一切事务的全部立法权；对于经州议会同意，向州政府购得，用以建筑要塞、弹药库、兵工厂、船坞和其它必要建筑物的地方，也握有同样的权力；并且为了行使上述各项权力，以及行使本宪法赋予合众国政府或其各部门或其官员的种种权力，制定一切必要的和适当的法律。

第九款　对于现有任何一州所认为的应准其移民或入境的人，在一八〇八年以前，国会不得加以禁止，但可以对入境者课税，唯以每人不超过十美元为限。不得中止人身保护令所保障的特权，唯在叛乱或受到侵犯的情况下，出于公共安全的必要时不在此限。不得通过任何褫夺公权的法案或者追溯既往的法律。除非按本宪法所规定的人口调查或统计之比例，不得征收任何人口税或其它直接税。对各州输出之货物，不得课税。任何有关商务或纳税的条例，均不得赋予某一州的港口以优惠待遇；亦不得强迫任何开往或来自某一州的船支，驶入或驶出另一州，或向另一州纳税。除了依照法律的规定拨款之外，不得自国库中提出任何款项；一切公款收支的报告和帐目，应经常公布。合众国不得颁发任何贵族爵位；凡是在合众国政府担任有俸给或有责任之职务者，未经国会许可，不得接受任何国王、王子或外国的任何礼物、薪酬、职务或爵位。

第十款　各州不得缔结任何条约、结盟或组织邦联；不得对民用船支颁发捕押敌船及采取报复行动之特许证；不得铸造货币；不得发行纸币；不得指定金银币以外的物品作为偿还债务的法定货币；不得通过任何褫夺公权的法案、追溯既往的法律和损害契约义务的法律；也不得颁发任何贵族爵位。未经国会同意，各州不得对进口货物或出口货物征收任何税款，但为了执行该州的检查法律而有绝对的必要时，不在此限；任何州对于进出口货物所征的税，其净收益应归合众国国库使用；所有这一类的检查法律，国会对之有修正和监督之权。未经国会同意，各州不得征收船舶吨位税，不得在和平时期保持军队和军舰，不得和另外一州或国缔结任何协定或契约，除非实际遭受入侵，或者遇到刻不容缓的危急情形时，不得从事战争。

第二条

第一款 行政权力赋予美利坚合众国总统。总统任期四年,总统和具有同样任期的副总统,应照下列手续选举:每州应依照该州州议会所规定之手续,指定选举人若干名,其人数应与该州在国会之参议员及众议员之总数相等;但参议员、众议员及任何在合众国政府担任有责任及有俸给之职务的人,均不得被指定为选举人。各选举人应于其本身所属的州内集会,每人投票选举二人,其中至少应有一人不属本州居民。选举人应开列全体被选人名单,注明每人所得票数;他们还应签名作证明,并将封印后的名单送至合众国政府所在地交与参议院议长。参议院议长应于参众两院全体议员之前,开拆所有来件,然后计算票数。得票最多者,如其所得票数超过全体选举人的半数,即当选为总统;如同时不止一人得票过半数,且又得同等票数,则众议院应立即投票表决,选毕其中一人为总统;如无人得票过半数,则众议院应自得票最多之前五名中用同样方法选举总统。但依此法选举总统时,应以州为单位,每州之代表共有一票;如全国三分之二的州各有一名或多名众议员出席,即构成选举总统的法定人数;当选总统者需获全部州的过半数票。在每次这样的选举中,于总统选出后,其获得选举人所投票数最多者,即为副总统。但如有二人或二人以上得票相等时,则应由参议院投票表决,选举其中一人为副总统。国会得决定各州选出选举人的时期以及他们投票的日子;投票日期全国一律。只有出生时为合众国公民,或在本宪法实施时已为合众国公民者,可被选为总统;凡年龄未满三十五岁,或居住合众国境内未满十四年者,不得被选为总统。如遇总统被免职,或因死亡、辞职或丧失能力而不能执行其权力及职务时,总统职权应由副总统执行之。国会得以法律规定,在总统及副总统均被免职,或死亡、辞职或丧失能力时,由何人代理总统职务,该人应即遵此视事,至总统能力恢复,或新总统被选出时为止。总统得因其服务而在规定的时间内接受俸给,在其任期之内,俸金数额不得增加或减低,他亦不得在此任期内,自合众国政府和任何州政府接受其他报酬。在他就职之前,他应宣誓或誓愿如下:"我郑重宣誓(或誓言)。我必忠诚地执行合众国总统的职务,并尽我最大的能力,维持、保护和捍卫合众国宪法。"

第二款 总统为合众国陆海军的总司令,并在各州民团奉召为合众国执行任务时担任统帅;他可以要求每个行政部门的主管官员提出有关他们职务的任何事件的书面意见，除了弹劾案之外，他有权对于违犯合众国法律者颁赐缓刑和特赦。总统有权缔订条约，但须争取参议院的意见和同意，并须出席的参议员中三分之二的人赞成；他有权提名，并于取得参议院的意见和同意后，任命大使、公使及领事、最高法院的法官，以及一切其他在本宪法中未经明定但以后将依法律的规定而设置之合众国官员；国会可以制定法律，酌情把这些较低级官员的任命权，授予总统本人，授予法院，或授予各行政部门的首长。在参议院休会期间，如遇有职位出缺，总统有权任命官员补充缺额，任期于参议院下届会议结束时终结。

第三款　总统应经常向国会报告联邦的情况，并向国会提出他认为必要和适当的措施，供其考虑；在特殊情况下，他得召集两院或其中一院开会，并得于两院对于休会时间意见不一致时，命令两院休会到他认为适当的时期为止；他应接见大使和公使；他应注意使法律切实执行，并任命所有合众国的军官。

第四款　合众国总统、副总统及其他所有文官，因叛国、贿赂或其它重罪和轻罪，被弹劾而判罪者，均应免职。

第三条

第一款　合众国的司法权属于一个最高法院以及由国会随时下令设立的低级法院。最高法院和低级法院的法官，如果尽忠职守，应继续任职，并按期接受俸给作为其服务之报酬，在其继续任职期间，该项俸给不得削减。

第二款　司法权适用的范围，应包括在本宪法、合众国法律、和合众国已订的及将订的条约之下发生的一切涉及普通法及衡平法的案件；一切有关大使、公使及领事的案件；一切有关海上裁判权及海事裁判权的案件；合众国为当事一方的诉讼；州与州之间的诉讼，州与另一州的公民之间的诉讼，一州公民与另一州公民之间的诉讼，同州公民之间为不同之州所让与之土地而争执的诉讼，以及一州或其公民与外国政府、公民或其属民之间的诉讼。在一切有关大使、公使、领事以及州为当事一方的案件中，最高法院有最初审理权。在上述所有其它案件中，最高法院有关于法律和事实的受理上诉权，但由国会规定为例外及另有处理条例者，不在此限。对一切罪行的审判，除了弹劾案以外，均应由陪审团裁定，并且该审判应在罪案发生的州内举行；但如罪案发生地点并不在任何一州之内，该项审判应在国会按法律指定之地点或几个地点举行。

国家规模与政治构建——美国宪法讨论中的政治思想

第三款 只有对合众国发动战争,或投向它的敌人,予敌人以协助及方便者,方构成叛国罪。无论何人,如非经由两个证人证明他的公然的叛国行为,或经由本人在公开法庭认罪者,均不得被判叛国罪。国会有权宣布对于叛国罪的惩处,但因叛国罪而被褫夺公权者,其后人之继承权不受影响,叛国者之财产亦只能在其本人生存期间被没收。

第四条

第一款 各州对其它各州的公共法案、记录和司法程序,应给予完全的信赖和尊重。国会得制定一般法律,用以规定这种法案、记录和司法程序如何证明以及具有何等效力。

第二款 每州公民应享受各州公民所有之一切特权及豁免。凡在任何一州被控犯有叛国罪、重罪或其它罪行者,逃出法外而在另一州被缉获时,该州应即依照该罪犯所逃出之州的行政当局之请求,将该罪犯交出,以便移交至该犯罪案件有管辖权之州。凡根据一州之法律应在该州服役或服劳役者,逃往另一州时,不得因另一州之任何法律或条例,解除其服役或劳役,而应依照有权要求该项服役或劳役之当事一方的要求,把人交出。

第三款 国会得准许新州加入联邦;如无有关各州之州议会及国会之同意,不得于任何州之管辖区域内建立新州;亦不得合并两州或数州。或数州之一部分而成立新州。国会有权处置合众国之属地及其它产业,并制定有关这些属地及产业的一切必要的法规和章则;本宪法中任何条文,不得作有损于合众国或任何一州之权利的解释。

第四款 合众国保证联邦中的每一州皆为共和政体,保障它们不受外来的侵略;并且根据各州州议会或行政部门(当州议会不能召集时)的请求,平定其内部的暴乱。

第五条

举凡两院议员各以三分之二的多数认为必要时,国会应提出对本宪法的修正案;或者,当现有诸州三分之二的州议会提出请求时,国会应召集修宪大会,以上两种修正案,如经诸州四分之三的州议会或四分之三的州修宪大会批准时,即成为本宪法之一部分而发生全部效力,至于采用那一种批准方式,则由国会议决;但一八〇八年以前可能制定之修正案,在任何情形下,不得影响本宪法第一条第九款之第一、第四两项；任何一州，没有它的同意，不得被剥夺它在参议院中的平等投票权。

第六条

合众国政府于本宪法被批准之前所积欠之债务及所签订之条约，于本宪法通过后，具有和在邦联政府时同等的效力。本宪法及依本宪法所制定之合众国法律，以及合众国已经缔结及将要缔结的一切条约，皆为全国之最高法律；每个州的法官都应受其约束，任何一州宪法或法律中的任何内容与之抵触时，均不得有违这一规定。前述之参议员及众议员，各州州议会议员，合众国政府及各州政府之一切行政及司法官员，均应宣誓或誓愿拥护本宪法；但合众国政府之任何职位或公职，皆不得以任何宗教标准作为任职的必要条件。

第七条

本宪法经过九个州的制宪大会批准后，即在批准本宪法的各州之间开始生效。

THE CONSTITUTION OF THE UNITED STATES OF AMERICA

March 4, 1789

Preamble

We the people of the United States, in order to form a more perfect union, establish justice, insure domestic tranquility, provide for the common defense, promote the general welfare, and secure the blessings of liberty to ourselves and our posterity, do ordain and establish this Constitution for the United States of America.

Article I

Section 1. All legislative powers herein granted shall be vested in a Congress of the United States, which shall consist of a Senate and House of Representatives.

Section 2. The House of Representatives shall be composed of members chosen every second year by the people of the several states, and the electors in each state shall have the qualifications requisite for electors of the most numerous branch of the state legislature.

No person shall be a Representative who shall not have attained to the age of twenty five years, and been seven years a citizen of the United States, and who shall not, when elected, be an inhabitant of that state in which he shall be chosen.

Representatives and direct taxes shall be apportioned among the several states which may be included within this union, according to their respective numbers, which shall be determined by adding to the whole

THE CONSTITUTION OF THE UNITED STATES OF AMERICA

number of free persons, including those bound to service for a term of years, and excluding Indians not taxed, three fifths of all other Persons. The actual Enumeration shall be made within three years after the first meeting of the Congress of the United States, and within every subsequent term of ten years, in such manner as they shall by law direct. The number of Representatives shall not exceed one for every thirty thousand, but each state shall have at least one Representative; and until such enumeration shall be made, the state of New Hampshire shall be entitled to choose three, Massachusetts eight, Rhode Island and Providence Plantations one, Connecticut five, New York six, New Jersey four, Pennsylvania eight, Delaware one, Maryland six, Virginia ten, North Carolina five, South Carolina five, and Georgia three.

When vacancies happen in the Representation from any state, the executive authority thereof shall issue writs of election to fill such vacancies.

The House of Representatives shall choose their speaker and other officers; and shall have the sole power of impeachment.

Section 3. The Senate of the United States shall be composed of two Senators from each state, chosen by the legislature thereof, for six years; and each Senator shall have one vote. Immediately after they shall be assembled in consequence of the first election, they shall be divided as equally as may be into three classes. The seats of the Senators of the first class shall be vacated at the expiration of the second year, of the second class at the expiration of the fourth year, and the third class at the expiration of the sixth year, so that one third may be chosen every second year; and if vacancies happen by resignation, or otherwise, during the recess of the legislature of any state, the executive thereof may make temporary appointments until the next meeting of the legislature, which shall then fill such vacancies.

No person shall be a Senator who shall not have attained to the age of thirty years, and been nine years a citizen of the United States and who shall not, when elected, be an inhabitant of that state for which he shall be chosen.

The Vice President of the United States shall be President of the Senate, but shall have no vote, unless they be equally divided.

The Senate shall choose their other officers, and also a President pro tempore, in the absence of the Vice President, or when he shall exercise the office of President of the United States.

The Senate shall have the sole power to try all impeachments. When sitting for that purpose, they shall be on oath or affirmation. When the President of the United States is tried, the Chief Justice shall preside: And no person shall be convicted without the concurrence of two thirds of the members present.

Judgment in cases of impeachment shall not extend further than to removal from office, and disqualification to hold and enjoy any office of honor, trust or profit under the United States: but the party convicted shall nevertheless be liable and subject to indictment, trial, judgment and punishment, according to law.

Section 4. The times, places and manner of holding elections for Senators and Representatives, shall be prescribed in each state by the legislature thereof; but the Congress may at any time by law make or alter such regulations, except as to the places of choosing Senators.

The Congress shall assemble at least once in every year, and such meeting shall be on the first Monday in December, unless they shall by law appoint a different day.

Section 5. Each House shall be the judge of the elections, returns and qualifications of its own members, and a majority of each shall constitute a quorum to do business; but a smaller number may adjourn from day to day, and may be authorized to compel the attendance of absent members, in such manner, and under such penalties as each House may provide.

Each House may determine the rules of its proceedings, punish its members for disorderly behavior, and, with the concurrence of two thirds, expel a member.

Each House shall keep a journal of its proceedings, and from time to time publish the same, excepting such parts as may in their judgment require secrecy; and the yeas and nays of the members of either House on any question shall, at the desire of one fifth of those present, be entered on the journal.

Neither House, during the session of Congress, shall, without the consent of the other, adjourn for more than three days, nor to any other place than that in which the two Houses shall be sitting.

Section 6. The Senators and Representatives shall receive a compensation for their services, to be ascertained by law, and paid out of the treasury of the United States. They shall in all cases, except treason, felony and breach of the peace, be privileged from arrest during their attendance at the session of their respective Houses, and in going to and returning from the same; and for any speech or debate in either House, they shall not be questioned in any other place.

No Senator or Representative shall, during the time for which he was elected, be appointed to any civil office under the authority of the United States, which shall have been created, or the emoluments whereof shall have been increased during such time; and no person holding any office

国家规模与政治构建——美国宪法讨论中的政治思想

under the United States, shall be a member of either House during his continuance in office.

Section 7. All bills for raising revenue shall originate in the House of Representatives; but the Senate may propose or concur with amendments as on other Bills.

Every bill which shall have passed the House of Representatives and the Senate, shall, before it become a law, be presented to the President of the United States; if he approve he shall sign it, but if not he shall return it, with his objections to that House in which it shall have originated, who shall enter the objections at large on their journal, and proceed to reconsider it. If after such reconsideration two thirds of that House shall agree to pass the bill, it shall be sent, together with the objections, to the other House, by which it shall likewise be reconsidered, and if approved by two thirds of that House, it shall become a law. But in all such cases the votes of both Houses shall be determined by yeas and nays, and the names of the persons voting for and against the bill shall be entered on the journal of each House respectively. If any bill shall not be returned by the President within ten days (Sundays excepted) after it shall have been presented to him, the same shall be a law, in like manner as if he had signed it, unless the Congress by their adjournment prevent its return, in which case it shall not be a law.

Every order, resolution, or vote to which the concurrence of the Senate and House of Representatives may be necessary (except on a question of adjournment) shall be presented to the President of the United States; and before the same shall take effect, shall be approved by him, or being disapproved by him, shall be repassed by two thirds of the Senate and House of Representatives, according to the rules and limitations prescribed in the case of a bill.

Section 8. The Congress shall have power to lay and collect taxes, duties, imposts and excises, to pay the debts and provide for the common defense and general welfare of the United States; but all duties, imposts and excises shall be uniform throughout the United States;

To borrow money on the credit of the United States;

To regulate commerce with foreign nations, and among the several states, and with the Indian tribes;

To establish a uniform rule of naturalization, and uniform laws on the subject of bankruptcies throughout the United States;

To coin money, regulate the value thereof, and of foreign coin, and fix the standard of weights and measures;

To provide for the punishment of counterfeiting the securities and current coin of the United States;

To establish post offices and post roads;

To promote the progress of science and useful arts, by securing for limited times to authors and inventors the exclusive right to their respective writings and discoveries;

To constitute tribunals inferior to the Supreme Court;

To define and punish piracies and felonies committed on the high seas, and offenses against the law of nations;

To declare war, grant letters of marque and reprisal, and make rules concerning captures on land and water;

To raise and support armies, but no appropriation of money to that use shall be for a longer term than two years;

To provide and maintain a navy;

To make rules for the government and regulation of the land and naval forces;

To provide for calling forth the militia to execute the laws of the union, suppress insurrections and repel invasions;

To provide for organizing, arming, and disciplining, the militia, and for governing such part of them as may be employed in the service of the United States, reserving to the states respectively, the appointment of the officers, and the authority of training the militia according to the discipline prescribed by Congress;

To exercise exclusive legislation in all cases whatsoever, over such District (not exceeding ten miles square) as may, by cession of particular states, and the acceptance of Congress, become the seat of the government of the United States, and to exercise like authority over all places purchased by the consent of the legislature of the state in which the same shall be, for the erection of forts, magazines, arsenals, dockyards, and other needful buildings;

To make all laws which shall be necessary and proper for carrying into execution the foregoing powers, and all other powers vested by this Constitution in the government of the United States, or in any department or officer thereof.

Section 9. The migration or importation of such persons as any of the states now existing shall think proper to admit, shall not be prohibited by the Congress prior to the year one thousand eight hundred and eight, but a tax or duty may be imposed on such importation, not exceeding ten dollars for each person.

The privilege of the writ of habeas corpus shall not be suspended, unless when in cases of rebellion or invasion the public safety may require it.

No bill of attainder or ex post facto Law shall be passed.

THE CONSTITUTION OF THE UNITED STATES OF AMERICA

No capitation, or other direct, tax shall be laid, unless in proportion to the census or enumeration herein before directed to be taken.

No tax or duty shall be laid on articles exported from any state.

No preference shall be given by any regulation of commerce or revenue to the ports of one state over those of another: nor shall vessels bound to, or from, one state, be obliged to enter, clear or pay duties in another.

No money shall be drawn from the treasury, but in consequence of appropriations made by law; and a regular statement and account of receipts and expenditures of all public money shall be published from time to time.

No title of nobility shall be granted by the United States: and no person holding any office of profit or trust under them, shall, without the consent of the Congress, accept of any present, emolument, office, or title, of any kind whatever, from any king, prince, or foreign state.

Section 10. No state shall enter into any treaty, alliance, or confederation; grant letters of marque and reprisal; coin money; emit bills of credit; make anything but gold and silver coin a tender in payment of debts; pass any bill of attainder, ex post facto law, or law impairing the obligation of contracts, or grant any title of nobility.

No state shall, without the consent of the Congress, lay any imposts or duties on imports or exports, except what may be absolutely necessary for executing it s inspection laws: and the net produce of all duties and imposts, laid by any state on imports or exports, shall be for the use of the treasury of the United States; and all such laws shall be subject to the revision and control of the Congress.

No state shall, without the consent of Congress, lay any duty of tonnage, keep troops, or ships of war in time of peace, enter into any agreement or compact with another state, or with a foreign power, or engage in war, unless actually invaded, or in such imminent danger as will not admit of delay.

Article II

Section 1. The executive power shall be vested in a President of the United States of America. He shall hold his office during the term of four years, and, together with the Vice President, chosen for the same term, be elected, as follows:

Each state shall appoint, in such manner as the Legislature thereof may direct, a number of electors, equal to the whole number of Senators and Representatives to which the State may be entitled in the Congress: but no Senator or Representative, or person holding an office of trust or profit under the United States, shall be appointed an elector.

The electors shall meet in their respective states, and vote by ballot for two persons, of whom one at least shall not be an inhabitant of the same state with themselves. And they shall make a list of all the persons voted for, and of the number of votes for each; which list they shall sign and certify, and transmit sealed to the seat of the government of the United States, directed to the President of the Senate. The President of the Senate shall, in the presence of the Senate and House of Representatives, open all the certificates, and the votes shall then be counted. The person having the greatest number of votes shall be the President, if such number be a majority of the whole number of electors appointed; and if there be more than one who have such majority, and have an equal number of votes, then the House of Representatives shall immediately choose by ballot one of them for President; and if no person have a majority, then from the five highest on the list the said House shall in like manner choose the President. But in choosing the President, the votes shall be taken by States, the representation from each state having one vote; A quorum for this purpose shall consist of a member or members from two thirds of the states, and a majority of all the states shall be necessary to a choice. In every case, after the choice of the President, the person having the greatest number of votes of the electors shall be the Vice President. But if there should remain two or more who have equal votes, the Senate shall choose from them by ballot the Vice President.

The Congress may determine the time of choosing the electors, and the day on which they shall give their votes; which day shall be the same throughout the United States.

No person except a natural born citizen, or a citizen of the United States, at the time of the adoption of this Constitution, shall be eligible to the office of President; neither shall any person be eligible to that office who shall not have attained to the age of thirty five years, and been fourteen Years a resident within the United States.

In case of the removal of the President from office, or of his death, resignation, or inability to discharge the powers and duties of the said office, the same shall devolve on the Vice President, and the Congress may by law provide for the case of removal, death, resignation or inability, both of the President and Vice President, declaring what officer shall then act as President, and such officer shall act accordingly, until the disability be removed, or a President shall be elected.

The President shall, at stated times, receive for his services, a compensation, which shall neither be increased nor diminished during the period for which he shall have been elected, and he shall not receive within that period any other emolument from the United States, or any of them.

Before he enter on the execution of his office, he shall take the following oath or affirmation:—"I do solemnly swear (or affirm) that I will faithfully execute the office of President of the United States, and will to the best of my ability, preserve, protect and defend the Constitution of the United States. "

Section 2. The President shall be commander in chief of the Army and Navy of the United States, and of the militia of the several states, when called into the actual service of the United States; he may require the opinion, in writing, of the principal officer in each of the executive departments, upon any subject relating to the duties of their respective offices, and he shall have power to grant reprieves and pardons for offenses against the United States, except in cases of impeachment.

He shall have power, by and with the advice and consent of the Senate, to make treaties, provided two thirds of the Senators present concur; and he shall nominate, and by and with the advice and consent of the Senate, shall appoint ambassadors, other public ministers and consuls, judges of the Supreme Court, and all other officers of the United States, whose appointments are not herein otherwise provided for, and which shall be established by law: but the Congress may by law vest the appointment of such inferior officers, as they think proper, in the President alone, in the courts of law, or in the heads of departments.

The President shall have power to fill up all vacancies that may happen during the recess of the Senate, by granting commissions which shall expire at the end of their next session.

Section 3. He shall from time to time give to the Congress information of the state of the union, and recommend to their consideration such measures as he shall judge necessary and expedient; he may, on extraordinary occasions, convene both Houses, or either of them, and in case of disagreement between them, with respect to the time of adjournment, he may adjourn them to such time as he shall think proper; he shall receive ambassadors and other public ministers; he shall take care that the laws be faithfully executed, and shall commission all the officers of the United States.

Section 4. The President, Vice President and all civil officers of the United States, shall be removed from office on impeachment for, and conviction of, treason, bribery, or other high crimes and misdemeanors.

Article III

Section 1. The judicial power of the United States, shall be vested in one Supreme Court, and in such inferior courts as the Congress may from time to time ordain and establish. The judges, both of the supreme and inferior courts, shall hold their offices during good behaviour, and shall, at stated times, receive for their services, a compensation, which shall not be diminished during their continuance in office.

Section 2. The judicial power shall extend to all cases, in law and eq-

THE CONSTITUTION OF THE UNITED STATES OF AMERICA

uity, arising under this Constitution, the laws of the United States, and treaties made, or which shall be made, under their authority;—to all cases affecting ambassadors, other public ministers and consuls;—to all cases of admiralty and maritime jurisdiction;—to controversies to which the United States shall be a party;—to controversies between two or more states;—between a state and citizens of another state;—between citizens of different states;—between citizens of the same state claiming lands under grants of different states, and between a state, or the citizens thereof, and foreign states, citizens or subjects.

In all cases affecting ambassadors, other public ministers and consuls, and those in which a state shall be party, the Supreme Court shall have original jurisdiction. In all the other cases before mentioned, the Supreme Court shall have appellate jurisdiction, both as to law and fact, with such exceptions, and under such regulations as the Congress shall make.

The trial of all crimes, except in cases of impeachment, shall be by jury; and such trial shall be held in the state where the said crimes shall have been committed; but when not committed within any state, the trial shall be at such place or places as the Congress may by law have directed.

Section 3. Treason against the United States, shall consist only in levying war against them, or in adhering to their enemies, giving them aid and comfort. No person shall be convicted of treason unless on the testimony of two witnesses to the same overt act, or on confession in open court.

The Congress shall have power to declare the punishment of treason, but no attainder of treason shall work corruption of blood, or forfeiture except during the life of the person attainted.

Article IV

Section 1. Full faith and credit shall be given in each state to the public acts, records, and judicial proceedings of every other state. And the Congress may by general laws prescribe the manner in which such acts, records, and proceedings shall be proved, and the effect thereof.

Section 2. The citizens of each state shall be entitled to all privileges and immunities of citizens in the several states.

A person charged in any state with treason, felony, or other crime, who shall flee from justice, and be found in another state, shall on demand of the executive authority of the state from which he fled, be delivered up, to be removed to the state having jurisdiction of the crime.

No person held to service or labor in one state, under the laws thereof, escaping into another, shall, in consequence of any law or regulation therein, be discharged from such service or labor, but shall be delivered up on claim of the party to whom such service or labor may be due.

Section 3. New states may be admitted by the Congress into this union; but no new states shall be formed or erected within the jurisdiction of any other state; nor any state be formed by the junction of two or more states, or parts of states, without the consent of the legislatures of the states concerned as well as of the Congress.

The Congress shall have power to dispose of and make all needful rules and regulations respecting the territory or other property belonging to the United States; and nothing in this Constitution shall be so construed as to prejudice any claims of the United States, or of any particular state.

Section 4. The United States shall guarantee to every state in this union a republican form of government, and shall protect each of them against invasion; and on application of the legislature, or of the executive (when the legislature cannot be convened) against domestic violence.

Article V

The Congress, whenever two thirds of both houses shall deem it necessary, shall propose amendments to this Constitution, or, on the application of the legislatures of two thirds of the several states, shall call a convention for proposing amendments, which, in either case, shall be valid to all intents and purposes, as part of this Constitution, when ratified by the legislatures of three fourths of the several states, or by conventions in three fourths thereof, as the one or the other mode of ratification may be proposed by the Congress; provided that no amendment which may be made prior to the year one thousand eight hundred and eight shall in any manner affect the first and fourth clauses in the ninth section of the first article; and that no state, without its consent, shall be deprived of its equal suffrage in the Senate.

Article VI

All debts contracted and engagements entered into, before the adoption of this Constitution, shall be as valid against the United States under this Constitution, as under the Confederation.

This Constitution, and the laws of the United States which shall be made in pursuance thereof; and all treaties made, or which shall be made, under the authority of the United States, shall be the supreme law of the land; and the judges in every state shall be bound thereby, anything in the Constitution or laws of any State to the contrary notwithstanding.

The Senators and Representatives before mentioned, and the members of the several state legislatures, and all executive and judicial officers, both of the United States and of the several states, shall be bound by oath or affirmation, to support this Constitution; but no religious test shall ever be required as a qualification to any office or public trust under the United

States.

Article VII

The ratification of the conventions of nine states, shall be sufficient for the establishment of this Constitution between the states so ratifying the same.